PREGUNTAS DE LA VIDA

A mi esposa, Pippa

PREGUNTAS DE LA VIDA

Nicky Gumbel

Alpha

Preguntas de la vida
Título original: *Questions of Life*

Primera edición en inglés: 1993
Presente edición: 2016

Edición 2016, traducción de Jaime Álvarez Nistal revisada por Rosa María Leveritt-Santiváñez y José Alberto Barrera Marchessi.

Editado en América por Alpha North America, 1635 Emerson Lane, Naperville, IL 60540.

Correo electrónico: recursos@alpha.org
Página web: alpha.org/latinoamerica
Twitter: @alphacourse

Impreso en EE.UU.

Ilustraciones de Charlie Mackesy.
Página 59: reproducción del cuadro de William Holman Hunt: *La luz del mundo* (©Dean and Chapter of St. Paul's Cathedral).

ISBN 978-1-938328-80-0 (print)
ISBN 978-1-938328-21-3 (Kindle)

1 2 3 4 5 6 7 8 9 10 Impresión / Año 19 18 17 16

ÍNDICE

Nota editorial 7

Prefacio 9

Prólogo del autor 11

Capítulo 1: **El cristianismo: ¿aburrido, falso e irrelevante?** **13**

Capítulo 2: **¿Quién es Jesús?** **23**

Capítulo 3: **¿Por qué murió Jesús?** **41**

Capítulo 4: **¿Cómo puedo tener fe?** **55**

Capítulo 5: **¿Por qué y cómo orar?** **69**

Capítulo 6: **¿Por qué y cómo leer la Biblia?** **83**

Capítulo 7: **¿Cómo nos guía Dios?** **99**

Capítulo 8: **¿Quién es el Espíritu Santo?** **115**

Capítulo 9: **¿Cómo actúa el Espíritu Santo?** **127**

Capítulo 10: **¿Cómo puedo llenarme del Espíritu Santo?** **143**

Capítulo 11: **¿Cómo puedo resistir al mal?** **157**

Capítulo 12: **¿Por qué y cómo contárselo a los demás?** **171**

Capítulo 13: **¿Sana Dios hoy en día?** **189**

Capítulo 14: **¿Qué hay acerca de la iglesia?** **203**

Capítulo 15: **¿Cómo aprovechar al máximo el resto de mi vida?** **217**

Recursos Alpha 231

Libros publicados por Alpha 235

NOTA EDITORIAL

La presente edición de *Preguntas de la vida* es una nueva traducción de la última edición de *Questions of Life* de Nicky Gumbel. En esta traducción se ha intentado tener en cuenta la reflexión y las sugerencias de los que han dirigido Alpha en contextos hispanohablantes en los últimos años.

El trabajo editorial ha sido arduo, dada la necesidad de compaginar la obligada fidelidad al texto original, escrito en inglés, con la adaptación cultural y lingüística a una realidad tan rica y variada como es la de América Latina.

Asimismo, desde el punto de vista teológico, hemos intentado hacer el texto inteligible a todos los cristianos de las diferentes denominaciones que esperamos leerán este libro, utilizando para ello la terminología más comúnmente aceptada por todos. Cuando no ha sido posible hallar una terminología común, hemos optado por ofrecer la palabra en cuestión y un sinónimo, al objeto de hacer el concepto accesible para todos. A lo largo del proceso de traducción, el equipo encargado de esa tarea ha tenido que tomar varias decisiones. Entre ellas, nos gustaría destacar las siguientes:

- Para mantener una mayor fidelidad con el texto original y después de haber descartado otras posibilidades, se decidió utilizar, como texto bíblico español de referencia, la Nueva Versión Internacional® (NVI®) publicada en español en 1999 por la Sociedad Bíblica Internacional®. A ésta corresponden todas las citas bíblicas que aparecen en la presente edición (a no ser que se especifique lo contrario).
- El estilo utilizado en esta traducción intenta ser coherente, en la medida de lo posible, con el utilizado por la NVI®. Eso ha implicado, entre otras cosas, la escritura en minúscula de los pronombres personales de las tres personas de la Trinidad.

- Se ha utilizado, como libro de estilo y obra de referencia ortotipográfica, el *Diccionario panhispánico de dudas* (2005), obra conjunta de la Real Academia Española y de la Asociación de Academias de la Lengua Española. Consideramos que su carácter panhispánico hace de él una obra de referencia ideal para esta traducción, cuyos lectores serán, en su mayoría, latinoamericanos. Sin embargo, no hemos aplicado las nuevas normas ortográficas que allí se establecen respecto a la no acentuación gráfica del adverbio «sólo» y de los pronombres demostrativos, por considerarlas, todavía, poco extendidas en el mundo editorial.

Damos gracias al ITEPAL (Instituto Teológico-Pastoral del CELAM) y de una forma particular a su director, el Pbro. Dr. Salvador Valadez Fuentes, así como también al Pastor Arturo Barrientos. La contribución hecha por ellos en la revisión de la traducción de este libro ha sido inmensamente valiosa.

Esperamos que el esfuerzo realizado haya conseguido un producto satisfactorio para todos, y contamos con la comprensión e indulgencia de los lectores en todo lo que les resulte poco familiar o ajeno a su tradición, dado lo ambicioso de hacer una única edición para todas las naciones y denominaciones cristianas en Hispanoamérica.

Rosa María Leveritt-Santiváñez y José Alberto Barrera Marchessi

PREFACIO

Cuando *Preguntas de la vida* fue publicado por primera vez, hace más de veinte años, Alpha apenas estaba extendido. Al escribir estas palabras, más de 27 millones de personas ya han completado Alpha en 169 países de todo el mundo.

Gran parte del resultado se debe a la extraordinaria dedicación, a la capacidad de adaptación y al arduo trabajo de Nicky Gumbel. Pero él sería el primero en señalar que hay otro factor crucial: el Espíritu Santo parece haber adoptado Alpha y haberlo impulsado con su aliento.

Este libro, *Preguntas de la vida*, ha ocupado un lugar central en todo este fenómeno. Siendo la versión escrita de Alpha, se ha convertido en un *bestseller* internacional a través del cual miles de personas han conocido a Jesucristo por primera vez.

En él, Nicky ofrece algunas respuestas al hambre que hay en cada corazón humano y a la esperanza que éste alberga de que, en algún lugar y de algún modo, pueda haber una respuesta contemporánea a la eterna pregunta: «¿Qué es la verdad y cómo y dónde podemos descubrirla?».

Preguntas de la vida sigue siendo una presentación fácil de leer, comprensiva y fascinante de Jesucristo —quien, aún hoy, es la persona más atrayente y cautivadora que se pueda conocer—. Su enfoque inteligente, actualizado y basado en la investigación, garantiza la implicación activa de nuestra mente y de nuestro corazón en la búsqueda de la Verdad.

No dudo en seguir recomendando este libro tan entretenido como importante.

Sandy Millar

PRÓLOGO DEL AUTOR

En la actualidad se está suscitando un nuevo interés por la fe cristiana y, más concretamente, por la persona de Jesús. Más de dos mil años después de su nacimiento, Jesucristo tiene un grupo de seguidores que rebasa los dos mil doscientos millones de personas. Los cristianos siempre estarán fascinados con el fundador de su fe y el Señor de sus vidas. Pero ahora, además, ese interés está resurgiendo entre los no practicantes. Son muchos los que se hacen preguntas sobre Jesús. ¿Era simplemente un hombre o es el Hijo de Dios? Si lo es, ¿qué implicaciones tiene eso para nuestras vidas cotidianas?

Este libro intenta dar respuesta a algunas de las cuestiones fundamentales que están en el corazón de la fe cristiana. El libro se basa en Alpha, un método diseñado para los no practicantes, para los que quieren conocer mejor el cristianismo y para los que acaban de abrazar la fe cristiana. Hemos observado, con gran asombro, cómo Alpha se ha extendido por todo el mundo hasta llegar a los 66.000 cursos. Millones de hombres y mujeres de todas las edades han venido a Alpha con muchas preguntas sobre el cristianismo y se han encontrado con Dios —como su Padre—, con Jesucristo —como su Salvador y Señor— y con el Espíritu Santo —como el que viene a habitar dentro de ellos—.

Me gustaría expresar mi gratitud a todas las personas que han leído los manuscritos y los han mejorado con sus críticas constructivas, así como a Cressida Inglis-Jones, que ha mecanografiado el manuscrito original y casi todas sus revisiones con gran rapidez, eficacia y paciencia.

Nicky Gumbel

CAPÍTULO 1

EL CRISTIANISMO: ¿ABURRIDO, FALSO E IRRELEVANTE?

Durante muchos años tuve tres objeciones en contra de la fe cristiana. En primer lugar, creía que era aburrida. Cuando estaba en la escuela y me tocaba ir a la capilla, me parecía algo pesadísimo. Me sentía identificado con el novelista Robert Louis Stevenson, que un día escribió en su diario, como si estuviera registrando un fenómeno extraordinario, lo siguiente: «Hoy he ido a la iglesia, y no me he deprimido». La impresión que tenía de la fe cristiana era que se trataba de algo monótono y poco atractivo.

En segundo lugar, me parecía algo falso. Tenía algunas objeciones intelectuales contra la fe cristiana y me consideraba ateo. De hecho, me definía, pretenciosamente, como un determinista lógico. Cuando tenía catorce años, escribí un ensayo para la asignatura de religión en el que me propuse destruir todo el cristianismo y refutar la existencia de Dios. Sorprendentemente, ¡el trabajo fue propuesto para un premio! Me encantaba debatir con los cristianos y tenía poderosos argumentos en contra de la fe cristiana, por lo que creía salir vencedor en todas las ocasiones.

En tercer lugar, consideraba el cristianismo irrelevante para mi vida. No podía entender cómo algo que había ocurrido hacía 2.000 años y a más de 3.000 kilómetros de distancia, en el Oriente Próximo, podría ser significativo para mi vida presente. En la escuela solíamos cantar ese himno tan famoso, llamado «Jerusalén», que pregunta: «¿Y caminaron de antiguo esos pies por las verdes montañas de Inglaterra?». Todos sabíamos que la respuesta era: «No». ¡Jesús nunca se asomó por Inglaterra!

Echando la vista atrás, me doy cuenta de que mi actitud era, en parte, culpa mía, porque nunca había prestado atención y, por lo tanto, no sabía mucho sobre la fe cristiana. Hay mucha gente hoy en día que no sabe gran cosa de Jesucristo, o de lo que él hizo, o de cualquier otra cosa sobre el cristianismo.

Un capellán de hospital escribió una lista con algunas de las respuestas que obtuvo a la siguiente pregunta: «¿Quiere recibir la Santa Comunión?». Éstas son algunas de las respuestas:

«No, gracias; soy de la Iglesia de Inglaterra»[1].

«No, gracias; he pedido cereales».

«No, gracias; no estoy circuncidado»[2].

Mirando hacia atrás, me doy cuenta de que no sólo era ignorante respecto a la fe cristiana, sino que también sentía que me faltaba algo.

En su libro, *Mero cristianismo,* C. S. Lewis describe el hambre presente en todo corazón humano.

> El deseo que se despierta en nosotros cuando nos enamoramos por primera vez, o cuando por primera vez pensamos en algún país extranjero, o cuando nos interesamos en algún tema que nos entusiasma es un deseo que ninguna boda, ningún viaje, ningún conocimiento pueden realmente satisfacer. No hablo ahora de lo que normalmente se calificaría de matrimonios o vacaciones o estudios fracasados. Estoy hablando de los mejores posibles. Hubo algo que

> percibimos, en esos primeros momentos de deseo, que simplemente se esfuma de la realidad. Creo que todos ustedes saben a qué me refiero. Los esposos pueden ser buenos, y los hoteles y los paisajes pueden haber sido excelentes, y la química puede ser una ocupación interesante, pero algo se nos ha escapado.[3]

Los hombres y las mujeres fueron creados para vivir en relación con Dios. Sin esa relación, siempre habrá un hambre, un vacío, un sentimiento de que algo falta. Bernard Levin, probablemente el mejor columnista de su generación, escribió un artículo titulado «La gran adivinanza de la vida y la falta de tiempo para hallar la solución». En él decía que, a pesar de su gran éxito, temía que hubiera «desperdiciado la realidad por ir tras una fantasía».

> Hablando francamente, ¿tengo tiempo para descubrir por qué nací antes de morir? [...]. Todavía no he conseguido responder a esta pregunta y, por muchos años que me queden por delante, ciertamente no son tantos como los que ya he dejado atrás. Hay un peligro evidente en dejarla para demasiado tarde [...]. ¿Por qué *tengo* que saber por qué nací? Obviamente, porque no me puedo creer que yo sea el resultado de un accidente; y si no lo soy, mi nacimiento tiene que tener algún sentido.[4]

Bernard Levin no era religioso y lo quiso dejar bien claro: «Lo repito por enésima vez: no soy cristiano». Sin embargo, era perfectamente consciente de la insuficiencia de sus respuestas sobre el sentido de la vida. Algunos años después escribió:

> Países como el nuestro están llenos de gente que tiene todas las comodidades materiales que desea, además de otras bendiciones de orden no material, como una familia feliz. Esta misma gente, sin embargo, lleva una vida de desesperación callada, o a veces ruidosa, en la que lo único que comprende es que dentro de sí hay un vacío y que, por mucha comida y bebida con la que se quiera rellenarlo, por muchos automóviles y televisiones con los que se quiera colmarlo, por muchos hijos responsables y amigos leales de los que se presuma ante los demás, [...] ese vacío duele.[5]

Jesucristo dijo: «Yo soy el camino, la verdad y la vida» (Juan 14,6). Las implicaciones de esta afirmación eran tan llamativas en el siglo primero como lo son en el siglo veintiuno. De manera que, ¿cómo la interpretamos?

Dirección para un mundo perdido

Jesús dijo, en primer lugar: «Yo soy el camino». Unos amigos míos tenían una niñera sueca cuando sus hijos eran pequeños. La niñera se había esforzado muchísimo en el estudio del inglés, pero aún no dominaba el idioma perfectamente. En una ocasión, los niños empezaron a pelearse en su habitación. La niñera subió corriendo las escaleras para detener la pelea mientras escogía las palabras adecuadas para decirles algo así como: «¿Se puede saber qué están haciendo?». Pero lo que dijo, en realidad, fue: «¿Qué están haciendo aquí en el mundo?». Ésa es una pregunta buenísima: «¿Qué hacemos aquí en el mundo?».

León Tolstói, el autor de *Guerra y Paz* y de *Ana Karenina*, escribió un libro, en 1879, titulado *Confesión*, en el que narra su búsqueda del sentido y el propósito de la vida. De niño había rechazado el cristianismo. Cuando acabó la universidad, intentó gozar al máximo de los placeres de la vida. Se metió de lleno en la vida social de Moscú y de San Petersburgo y acabó bebiendo en exceso, entregándose al sexo, apostando en el juego y llevando, en resumen, una vida desenfrenada. Pero se dio cuenta de que todo eso no le satisfacía.

Entonces, empezó a ambicionar el dinero. Había heredado una propiedad y ganaba mucho dinero con sus libros. Pero eso tampoco le satisfacía. Intentó conseguir el éxito, la fama y el reconocimiento, y lo logró. Escribió lo que la *Encyclopaedia Britannica* describe como: «Una de las dos o tres novelas más grandes de la literatura universal». Pero siempre acababa haciéndose la misma pregunta: «Está bien, pero..., ¿qué más da?», para la cual no tenía respuesta.

Entonces empezó a ambicionar una familia a la que quería proporcionar la mejor calidad de vida posible. Se casó en 1862 con una esposa amable y cariñosa con la que tuvo trece hijos (los cuales, en palabras suyas, ¡le distraían de toda búsqueda del sentido último de la vida!). Había conseguido todas sus ambiciones y le rodeaba lo que, aparentemente, parecía la felicidad completa. Con todo, había una pregunta que le atormentaba hasta el punto de contemplar el suicidio: «¿Hay algún sentido en mi vida que no sea aniquilado por la inevitabilidad de la muerte que me espera?».

Buscó la respuesta en todos los ámbitos de la ciencia y de la filosofía. La única respuesta que pudo encontrar a la pregunta «¿Por qué vivo?» fue que «en la infinidad del espacio y en la infinidad del tiempo, partículas infinitamente pequeñas se transforman de un modo infinitamente complejo». Como no encontraba esa respuesta suficientemente satisfactoria, observó a sus contemporáneos y se dio cuenta de que muchos de ellos, simplemente, evitaban el problema. Finalmente, al ver la fe que los campesinos rusos tenían en Jesucristo, encontró la respuesta que tanto había estado buscando. Después de su conversión, escribió que la experiencia le había llevado, ineludiblemente, «a la conclusión de que sólo [...] la fe da sentido a la vida».[6]

Más de cien años después, nada ha cambiado. Freddie Mercury, el vocalista del grupo británico de rock Queen, que murió a finales de 1991, escribió en una de sus últimas canciones del álbum *The Miracle*: «¿Alguien sabe para qué vivimos?». A pesar de haber amasado una gran fortuna y de haber atraído a miles de fans, Freddy Mercury reconoció en una entrevista, poco antes de su muerte, que se sentía desesperadamente solo. Dijo: «Puedes tener todo lo que hay en el mundo y sentirte, al mismo tiempo, el hombre más solo sobre la Tierra; ése es el tipo de soledad más amarga que existe. El éxito sólo me ha proporcionado la admiración del mundo y millones de libras, pero no me ha permitido tener lo único que todos necesitamos: una relación de amor duradera».

Freddie Mercury tenía razón al hablar de una «relación duradera» como lo único que todos necesitamos. A la hora de la verdad, sólo hay una relación de amor pleno y que perdure para siempre: la relación con Dios. Jesús dijo: «Yo soy el camino». Él es el único que puede incorporarnos en esa relación con Dios que continúa eternamente.

Cuando era niño, en casa teníamos una televisión en blanco y negro en la que no recibíamos bien la señal de la antena. En una ocasión, durante la final del Mundial de fútbol de 1966, justo cuando Inglaterra iba a marcar un gol, la imagen se nubló y se transformó en líneas. A pesar de todo, estábamos bastante satisfechos con esa televisión porque no conocíamos nada mejor. Intentábamos mejorar la recepción caminando por algunas zonas de la sala o permaneciendo de pie en algunos lugares cercanos a la televisión. Finalmente, descubrimos que lo que la televisión necesitaba ¡era una antena exterior! Después de haberla instalado, ya podíamos ver imágenes claras y nítidas. Nuestro entretenimiento mejoró notablemente. Del mismo modo, algunas personas parecen ser felices, pero no se han dado cuenta de que hay algo mucho mejor que lo que ya tienen. Cuando entramos en relación con Dios, el propósito y el sentido de la vida se perciben con mayor claridad. Vemos cosas que antes nunca habíamos visto y acabamos comprendiendo por qué fuimos creados.

Realidad en un mundo confundido

En segundo lugar, Jesús dijo: «Yo soy la verdad». A veces la gente dice: «No importa lo que creas, siempre que seas sincero». Pero es posible estar sinceramente equivocado. Adolf Hitler estaba sinceramente equivocado. Sus creencias destruyeron la vida de millones de personas. El destripador de Yorkshire creía que al matar prostitutas estaba cumpliendo la voluntad de Dios; él también estaba sinceramente equivocado. Sus creencias afectaron a su comportamiento. Estos ejemplos son extremos, pero dejan claro que lo que creemos importa, y mucho, porque lo que creemos determina cómo vivimos.

La gente también puede responder a un cristiano lo siguiente: «El cristianismo es bueno para ti, pero no para mí». Esta postura es ilógica. Si el cristianismo es verdadero, es de una importancia vital para todos nosotros. Si no lo fuera, no sería «bueno para nosotros», sino que tristemente significaría que los cristianos nos engañamos. Como el escritor y erudito C. S. Lewis señaló: «El cristianismo es una afirmación que, si es falsa, carece de importancia, pero si es verdadera, tiene una importancia infinita. Lo único que no puede ser es moderadamente importante».[7]

Pero, ¿es verdad? ¿Hay alguna prueba que sostenga la afirmación de Jesús en la que declara ser «la verdad»? Éstas son algunas de las preguntas que analizaremos en este libro más adelante. El eje del cristianismo es la resurrección de Jesucristo de entre los muertos, y sobre eso hay muchas pruebas que comentaremos en el capítulo siguiente.

Creo que nunca me había dado cuenta de lo mucho que han influido en el curso de la historia personajes que creyeron que Jesús era, efectivamente, «la verdad». Lord Denning, considerado por muchos como una de las mentes más prodigiosas del ámbito jurídico en el siglo veinte, fue durante casi cuarenta años el presidente de la Asociación de Abogados Cristianos. Él aplicó su capacidad legendaria de análisis a las pruebas históricas del nacimiento de Jesús, de su muerte y de su resurrección, y concluyó que el cristianismo era verdad.

En mi caso, tampoco había tenido en cuenta que algunos de los filósofos más destacados de Occidente —Tomás de Aquino, Descartes, Locke, Pascal, Leibniz, Kant— eran cristianos activos. De hecho, dos de los filósofos más influyentes en la actualidad, Charles Taylor y Alasdair MacIntyre, han edificado gran parte de su obra sobre el fundamento de un profundo compromiso con Jesucristo.

Tampoco me había dado cuenta de la cantidad de pioneros en el mundo de la ciencia que habían sido cristianos: Galileo, Copérnico, Kepler, Newton, Mendel, Pasteur y Maxwell, entre otros. Esto también se da entre los científicos de hoy en día. Francis Collins, director del Proyecto Genoma Humano y uno de los genetistas más respetados del mundo, habla de un paseo que estaba dando por la montaña en el que se sintió tan conmovido por la belleza de la creación que, en sus propias palabras: «Me arrodillé en la hierba cubierta de rocío, mientras amanecía, y me entregué por completo a Jesucristo».[8]

Estas palabras subrayan el hecho de que cuando Jesús decía: «Yo soy la verdad», se estaba refiriendo a algo más que a la verdad intelectual. Se refería al conocimiento personal de alguien que encarna esa verdad. El concepto hebreo de «verdad» se refiere a la realidad experimentada. Para comprender este concepto de «verdad», es preciso hacer una distinción entre conocer algo intelectualmente y conocerlo con el corazón.

Supongamos que antes de haber conocido a mi mujer, Pippa, hubiera leído un libro sobre ella. Al acabar el libro habría pensado: «Parece ser una mujer maravillosa. Ésa es la persona con la que me quiero casar». Habría una gran diferencia entre mi opinión en ese caso —convencido intelectualmente de que era una persona maravillosa—, y mi opinión actual después de haber compartido muchos años de matrimonio con ella, experiencia desde la que puedo afirmar: «Sé que es una persona maravillosa». Cuando un cristiano dice, refiriéndose a su fe: «Sé que Jesús es la verdad», no sólo quiere decir que sabe intelectualmente que Jesús es la verdad, sino que ha experimentado a Jesús como la verdad.

Vida en un mundo en tinieblas

En tercer lugar, Jesús dijo: «Yo soy la vida». La postura cristiana siempre ha defendido que las personas hemos sido creadas a imagen y semejanza de Dios. Como consecuencia, hay algo noble en todo ser humano. Esta convicción ha sido la fuerza motriz que ha animado a muchos de los grandes reformadores sociales, desde William Wilberforce a Martin Luther King Jr. y Desmond Tutu. Pero hay que tener en cuenta otro aspecto.

Alexander Solzhenitsyn, escritor ruso galardonado con el premio Nobel de Literatura que se convirtió al cristianismo durante su exilio de la Unión Soviética, dijo: «La frontera que separa el bien del mal no atraviesa los estados, ni las clases, ni los partidos políticos [...], sino que atraviesa todos y cada uno de los corazones humanos».[9]

En mi caso, solía pensar que era una «buena» persona, porque no robaba bancos ni cometía otros crímenes graves. Sólo cuando empecé a comparar mi vida con la de Jesucristo empecé a darme cuenta de lo equivocado que estaba.

Todos necesitamos perdón. Eso es algo que sólo podemos encontrar en Cristo. Marghanita Laski, defensora del humanismo, hizo una confesión asombrosa en un debate televisivo que mantuvo con un cristiano. Declaró: «Lo que envidio en ustedes, los cristianos, es el perdón —y añadió con añoranza—: Yo no tengo a nadie que me dé su perdón».[10]

Lo que hizo Jesús cuando fue crucificado por nosotros fue pagar las consecuencias por todas las cosas que hemos hecho mal. Nos detendremos en este tema en el tercer capítulo. Allí veremos que murió para eliminar nuestra culpa y para liberarnos de las adicciones, del miedo y de la muerte.

Jesús no sólo murió por nosotros, sino que también resucitó de entre los muertos por nosotros. Con esa acción derrotó a la muerte. Jesús vino a darnos «vida eterna». La vida eterna es una calidad de vida que nace del establecimiento de una relación con Dios (Juan 17,3). Jesús nunca prometió a nadie una vida fácil, pero sí que prometió vida en abundancia (Juan 10,10).

Alice Cooper, el veterano músico de rock, aceptó una entrevista para el periódico inglés *The Sunday Times*, que se tituló: «Alice Cooper guarda un secreto oscuro: el roquero de 53 años es cristiano». En la entrevista, describió su conversión al cristianismo: «No ha sido fácil combinar la religión con el rock. Es la cosa más rebelde que he hecho. Beber cerveza es fácil. Destrozar la habitación del hotel en el que uno se hospeda es fácil. Pero ser cristiano es una decisión difícil. Es una auténtica rebelión».[11]

El teólogo y filósofo Paul Tillich describió la condición humana como algo que siempre implica tres miedos: el miedo a la culpa, el miedo a la falta de sentido y el miedo a la muerte. Jesucristo resuelve todos estos miedos frontalmente y sin rodeos, porque él es «el camino, la verdad y la vida».[12]

Notas

1. N. del T.: En contra de lo que pueda parecer al leer la anécdota, los anglicanos sí que reciben la Santa Comunión. Lo cómico de la respuesta es que el enfermo piensa que la Santa Comunión es el nombre de otra confesión religiosa.
2. Ronald Brown (ed), *Bishop's Brew* (Arthur James Ltd, 1989).
3. C. S. Lewis, *Mero cristianismo,* Rialp (4ª edición), 2005, p. 147.
4. Con el amable permiso de Bernard Levin.
5. Ídem.
6. León Tolstói, *Confesión* (Acantilado, 2008).
7. C. S. Lewis, 'Timeless at Heart' in *Christian Apologetics* (Fount, 2000).
8. Francis Collins, *El lenguaje de Dios* (Planeta, 2006).
9. Alexander Solzhenitsyn, *Archipiélago Gulag: 1918-1956: ensayo de investigación literaria* (Círculo de Lectores, 1998), volumen I.
10. Citado por Philip Yancey, *What's So Amazing About Grace* (Zondervan, 1997), p. 279.
11. *The Sunday Times*, 22 de septiembre de 2001.
12. Paul Tillich, *Writings on Religion*, ed Robert P. Scharlemann (Walter de Gruyter, 1987), p. 160.

CAPÍTULO 2

¿QUIÉN ES JESÚS?

Durante gran parte de mi vida no mostré ningún interés hacia el cristianismo. Mi padre era un judío agnóstico y mi madre, aunque cristiana, raramente iba a la iglesia. A veces me consideraba ateo y otras veces agnóstico: no estaba seguro de mis creencias. Había estudiado la Biblia en clases de religión, en la escuela, pero acabé por rechazarlo todo en una crítica a la fe cristiana. En la noche de San Valentín de 1974, mis convicciones fueron puestas a prueba por mi mejor amigo, Nicky Lee. Acababa de regresar de una fiesta, cuando me encontré con Nicky y su novia, quienes me anunciaron que se habían hecho cristianos. ¡Qué horror! En el año que me había tomado libre entre la secundaria y la universidad, me había encontrado con algunos cristianos y no me inspiraban ninguna confianza, sobre todo por su tendencia a sonreír continuamente.

Sabía que tenía que ayudar a mis amigos, de manera que decidí comenzar una investigación detallada sobre el tema. Tenía, por aquel entonces, una Biblia bastante polvorienta en uno de mis estantes, así que, esa misma noche, la tomé y empecé a leerla. Leí sin detenerme el Evangelio de Mateo, el de Marcos, el de Lucas y la mitad del Evangelio de Juan. Llegado a aquel punto me quedé dormido. Cuando me desperté, terminé de leer el Evangelio de Juan y continué leyendo los Hechos de los Apóstoles, la carta a los Romanos y la primera y segunda carta a los Corintios. Estaba completamente absorto en la lectura de cosas que nunca antes habían tenido significado para mí pero que esta vez cobraban vida sin que pudiera pasarlas por alto, ya que todo parecía verosímil. Conforme iba leyendo sabía que tenía que dar una respuesta, pues lo que leía me interpelaba poderosamente. Poco tiempo después, puse mi fe en Jesucristo.

No obstante, pasé los siguientes diez años estudiando derecho y practicando la abogacía —por eso, para mí, es muy importante demostrar las cosas—. No podía dar un salto al vacío, pero estaba dispuesto a dar un paso de fe basado en pruebas históricas fidedignas. En este capítulo me propongo analizar algunas de esas pruebas históricas.

He oído decir que en un antiguo diccionario comunista ruso se describe a Jesús como «un personaje mítico que nunca existió». Ningún historiador de prestigio defendería hoy en día esa postura. Hay muchas pruebas que demuestran la existencia de Jesús. Éstas no sólo aparecen en los evangelios y en otros escritos cristianos, sino también en otras fuentes. Los historiadores romanos Tácito y Suetonio, por ejemplo, escribieron sobre Jesús. El historiador judío Flavio Josefo, nacido en el año 37 d. C., describe a Jesús y a sus seguidores de la siguiente manera:

> Por aquel tiempo, existió un hombre sabio, llamado Jesús —si es lícito llamarlo hombre, porque realizó grandes milagros—, que fue maestro de aquellos hombres que aceptan con placer la verdad. Atrajo a muchos judíos y muchos gentiles.[1]

De manera que hay pruebas de la existencia de Jesús fuera del Nuevo Testamento. Además, las pruebas en el Nuevo Testamento son muy claras. A veces, la gente dice: «El Nuevo Testamento se escribió hace mucho tiempo. ¿Cómo sabemos que lo que se escribió no ha sufrido cambios a lo largo de los años?». La respuesta es que sabemos, con gran precisión, lo que los escritores del Nuevo Testamento escribieron, gracias a los métodos de la crítica textual. Fundamentalmente, cuanto menor tiempo haya transcurrido entre la fecha de composición del original y la fecha de la copia más antigua disponible en la actualidad, cuantos más textos tengamos a nuestro alcance y cuanto mayor sea la calidad de éstos, menos dudas habrá sobre el original.

El difunto catedrático F. F. Bruce (catedrático de Exégesis y Crítica Textual Bíblica en la Universidad de Manchester) explica en su libro *¿Son fidedignos los documentos del Nuevo Testamento?* que el Nuevo Testamento posee un legado de manuscritos muy rico en comparación con otras obras históricas.[2] La tabla que aparece a continuación resume estos datos y muestra la cantidad de testimonios existentes acerca de la autenticidad del Nuevo Testamento.

F. F. Bruce señala que contamos con nueve o diez copias de los *Comentarios sobre la guerra de las Galias* de Julio César y que la más antigua se escribió unos 950 años después del original. Respecto a la

Historia de Roma de Tito Livio, no hay más de veinte copias y ninguna de ellas está completa; la más antigua data, aproximadamente, del año 900 d. C. De los catorce libros de las *Historias* de Tácito sólo se conservan veinte copias; de los dieciséis libros de sus *Anales*, diez fragmentos dependen por completo de dos manuscritos: uno del siglo noveno y otro del siglo undécimo. La historia de Tucídides es conocida, casi en su totalidad, gracias a ocho manuscritos copiados, aproximadamente, en el año 900 d. C. Lo mismo ocurre con las *Historias* de Heródoto. Pero aun así, ningún experto en literatura clásica duda de la autenticidad de estas obras, a pesar del reducido número de sus manuscritos y de la gran distancia cronológica que los separa de sus originales.

Obra	**Año de composición**	**Copia más antigua**	**Tiempo transcurrido (años)**	**Número de copias**
Heródoto	488-428 a. C.	900 d. C.	1.300	8
Tucídides	460-400 a. C. aprox.	900 d. C. aprox.	1.300	8
Tácito	100 d. C.	1.100	1.000	20
Comentarios sobre la guerra de las Galias de Julio César	58-50 a. C.	900 d. C.	950	9-10
Historia de Roma de Tito Livio	59 a. C. – 17 d. C.	900 d. C.	900	20
Nuevo Testamento	40-100 d. C.	130 d. C. (manuscritos completos: 350 d. C.)	300	+5.000 griego +10.000 latín 9.300 otros

En lo que se refiere al Nuevo Testamento, contamos con una gran abundancia de material. Probablemente, el Nuevo Testamento se escribió entre los años 40 y 100 d. C. Se conservan manuscritos completos y en excelente estado de todo el Nuevo Testamento, que se remontan hasta el año 350 d. C. (una distancia de tan sólo 300 años con respecto a los originales). Hay, además, papiros que contienen la mayoría de los escritos del Nuevo Testamento, que datan del siglo tercero e, incluso, un fragmento del Evangelio de Juan que los científicos han situado alrededor del año 125 d. C. gracias al método de datación por radiocarbono. Contamos con más de 5.000 manuscritos en griego, más de 10.000 en latín y 9.300 en otros idiomas, a lo que hay que añadir las más de 36.000 referencias que aparecen en los escritos de los Padres de la iglesia. Como afirmó F. J. A. Hort —uno de los críticos textuales más importantes—: «Gracias a la variedad y a la plenitud de los testimonios en los que descansa, el Nuevo Testamento se destaca de manera absoluta e inalcanzable entre todos los escritos en prosa de la antigüedad».[3]

F. F. Bruce resume todas las pruebas mencionadas citando a Sir Frederic Kenyon, un erudito renombrado en este ámbito:

> El intervalo que hay entre las fechas de la composición original y de los testimonios existentes más antiguos es tan pequeño que, de hecho, puede considerarse insignificante. Así pues, el último resquicio de duda sobre si las Escrituras nos han llegado tal y como fueron escritas ha desaparecido. Tanto la autenticidad como la integridad general de los libros del Nuevo Testamento pueden, por fin, considerarse establecidas.[4]

Sabemos, pues, gracias a la variedad de pruebas provenientes tanto del Nuevo Testamento como de otras fuentes, que Jesús existió.[5] Pero ¿quién es Jesús? Martin Scorsese dijo en una entrevista televisada que había hecho la película *La última tentación de Cristo* para mostrar la humanidad real de Jesús. No obstante, ése no es el problema actual. Pocos dudan hoy en día que Jesús fuera completamente humano. Tuvo un cuerpo humano: a veces se sentía cansado (Juan 4,6) y hambriento (Mateo 4,2). Tuvo emociones humanas: sintió enojo (Marcos 11,15-17), amó (Marcos 10,21) y se entristeció (Juan 11,35). Tuvo experiencias humanas: creció en el seno de una familia (Marcos 6,3), tuvo un trabajo (Marcos 6,3), fue tentado (Marcos 1,13) y experimentó el sufrimiento y la muerte (Marcos 15,15-40).

Lo que muchos afirman hoy es que Jesús fue *sólo* un ser humano, aunque, eso sí, un gran maestro espiritual. El comediante Billy Connolly habló en nombre de muchos cuando dijo: «No puedo creer en el cristianismo, pero creo que Jesús fue un hombre maravilloso». ¿Qué pruebas hay que sostengan que Jesús fuera algo más que un hombre de una influencia asombrosa o un gran maestro moral? Como veremos, hay bastantes pruebas que respaldan la convicción cristiana de que Jesús fue y es el Hijo único de Dios, la segunda Persona de la Trinidad.

¿Qué dijo de sí mismo?

Algunos dicen: «Jesús nunca declaró ser Dios». Ciertamente, es verdad que Jesús no fue por ahí diciendo: «Soy Dios». Sin embargo, cuando nos fijamos en todo lo que enseñó y declaró, no hay duda de que era consciente de ser una persona cuya identidad era la de Dios.

Enseñanza centrada en su Persona

Uno de los aspectos más fascinantes de Jesús es que gran parte de su enseñanza estaba centrada en su Persona. La mayoría de los líderes religiosos, como cabría esperar, alejan su enseñanza de sí mismos centrándola en Dios. Jesús, la Persona más modesta y humilde que haya existido jamás, al dirigir a la gente hacia Dios, la dirigía hacia sí mismo. De hecho, dijo: «Nadie llega al Padre sino por mí» (Juan 14,6). Es a través de una relación con él como nos encontramos con Dios.

Hay un hambre en lo profundo del corazón humano. Tres psicólogos de gran influencia en el siglo veinte han reconocido esta verdad. Freud dijo: «La gente tiene hambre de amor». Jung dijo: «La gente tiene hambre de seguridad». Adler dijo: «La gente tiene hambre de significado». Jesús declaró: «Yo soy el pan de vida» (Juan 6,35). En otras palabras: «Si quieres satisfacer tu hambre, ven a mí».

La adicción es un problema muy grave en nuestra sociedad. Hablando de sí mismo, Jesús afirmó: «Si el Hijo los libera, serán ustedes verdaderamente libres» (Juan 8,36).

Mucha gente está deprimida, desilusionada y en tinieblas. Jesús dijo: «Yo soy la luz del mundo. El que me sigue no andará en tinieblas, sino que tendrá la luz de la vida» (Juan 8,12). En lo que a mí respecta, cuando me hice cristiano fue como si de repente se hubiera encendido la luz y hubiera visto las cosas por primera vez.

Muchos tienen miedo a la muerte. Recuerdo que una mujer me dijo, en una ocasión, que a veces no podía dormir y que se despertaba cubierta

de un sudor frío por miedo a la muerte, porque no sabía lo que le pasaría cuando se muriera. Jesús afirmó: «Yo soy la resurrección y la vida. El que cree en mí vivirá, aunque muera; y todo el que vive y cree en mí no morirá jamás» (Juan 11,25-26). A la Madre Teresa de Calcuta le preguntaron poco antes de su muerte: «¿Tiene miedo a morirse?». A lo que respondió: «¿Cómo puedo tenerlo? Morir es ir a casa, con Dios. Nunca he tenido miedo. No. Todo lo contrario: ¡estoy deseando que ocurra!».

Muchas personas están agobiadas por la preocupación, la ansiedad, el miedo o la culpa. Jesús dijo: «Vengan a mí todos ustedes que están cansados y agobiados, y yo les daré descanso» (Mateo 11,28). Hay muchos hoy en día que no saben cómo vivir sus vidas o a quién deberían seguir. Recuerdo que antes de ser cristiano quería ser como las personas que admiraba, pero esas personas iban cambiando en periodos de tiempo relativamente cortos. Jesús dijo: «Vengan, síganme» (Marcos 1,17).

También dijo que recibirle a él era recibir a Dios (Mateo 10,40), que acogerle a él era acoger a Dios (Marcos 9,37) y que haberle visto a él era haber visto a Dios (Juan 14,9). Un día, una niña estaba haciendo un dibujo y su madre le preguntó qué era lo que estaba haciendo. La niña respondió:

—Estoy dibujando a Dios.

—No seas tonta —dijo la madre—, no puedes dibujar a Dios. Nadie sabe cómo es Dios.

—Bueno —replicó la niña—, pues lo sabrán cuando haya acabado.

Jesús, de hecho, afirmó: «Si quieren saber cómo es Dios, mírenme».

Declaraciones indirectas

Como veremos en los siguientes ejemplos, Jesús dijo una serie de cosas que, aunque no son afirmaciones directas de su divinidad, demuestran que se consideraba en la misma posición que Dios.

Es bien sabido que Jesús declaró abiertamente su capacidad de perdonar pecados. En una ocasión, por ejemplo, le dijo a un paralítico: «Hijo, tus pecados quedan perdonados» (Marcos 2,5). La reacción de los líderes religiosos fue: «¿Por qué habla éste así? ¡Está blasfemando! ¿Quién puede perdonar pecados sino sólo Dios?». Jesús se dispuso a demostrar que ciertamente tenía autoridad para perdonar pecados curando al paralítico. Esta afirmación por la que se proclamaba capaz de perdonar pecados es obviamente una afirmación sorprendente.

C. S. Lewis lo describe muy bien en su libro *Mero cristianismo*:

> Una parte de su pretensión tiende a pasar inadvertida porque la hemos oído tantas veces que ya no nos damos cuenta de lo que significa. Me refiero al hecho de perdonar los pecados: todos los pecados. Ahora bien; a menos que el que hable sea Dios, esto resulta tan absurdo que raya en lo cómico. Todos podemos comprender el que un hombre perdone ofensas que le han sido infligidas. Tú me pisas y yo te perdono, tú me robas el dinero y yo te perdono. ¿Pero qué hemos de pensar de un hombre, a quien nadie ha pisado, a quien nadie ha robado nada, que anuncia que él te perdona por haber pisado a otro hombre o haberle robado a otro hombre su dinero? Necia fatuidad es la descripción más benévola que podríamos hacer de su conducta. Y sin embargo esto es lo que hizo Jesús. Les dijo a las gentes que sus pecados eran perdonados, y no esperó a consultar a las demás gentes a quienes esos pecados habían sin duda perjudicado. Sin ninguna vacilación se comportó como si Él hubiese sido la parte principalmente ofendida por esas ofensas. Esto tiene sentido sólo si Él era realmente Dios, cuyas reglas son infringidas y cuyo amor es herido por cada uno de nuestros pecados. En boca de cualquiera que no fuese Dios, estas palabras implicarían lo que yo no puedo considerar más que una estupidez y una vanidad sin rival en ningún otro personaje de la historia.[6]

Otra afirmación extraordinaria que hizo Jesús fue que un día juzgaría al mundo (Mateo 25,31-32). Dijo que regresaría con todos sus ángeles y que se sentaría «en su trono glorioso» (v. 31). Todas las naciones se reunirían delante de él y él las juzgaría. Algunos recibirían la vida eterna y la herencia preparada para ellos desde la creación del mundo, pero otros sufrirían el castigo de verse separados de él para siempre.

Jesús dijo que él decidiría la suerte de todos nosotros al final de los tiempos. No sólo sería el Juez, sino que también sería el criterio del juicio. Lo que nos ocurra en el Juicio final depende de cómo hayamos respondido a Jesús en esta vida (Mateo 25,40.45).

Supongamos que vieras a un hombre con un megáfono gritando: «En el Juicio final todos se reunirán delante de mí y yo decidiré su destino eterno. Lo que les ocurra a ustedes dependerá de cómo me hayan tratado a mí y a mis seguidores». Para un ser humano ordinario, tal afirmación sería ridícula. He aquí, pues, otra afirmación indirecta sobre su identidad de Dios Todopoderoso.

Declaraciones directas

Cuando le preguntaron a Jesús: «¿Eres el Cristo, el Hijo del Bendito?», Jesús respondió:

> —Sí, yo soy [...]. Y ustedes verán al Hijo del hombre sentado a la derecha del Todopoderoso, y viniendo en las nubes del cielo.
>
> —¿Para qué necesitamos más testigos? —dijo el sumo sacerdote, rasgándose las vestiduras—. ¡Ustedes han oído la blasfemia! ¿Qué les parece? (Marcos 14,61-64).

En este relato parece que Jesús es condenado a muerte por la declaración que hace sobre sí mismo. Una afirmación de tal calibre —declararse Dios— era una blasfemia que, para los judíos, debía castigarse con la muerte.

En una ocasión, cuando los judíos empezaron a apedrear a Jesús, él les preguntó: «¿Por qué me apedrean?». Ellos respondieron que le estaban apedreando por blasfemia, «porque tú, siendo hombre, *te haces pasar por Dios*» (Juan 10,33, cursiva del autor). Sus enemigos pensaron que, sin lugar a dudas, era eso lo que Jesús estaba declarando.

Cuando Tomás, uno de sus discípulos, se arrodilló delante de Jesús y dijo: «¡Señor mío y Dios mío!» (Juan 20,28), Jesús no le replicó: «No. No digas eso; yo no soy Dios», sino que dijo: «Porque me has visto, has creído; dichosos los que no han visto y sin embargo creen» (Juan 20,29). Y le reprendió por haber sido tan lento en comprender la verdad.

Si alguien hace declaraciones como ésas, es necesario comprobar su veracidad. Hay gente de todo tipo que hace afirmaciones de cualquier naturaleza. Por el simple hecho de que alguien declare ser alguien, no quiere decir que lo sea. Hay muchas personas, algunas de ellas en hospitales psiquiátricos, que viven en un continuo engaño. Se creen que son Napoleón o el Papa, pero no lo son. ¿Cómo podemos, pues, comprobar la veracidad de las afirmaciones que hace la gente?

Jesús declaró ser el Hijo único de Dios —Dios hecho hombre—. Hay tres posibilidades lógicas que se derivan de las afirmaciones de Jesús. Si estas afirmaciones no eran verdaderas, o bien sabía que no lo eran —primera posibilidad, en cuyo caso era un impostor, y un impostor perverso—, o bien no lo sabía —segunda posibilidad, en cuyo caso se engañaba a sí mismo y no estaba, por tanto, en sus cabales—. La tercera posibilidad es que las declaraciones de Jesús fueran verdaderas.

C. S. Lewis señaló que un hombre que fuera simplemente un hombre y que dijera las cosas que dijo Jesús no podría ser un gran maestro moral, sino que se trataría de un lunático, o del «mismísimo demonio». «Tienen que escoger», escribe Lewis. O bien Jesús era, y es el Hijo de Dios, o bien era un loco o algo mucho peor. Pero, continúa, «no salgamos ahora con insensateces paternalistas acerca de que fue un gran maestro moral. Él no nos dejó abierta esa posibilidad. No quiso hacerlo».[7]

¿Qué pruebas hay que respalden lo que dijo?

Para evaluar cuál de esas tres posibilidades es la correcta, necesitamos examinar las pruebas que tenemos sobre su vida.

Su enseñanza

La enseñanza de Jesús está ampliamente reconocida como la más importante jamás pronunciada por labios humanos. El Sermón de la Montaña contiene algunas enseñanzas enormemente exigentes y radicales: «Amen a sus enemigos» (Mateo 5,44); «vuelvan la otra mejilla» (Mateo 5,39); «traten a los demás tal y como quieren que ellos los traten a ustedes» (Lucas 6,31).

John Mortimer, creador de la serie de televisión inglesa *Rumpole* y ateo durante mucho tiempo, explicó por qué se había descrito recientemente a sí mismo como «un miembro prominente de la Liga de los Ateos por Cristo». Cuando le preguntaron qué había provocado ese cambio en él, respondió: «Ver el impacto que ha causado en la sociedad una generación que ha rechazado a Dios y, como consecuencia, la moral cristiana. Lo que está fuera de toda duda es que el evangelio ofrece un sistema moral al que debemos regresar si queremos evitar catástrofes sociales». Este artículo, que apareció en el periódico inglés *The Mail on Sunday* en abril de 1995, tenía como titular: «Hasta los no creyentes tendrían que volver a la iglesia en la actualidad».

La enseñanza de Jesús constituye el fundamento de toda la civilización occidental. La mayoría de nuestras leyes se basaron originalmente en sus doctrinas. Estamos haciendo progresos en casi todos los ámbitos de la ciencia y de la tecnología. Viajamos más deprisa, sabemos más y, sin embargo, en los últimos 2.000 años nadie ha mejorado la doctrina moral de Jesucristo.

Bernard Ramm, un catedrático estadounidense de Teología, dijo lo siguiente sobre las enseñanzas de Jesús:

> Se leen más, se citan más, se aman más, se creen más y se traducen más porque son las palabras más grandes que jamás se hayan pronunciado [...]. Su grandeza descansa en la espiritualidad lúcida y pura con la que se tratan —de manera clara, definitiva y contundente— los problemas principales que palpitan en el corazón humano [...]. Ninguna palabra de ningún otro hombre tiene el atractivo de las palabras de Jesús, porque ningún otro hombre puede responder a estas preguntas fundamentales humanas como Jesús las respondió. Son el tipo de palabras y el tipo de respuestas que esperaríamos recibir de Dios.[8]

Sus obras

Para comprobar la veracidad de las afirmaciones que hizo Jesús sobre sí mismo, tiene sentido fijarse no sólo en lo que dijo, sino también en lo que hizo. Jesús dijo que los milagros que hacía eran, en sí mismos, pruebas «para que sepan y entiendan que el Padre está en mí, y que yo estoy en el Padre» (Juan 10,38).

Jesús debió de ser la compañía más extraordinaria que se pudiera tener. A veces, la gente dice que el cristianismo es aburrido. Pues bien, no era precisamente aburrido estar con Jesús:

Fue a una fiesta y convirtió el agua en vino (Juan 2,1-11). Multiplicó el almuerzo de un hombre para alimentar a miles de personas (Marcos 6,30-44). Tenía control sobre los elementos naturales y podía hablar al viento y a las olas y, por tanto, detener tormentas (Marcos 4,35-41). Practicó las sanaciones más extraordinarias: abrió los ojos a los ciegos, hizo que los sordos oyeran, que los mudos hablaran y que los paralíticos volvieran a andar. En cierta ocasión, cuando visitaba la piscina de Betesda, hizo que un hombre, que había sido inválido durante treinta y ocho años, pudiera recoger su camilla e irse por su propio pie (Juan 5,1-9). Liberó a la gente de fuerzas malignas que habían dominado sus vidas. En algunas ocasiones, incluso devolvió a la vida a los que habían muerto (ej. Juan 11,38-44).

No obstante, no sólo fueron sus milagros los que hicieron de su obra algo impresionante. Fue su amor, especialmente por los que eran rechazados (como los leprosos y las prostitutas), lo que parecía motivar todo lo que hacía. La demostración suprema de su amor por nosotros la mostró en la cruz, cuando entregó la vida «por sus amigos» (Juan 15,13). Ciertamente, todo esto no puede ser obra de un hombre perverso o demente.

Su personalidad

La personalidad de Jesús ha impresionado a millones de personas que no se definirían a sí mismas como cristianas. Bernard Levin, por ejemplo, escribió sobre Jesús: «¿No es la naturaleza de Cristo, en palabras del Nuevo Testamento, suficiente como para traspasar hasta el fondo del alma a cualquiera que tenga un alma que traspasar? [...]. Él todavía está presente en la conciencia del mundo; su mensaje sigue siendo claro; su compasión, infinita; su consuelo, eficaz; sus palabras, llenas de gloria, sabiduría y amor».[9] La revista *Time* describió a Jesús como «el símbolo más estable de pureza, generosidad y amor en la historia de la humanidad occidental».

He aquí alguien que ejemplificó la generosidad suprema, pero no la autocompasión; la humildad, pero no la debilidad; la alegría, pero no a costa de los demás; la bondad, pero no la condescendencia. Era una persona en la que hasta sus enemigos no encontraban defecto y cuyos amigos dijeron que estaba libre de pecado. Se ha dicho que nuestra personalidad se pone realmente a prueba cuando estamos sometidos a la presión y al dolor. Cuando estaban torturando a Jesús, él dijo: «Padre, perdónalos, porque no saben lo que hacen» (Lucas 23,34). Ciertamente, nadie podría sugerir que ese hombre fuera un hombre perverso o demente.

Su cumplimiento de lo profetizado en el Antiguo Testamento

Jesús dio cumplimiento a más de 300 profecías que habían sido anunciadas por voces diferentes durante más de 500 años. Entre ellas había veintinueve profecías principales que se cumplieron en un solo día, el de su muerte. Aunque algunas de estas profecías se cumplieron parcialmente en la época del profeta que las anunció, sólo se cumplieron íntegramente en Jesucristo.

Supongo que se podría objetar que Jesús fue un estafador astuto que se propuso cumplir estas profecías para demostrar que él era el Mesías anunciado en el Antiguo Testamento.

El problema que tiene esa objeción, en primer lugar, es que el enorme número de profecías existentes hace de ella una posibilidad extremadamente difícil de materializar. En segundo lugar, desde un punto de vista humano, Jesús no tenía control sobre muchos de los acontecimientos de su vida. La forma exacta de su muerte, por ejemplo, fue anunciada en el Antiguo Testamento (Isaías 53), así como el lugar de su entierro e incluso el de su nacimiento (Miqueas 5,2). Supongamos que Jesús hubiera sido un estafador con la determinación de cumplir todas estas profecías. En el momento en que se hubiera querido dar cuenta del lugar en el que debería haber nacido, ¡ya habría sido demasiado tarde como para actuar al respecto!

Su resurrección

La resurrección física de Jesucristo de entre los muertos es la piedra angular del cristianismo. Personalmente, fue a través de la vida, de la muerte y, sobre todo, de la resurrección de Jesús como empecé a creer que hay un Dios.

Tom Wright, obispo anglicano de Durham y teólogo del Nuevo Testamento, afirmó lo siguiente: «La pretensión del cristianismo no es que Jesús sea entendido como el Dios que ya conocemos, sino la siguiente: la resurrección de Jesús sugiere con fuerza que el mundo tiene un Creador, y que ese Creador ha de ser percibido en Jesucristo y desde la perspectiva de Jesucristo». Pero ¿qué pruebas tenemos de que la resurrección ocurrió verdaderamente? Me gustaría resumir las pruebas en cuatro puntos.

1. *El sepulcro vacío*. Se han propuesto muchas teorías para explicar el hecho de que el cuerpo de Jesús no estuviera en el sepulcro en el primer día de Pascua, pero ninguna de ellas es muy convincente.

En primer lugar, se ha sugerido que Jesús no murió en la cruz, sino que todavía estaba vivo cuando fue depositado en el sepulcro y que, posteriormente, se recuperó. Pero el trauma físico que causaba la flagelación romana era suficiente para matar a mucha gente. Esto queda muy bien reflejado gráficamente en la película de Mel Gibson *La Pasión de Cristo*. Después, clavaron a Jesús en una cruz, donde permaneció colgado durante seis horas. ¿Podría un hombre en tales condiciones empujar una piedra que probablemente pesaba tonelada y media? Los soldados estaban absolutamente convencidos de que estaba muerto, en caso contrario no habrían bajado el cuerpo de Jesús de la cruz. Si hubieran dejado escapar a un prisionero, se les habría condenado a pena de muerte. Un experto en el Nuevo Testamento ha bromeado diciendo que lo único intrigante de esta teoría es que, aunque descartada desde hace tiempo, ¡parece volver a la vida una y otra vez!

Además, cuando los soldados descubrieron que Jesús ya había muerto, «uno de ellos le abrió el costado con una lanza, y al instante le brotó sangre y agua» (Juan 19,34). Esto parece coincidir con la separación entre el coágulo y el suero sanguíneo, que, como sabemos hoy, es una prueba médica consistente de que Jesús ya había muerto.[10] Juan no registró ese detalle para demostrar su muerte, puesto que no poseía tal conocimiento, lo que hace que el dato adquiera aún más peso como prueba de la muerte de Jesús.

En segundo lugar, algunos han sugerido que los discípulos robaron el cuerpo y corrieron el rumor de que Jesús había resucitado de entre los muertos. Olvidándonos, por un momento, de que el sepulcro estaba siendo vigilado, esta teoría es psicológicamente improbable. Los discípulos estaban desilusionados y deprimidos en el momento de la muerte de Jesús. Habría sido necesario algo realmente extraordinario para transformar al apóstol Pedro, de un desertor abatido y apesadumbrado, en el hombre que predicó con tal energía en Pentecostés que hasta 3.000 personas se convirtieron al escucharle.

Además, cuando uno considera lo mucho que tuvieron que sufrir por lo que creían (azotes, tortura y, en algunos casos, incluso la muerte), parece inconcebible que estuvieran dispuestos a sufrir todo eso por algo que sabían que era mentira.

En tercer lugar, algunos han afirmado que fueron las autoridades quienes robaron el cuerpo. Ésta parece ser la teoría menos probable. Si las autoridades hubieran robado el cuerpo, ¿por qué no lo mostraron en su intento de negar el rumor de que Jesús había resucitado de entre los muertos? Las autoridades (tanto judías como romanas) se habrían servido de todos los recursos a su disposición para exhibir públicamente el cuerpo de Jesús en caso de que lo tuvieran.

Posiblemente la prueba más fascinante del sepulcro vacío es la descripción que hace Juan de las vendas y el sudario que habían cubierto el cuerpo yacente de Jesús. En cierto modo, el «sepulcro vacío» es un nombre inapropiado. Cuando Pedro y Juan entraron en el sepulcro, vieron las vendas y el sudario que eran, en palabras del escritor cristiano Josh McDowell, «como la crisálida vacía del capullo de una oruga» una vez que ha salido la mariposa.[11] Fue como si Jesús hubiera pasado, simplemente, a través de las vendas y el sudario. No es sorprendente, por tanto, que Juan viera y creyera (Juan 20,8).

2. Sus apariciones a los discípulos. ¿Fueron alucinaciones? El diccionario *Concise Oxford Dictionary* define «alucinación» como una «percepción aparente de un objeto externo que no está realmente presente». Las alucinaciones se dan normalmente en personas muy excitables, imaginativas o nerviosas, o en gente que está enferma o bajo el efecto de las drogas. Los discípulos no encajan en ninguna de estas categorías. Pescadores robustos, cobradores de impuestos y escépticos como Tomás no son los mejores candidatos para alucinaciones en masa. A eso hay que añadir que la gente que tiene alucinaciones no suele dejar de tenerlas repentinamente. Jesús se apareció a sus discípulos en once ocasiones diferentes a lo largo de seis semanas. El número de ocasiones y su interrupción inmediata hacen que la teoría de la alucinación sea altamente improbable.

A esto se añade que más de 500 personas vieron a Jesús resucitado. Es posible que una persona tenga alucinaciones. También puede ocurrir que dos o tres personas tengan la misma alucinación. Pero ¿es posible que 500 personas tengan la misma alucinación? Por último, la alucinación es subjetiva. No hay realidad objetiva: es como ver un fantasma. Jesús, sin embargo, podía ser tocado, comió un pedazo de pescado asado (Lucas 24,42-43) y, en una ocasión, les preparó el desayuno a sus discípulos (Juan 21,1-14). Pedro atestigua: «Nosotros [...] comimos y bebimos con él después de su resurrección» (Hechos 10,41). Jesús mantuvo largas conversaciones con sus discípulos y les enseñó muchas cosas sobre el reino de Dios (Hechos 1,3).

3. *El efecto inmediato*. Como era de esperar, el hecho de la resurrección de Jesús de entre los muertos tuvo una repercusión espectacular en el mundo. La iglesia nació y creció a pasos agigantados. En palabras de Michael Green —autor de muchas obras divulgativas y especializadas—:

> La iglesia [...], que nació de un puñado de pescadores sin formación y de cobradores de impuestos, se propagó, en los trescientos años siguientes, por todo el mundo conocido. Es una historia enormemente asombrosa de una revolución pacífica sin parangón en la historia universal. Eso ocurrió porque los cristianos podían decir a aquéllos que les preguntaban: «Jesús no sólo murió por ustedes, sino que ¡está vivo! ¡Pueden conocerlo y descubrir por sí mismos la realidad de la que les estamos hablando!». Así lo hicieron y se unieron a la iglesia. Y la iglesia, que tuvo su origen en un sepulcro de Oriente, se extendió por todo el mundo».[12]

4. *La experiencia cristiana*. Millones incalculables de personas han experimentado a Jesucristo resucitado a lo largo de los siglos. Son personas de todos los colores, razas, tribus, continentes y nacionalidades. Proceden de contextos económicos, sociales e intelectuales diferentes.

Millones de cristianos en todo el mundo tienen una relación real con Jesucristo resucitado. A lo largo de los años, yo también he sentido que Jesucristo vive hoy. He experimentado su amor, su poder y la realidad de una relación que me convence de que ciertamente vive. Como el personaje ficticio Sherlock Holmes dijo: «Una vez que se ha eliminado lo imposible, lo restante, aunque improbable, tiene que ser la verdad».[13]

Ya hemos visto más arriba, cuando nos fijamos en lo que Jesús dijo de sí mismo, que sólo había tres posibilidades reales: o bien era y es el Hijo de Dios, o bien era un demente, o bien algo más siniestro. Cuando uno observa las pruebas, no tiene sentido concluir que Jesús estuviera enfermo o que fuera perverso. Todo el peso de su enseñanza, sus palabras, su carácter, su cumplimiento de las profecías del Antiguo Testamento y su conquista de la muerte hacen de esas hipótesis insinuaciones absurdas, ilógicas e increíbles. Por otro lado, ofrecen un apoyo innegable a la percepción que Jesús tenía de sí mismo como un hombre cuya identidad era Dios.

En conclusión, como señaló C. S. Lewis, nos encontramos, pues, con una alternativa escalofriante. O bien Jesús era (y es) exactamente lo que dijo, o bien era un loco o algo aún peor. Para C. S. Lewis, estaba claro que Jesús no podía haber sido ni un lunático ni un malvado, por lo que concluye: «Por extraño o terrible o improbable que pueda parecer, tengo que aceptar la idea de que Él era y es Dios».[14]

Notas

1. Flavio Josefo, *Antigüedades de los judíos*, libro XVIII, capítulo III, § 3. Incluso en el caso de que el texto haya sido manipulado —como algunos sugieren—, el testimonio de Flavio Josefo confirma la existencia histórica de Jesús.
2. F. F. Bruce, *The New Testament Documents: Are They Reliable?* intro. N. T. Wright (Eerdmans, 2003), p.11. Hay traducción española: F. F. Bruce, *¿Son fidedignos los documentos del Nuevo Testamento?*, (Editorial Caribe, 1957).
3. F. J. A. Hort, *The New Testament in the Original Greek*, Vol. I (Macmillan, 1956), p. 561.
4. Sir Frederic Kenyon, *The Bible and Archaeology* (Harper and Row, 1940).
5. A quien le interese profundizar en la historicidad de los evangelios, recomiendo la lectura de: N. T. Wright, *Jesus and Victory of God* (SPCK, 1996) o Craig Blomberg, *The Historical Reliability of the Gospels* (IVP Academic, 2007).
6. C. S. Lewis, *Mero cristianismo,* 5ª edición (Rialp, 2007), p. 68.
7. Ibíd., p. 69.
8. Bernard Ramm, *Protestant Christian Evidences* (Moody Press, 1971).
9. Con el amable permiso de Bernard Levin.
10. Un equipo de expertos en Medicina publicó un estudio detallado sobre los efectos físicos del tratamiento al que fue sometido el cuerpo de Jesús. El estudio se basaba en los detalles contextuales de la pasión y concluyó que, como resultado de una conmoción hipovolémica y de asfixia por extenuación, habría sido clínicamente imposible que Jesús estuviera todavía vivo cuando le bajaron de la cruz (el informe del estudio está publicado en *Journal of the*

American Medical Association, Vol. 255, 21 March 1986).
11. Josh McDowell, *El factor de la resurrección* (Clie Editorial, 1988).
12. Michael Green, *Man Alive!* (Inter Varsity Press, 1968). Hay traducción española: *¡Jesucristo vive hoy!* (Ediciones Certeza, 1976).
13. Sir Arthur Conan Doyle, *El signo de los cuatro* (Océano de México, 2004).
14. C. S. Lewis, *Mero cristianismo,* 5ª edición (Rialp, 2007), p. 70.

CAPÍTULO 3

¿POR QUÉ MURIÓ JESÚS?

¿Qué tienen en común Madonna, Elton John, Bono[1] y el Papa? Una posible respuesta es que todos llevan una cruz. Hoy en día hay mucha gente que luce cruces en los pendientes, pulseras, collares o que, incluso, las lleva tatuadas en el cuerpo. Estamos tan acostumbrados a ver esto que no nos sorprendemos. Pero nos sorprenderíamos si viéramos a alguien que llevara la réplica de una horca o de una silla eléctrica colgada al cuello, y no caemos en la cuenta de que la cruz no fue sino un método más de ejecución. De hecho, fue uno de los métodos de ejecución más crueles conocidos por la humanidad. Fue abolida en el año 337 d. C. porque, finalmente, hasta los romanos la consideraron demasiado inhumana.

Sin embargo, la cruz siempre ha sido considerada como el símbolo de la fe cristiana. Un porcentaje significativo del contenido de los evangelios habla sobre la muerte de Jesús. Gran parte del resto del Nuevo Testamento se dedica a explicar lo que ocurrió en la cruz

—por qué murió Jesús—. El rito central de la iglesia, esto es, la liturgia eucarística o el servicio de comunión o Santa Cena, se centra en el cuerpo fragmentado de Jesús y en su sangre derramada. Las plantas de las iglesias tienen, con frecuencia, forma de cruz. Cuando el apóstol Pablo fue a Corinto dijo: «Me propuse más bien, estando entre ustedes, no saber de cosa alguna, excepto de Jesucristo, y de éste crucificado» (1 Corintios 2,2). A la mayoría de los líderes que han influido en las naciones o que, incluso, han cambiado el mundo se les recuerda por el impacto de sus vidas. Jesús, quien más que cualquier otra persona cambió la faz de la historia universal, es recordado más por su muerte que por su vida.

¿Por qué hay tanto interés en la muerte de Jesús? ¿Cuál es la diferencia entre su muerte y la muerte de Sócrates o de uno de los mártires o de un héroe de guerra? ¿Qué consiguió? ¿Qué significa la expresión del Nuevo Testamento que afirma que él murió «por nuestros pecados»? ¿Por qué murió por nuestros pecados? La respuesta es, en pocas palabras: «porque Dios te ama». Raniero Cantalamessa, predicador de la Casa Pontificia, ha dicho: «El amor de Dios es la respuesta a todos los porqués de la Biblia: el porqué de la creación, el porqué de la encarnación y el porqué de la redención».[2] Jesús murió por nuestros pecados «porque tanto amó Dios al mundo, que dio a su Hijo unigénito» para morir por nosotros, de manera «que todo el que cree en él no se pierda, sino que tenga vida eterna» (Juan 3,16).

El problema

A veces, la gente dice: «Yo no necesito el cristianismo». Con esta afirmación, están diciendo algo así como: «Soy lo suficientemente feliz, mi vida es plena e intento ser amable con los demás y llevar una buena vida». Según la Biblia, todo ser humano ha sido creado a imagen y semejanza de Dios. Por eso, todos tenemos algo de bueno y de noble. Como ya he mencionado en el capítulo primero, esta percepción positiva de la naturaleza humana ha significado una fuerza tremenda a favor del bien en la historia universal. De hecho, dicha percepción ha sentado los cimientos de nuestra comprensión actual de la dignidad humana y de los derechos humanos. Comprensión que ha sido posible gracias a la convicción de que somos algo más que un simple amasijo de genes y que un mero producto de nuestro entorno. Pero no podemos ignorar la otra cara de la moneda. Ciertamente, tendría que admitir que, en mi propia vida, hay cosas que hago que sé que están mal —cometo errores—. Para entender por qué murió Jesús, debemos retroceder y fijarnos en el mayor de los problemas al que todos nos enfrentamos.

Si fuéramos sinceros, todos tendríamos que admitir que hacemos cosas que sabemos que están mal. Pablo escribió: «Todos han pecado y están privados de la gloria de Dios» (Romanos 3,23). En otras palabras, en comparación con los parámetros de Dios, todos nos quedamos muy por debajo. Si nos comparamos con atracadores, con individuos que abusan sexualmente de menores o, incluso, con nuestros vecinos, podemos creer que salimos bien parados. Pero si nos comparamos con Jesucristo, nos damos cuenta de lo cortos que nos hemos quedado. El dramaturgo y novelista Somerset Maugham dijo en una ocasión: «Si escribiera todos los pensamientos que he tenido y todas las acciones que he realizado, los hombres me llamarían monstruo depravado».[3]

La esencia del pecado es la rebelión contra Dios, es decir, ignorar a Dios y actuar como si no existiera (Génesis 3) u optar por hacer cosas que están mal, lo que tiene como resultado que seamos separados de él. Como el hijo pródigo (Lucas 15), nos damos cuenta de que estamos lejos de la casa de nuestro Padre y de que tenemos nuestras vidas sumidas en el caos. A veces, la gente dice: «Si todos estamos en las mismas circunstancias, ¿por qué preocuparse?». La respuesta es que, conociendo las consecuencias del pecado, sí que hay que preocuparse. Podemos resumir esas consecuencias en los cuatro puntos siguientes.

La contaminación del pecado

Jesús nos advirtió de que podemos contaminar la vida que Dios nos ha dado. También afirmó que «lo que sale de la persona es lo que la contamina. Porque de adentro, del corazón humano, salen los malos pensamientos, la inmoralidad sexual, los robos, los homicidios, los adulterios, la avaricia, la maldad, el engaño, el libertinaje, la envidia, la calumnia, la arrogancia y la necedad. Todos estos males vienen de adentro y contaminan a la persona» (Marcos 7,20-23). Ésos son los elementos que contaminan nuestras vidas.

Podríamos objetar: «Yo no hago casi ninguna de esas cosas». Pero tan sólo una de ellas es suficiente para echar a perder nuestras vidas. Quizá nos gustaría que los Diez Mandamientos fueran como un examen en el que sólo tuviéramos que contestar correctamente a tres de un total de diez preguntas. Pero el Nuevo Testamento asegura que si infringimos *cualquier* parte de la ley, somos culpables de infringirla en su totalidad (Santiago 2,10). No es posible, por ejemplo, tener un permiso de conducir «razonablemente limpio». O está limpio completamente o no lo está. Una infracción de tráfico hace que nuestro permiso deje de estar limpio. Ocurre lo mismo con nosotros: una sola infracción hace nuestras vidas impuras.

El poder del pecado

Las cosas que hacemos mal tienen, por lo general, un poder adictivo. Jesús dijo: «Todo el que peca es esclavo del pecado» (Juan 8,34). Es más fácil ver esta realidad en algunas áreas de nuestra maldad que en otras. Es bien sabido, por ejemplo, que si alguien consume una droga dura, como la heroína, ese hábito se convertirá pronto en una adicción.

También es posible ser adicto al mal carácter, a la envidia, a la arrogancia, al orgullo, al egoísmo, a la calumnia o a la inmoralidad sexual. Estas tendencias pueden tomar el control de nuestras vidas. Podemos ser adictos a patrones de pensamiento o de comportamiento que no podemos eliminar por nuestras propias fuerzas. Ésta es la esclavitud de la que habló Jesús. Es ella la que tiene tanta fuerza destructiva en nuestras vidas.

El obispo anglicano J. C. Ryle, antiguo obispo de Liverpool, escribió en una ocasión:

> Todos y cada uno [de los pecados] tienen bajo su poder a una gran multitud de prisioneros desdichados, encadenados de pies y manos [...]. Estos prisioneros tan desgraciados [...] presumen, a veces, de que son sumamente libres [...]. No hay ninguna otra esclavitud semejante a ésta. El pecado es, ciertamente, el patrón más exigente: la única recompensa que ofrece a sus siervos es miseria y frustración en el camino, y desesperación e infierno al final de éste.[4]

La pena del pecado

Hay algo en la naturaleza humana que clama justicia. Cuando sabemos de niños que son víctimas de abusos sexuales o de ancianos que son atracados brutalmente en sus casas, deseamos ardientemente que los autores de esos actos sean arrestados y castigados. Estamos convencidos de que se les debería imponer un castigo. A menudo, nuestras motivaciones pueden entremezclarse: puede haber un elemento de venganza junto a un deseo de justicia. Pero existe lo que se denomina la «justa ira». Estamos en lo cierto al creer que los pecados deben castigarse y que la gente que hace ese tipo de cosas no debería quedar impune.

No son sólo los pecados de otras personas los que merecen castigo, sino también los nuestros. Un día seremos sometidos al juicio de Dios. Pablo nos dice que «la paga del pecado es la muerte» (Romanos 6,23).

La separación que resulta del pecado

La muerte de la que habla Pablo no es sólo física. Es una muerte espiritual, que conlleva una separación eterna de Dios. Esta desconexión de Dios comienza ahora. El profeta Isaías proclamó: «La mano del Señor no es corta para salvar, ni es sordo su oído para oír. Son las iniquidades de ustedes las que los separan de su Dios. Son estos pecados los que lo llevan a ocultar su rostro para no escuchar» (Isaías 59,1-2). Las cosas que hacemos mal nos separan de Dios. Es algo similar a lo que ocurre cuando discutimos con alguien y no podemos mirarle a los ojos. Algo ocurre entre nosotros. A veces, la gente dice: «He intentado orar pero parece que mi oración no llega a ninguna parte». Hay una división: lo que hemos hecho mal ha levantado una barrera entre nosotros y Dios.

La solución

Todos necesitamos afrontar el problema del pecado en nuestras vidas. Cuanto mayor sea la comprensión de nuestra necesidad, más valoraremos lo que Dios ha hecho. La buena noticia del cristianismo es que Dios nos ama y que no nos abandona en el caos en el que hemos sumido nuestras vidas.

En la persona de su Hijo Jesús, Dios vino al mundo para morir en nuestro lugar (2 Corintios 5,21; Gálatas 3,13). A eso se le ha llamado la «autosustitución de Dios».[5] En palabras del apóstol Pedro, «*Cristo* mismo, en *su* cuerpo, llevó al madero *nuestros* pecados [...]. Por *sus* heridas ustedes han sido sanados» (1 Pedro 2,24, cursiva del autor).

El último día de julio de 1941, las sirenas de Auschwitz anunciaron la huída de un prisionero del bloque 14. Como represalia, diez de sus compañeros de prisión iban a sufrir una larga y penosa muerte por inanición, después de ser encerrados en un búnker de hormigón construido con ese fin. Los hombres de ese bloque pasaron todo el día en formación, torturados por la insolación, el hambre y el miedo, mientras el comandante alemán y su asistente de las SS caminaban entre las filas de prisioneros para escoger, arbitrariamente, a las diez víctimas. Cuando el comandante señaló a un hombre, Francis Gajowniczek, éste gritó desesperado: «¡Mi mujer! ¡Mis hijos!». En aquel mismo instante, la insignificante figura de un hombre con los ojos hundidos y con unas gafas de cristales redondos y montura de alambre dio un paso al frente y se quitó la gorra.

—Soy un sacerdote católico; quiero morir por ese hombre. Yo soy viejo, él tiene mujer e hijos [...], yo no —dijo el padre Maximiliano Kolbe.

—Admitido —respondió el comandante antes de proseguir.

Aquella noche, nueve hombres y un sacerdote fueron encerrados en el «búnker del hambre». Era común que se devoraran los unos a los otros como caníbales. Pero esta vez no ocurrió así. Los prisioneros, desnudos y tumbados en el suelo, rezaron y cantaron salmos mientras sus fuerzas se lo permitieron. Después de dos semanas, dos de esos hombres y el padre Maximiliano todavía estaban vivos. Como el búnker se necesitaba para otros prisioneros, el 14 de agosto liquidaron a los tres supervivientes. A las 12.50 pm, después de dos semanas en el «búnker del hambre» y aún consciente, el sacerdote polaco recibió una inyección de ácido carbólico y murió a la edad de cuarenta y siete años.

El 10 de octubre de 1982, en la Plaza de San Pedro del Vaticano, Roma, la muerte del padre Maximiliano fue puesta en su justa dimensión. Entre los 150.000 presentes, que incluían veintiséis cardenales y trescientos obispos y arzobispos, estaban Francis Gajowniczek y su familia —puesto que, ciertamente, eran muchos los que se salvaron gracias a ese hombre—. El Papa, al describir la muerte del padre Maximiliano, dijo: «Ésta es una victoria sobre todos los sistemas de desprecio y odio en el hombre: una victoria como la de nuestro Señor Jesucristo».

Cuando Francis Gajowniczek murió, a la edad de noventa y cuatro años, leí su obituario en el periódico *The Independent*. Francis se pasó el resto de su vida viajando para contarle a la gente lo que Maximiliano Kolbe había hecho por él: morir en su lugar. La muerte de Jesús fue más asombrosa todavía, porque no fue sólo por un hombre que él murió, sino por todas y cada una de las personas del mundo.

Jesús vino al mundo como nuestro sustituto. Él sufrió la crucifixión por nosotros. Cicerón describió la crucifixión como «la tortura más espantosa y cruel». Jesús fue despojado de su ropa y atado a una columna para ser flagelado con cuatro o cinco tiras de cuero, entretejidas con fragmentos dentados y afilados de hueso y plomo. Eusebio, el historiador de la iglesia del siglo tercero, describió la flagelación romana en estos términos: «Las venas del azotado quedaban al descubierto y [...] los músculos, tendones e intestinos de la víctima, quedaban expuestos al aire». Lo llevaron, entonces, al cuartel general de Pilato, donde le incrustaron una corona de espinas en la cabeza y donde los seiscientos hombres de todo un batallón se burlaban de él mientras le golpeaban en la cara y en la cabeza. Le forzaron, después, a cargar con un pesado madero sobre sus hombros ensangrentados hasta que se desplomó, momento en el que obligaron a Simón de Cirene a cargarlo por él.

Cuando llegaron al lugar de la crucifixión, lo desnudaron de nuevo. Lo tendieron sobre la cruz y le atravesaron la base de las muñecas con unos clavos de quince centímetros de longitud. Le retorcieron las rodillas hacia un lado para poder clavarle los tobillos al madero e hicieron penetrar el clavo entre la tibia y el tendón de Aquiles de ambas piernas. Acto seguido, lo elevaron en la cruz, cuya base fue introducida, de golpe, en un agujero excavado en la tierra. Y, así, lo dejaron colgado, oprimido por un calor sofocante y una sed insoportable, y expuesto a las burlas de la muchedumbre. Permaneció allí, crucificado, hundido en un dolor inimaginable, durante seis horas, mientras su vida se iba consumiendo lentamente. Se alcanzó así, en una única acción, la cumbre del dolor y la sima de la vergüenza.

Sin embargo, la peor parte de su sufrimiento no fue el suplicio físico de la tortura y de la crucifixión o ni siquiera el dolor emocional de haber sido rechazado por el mundo y abandonado por sus amigos, sino la agonía espiritual: el sentirse separado de su Padre al tiempo que cargaba con nuestros pecados.

La victoria de Jesús fue total —no sólo murió por una persona, sino por todos nosotros—, pero también muy costosa. En los cuatro evangelios, oímos la agonía de Jesús en el huerto de Getsemaní. En su soledad, gritaba a su Padre: «¡*Abba*, Padre! [...]. Aparta de mí esta copa, pero no sea lo que yo quiero, sino lo que quieres tú» (Marcos 14,36).

Raniero Cantalamessa escribe:

> En la Biblia, la imagen de la copa casi siempre evoca la idea de la ira de Dios contra el pecado [...]. Dondequiera que exista el pecado, el juicio de Dios no puede sino centrarse en él; de otro modo, Dios transigiría con el pecado y la distinción misma entre el bien y el mal dejaría de existir. Ahora bien, Jesús [...] es [...]el hombre «hecho pecado». Cristo —está escrito— murió «por los pecadores»; murió no sólo por causa de ellos sino también en lugar de ellos [...]. Él es, por tanto, «responsable» de todo, ¡el culpable ante Dios! Contra él «es revelada» la ira de Dios; eso es lo que significa «beber la copa»[6].

El resultado

La cruz es como un hermoso diamante con muchas caras. Se mire desde donde se mire, se pueden ver diversas luces y colores. La cruz es, en cierto modo, un misterio; es algo demasiado profundo para el entendimiento. Independientemente del ángulo desde donde la miremos, jamás comprenderemos toda su profundidad y hermosura. Estos ángulos se analizan en el Nuevo Testamento.

En primer lugar, la cruz demuestra lo mucho que Dios nos ama. Si en algún momento tienes la más mínima duda de que Dios nos ama, mira la cruz. Jesús dijo: «Nadie tiene amor más grande que el que da la vida por sus amigos» (Juan 15,13). La cruz también nos dice algo sobre la naturaleza de Dios. Probablemente, la pregunta más importante que se hace la gente sobre el cristianismo es: «¿Cómo puede Dios permitir tanto sufrimiento en el mundo?». No hay respuestas sencillas a este interrogante tan complejo, pero lo que sí sabemos es que Dios no se mantiene al margen del sufrimiento. Ha venido en la persona de su Hijo, sufrió por nosotros y sufre ahora con nosotros. En la cruz, Jesús nos da un ejemplo de amor abnegado (1 Pedro 2,21). La cruz y la resurrección, que son, en el fondo, un único acontecimiento, nos dicen que los poderes de la muerte y del mal han sido derrotados (Colosenses 2,15).

Cada uno de estos aspectos merecería un capítulo aparte, algo que en esta edición resulta imposible debido a la escasez de espacio. Sin embargo, me gustaría centrarme en las cuatro imágenes que utiliza el Nuevo Testamento para describir lo que Jesús hizo por nosotros en la cruz.[7] Como el famoso autor John Stott (pastor anglicano y antiguo

Rector Emérito de All Souls, Langham Palace, Londres) señala, cada imagen está tomada de un área diferente de la vida cotidiana.

La primera imagen proviene del *Templo*. En el Antiguo Testamento, se establecen leyes muy precisas sobre cómo proceder ante el pecado. Había todo un sistema de sacrificios que demostraba la gravedad del pecado y la necesidad de purificarse del mismo.

Lo más frecuente era que el pecador tomara un animal. El animal debía ser lo más perfecto posible. El pecador imponía sus manos sobre el animal y confesaba sus pecados. De este modo, se entendía que los pecados se transferían del pecador al animal, que era, entonces, sacrificado.

El autor de la carta a los Hebreos señala que «es imposible que la sangre de los toros y de los machos cabríos quite los pecados» (Hebreos 10,4). Esto era sólo una imagen o una «sombra» (Hebreos 10,1). La realidad llegó con el sacrificio de Jesús. Sólo la sangre de Cristo, nuestro sustituto, puede eliminar nuestros pecados. Cuando Juan el Bautista vio a Jesús, dijo: «¡Aquí tienen al Cordero de Dios, que quita el pecado del mundo!» (Juan 1,29). Sólo él era el sacrificio perfecto, puesto que sólo él vivió una vida perfecta. La sangre de Jesús nos purifica de todo pecado (1 Juan 1,7). Limpia y elimina *la contaminación del pecado*.

La segunda imagen está tomada del *mercado*. La deuda no es un problema exclusivo de los tiempos actuales; también fue un problema en épocas antiguas. Si alguien tenía deudas importantes, se le podía obligar a venderse a sí mismo como esclavo con el fin de pagarlas. Supongamos que un hombre estuviera de pie en medio del mercado, ofreciéndose como esclavo. Alguien podría sentir lástima de él y preguntarle: «¿Cuánto debes?». El deudor podría responder: «10.000». Imaginemos que el comprador se ofrece a pagar los 10.000 y, después, lo deja en libertad. Al hacer eso, lo estaría «redimiendo» mediante el pago de un «precio de rescate». De un modo parecido, en nuestro caso, hemos sido «justificados gratuitamente mediante la redención que Cristo Jesús efectuó» (Romanos 3,24). Jesús, a través de su muerte en la cruz, pagó el precio del rescate (Marcos 10,45).

De este modo somos liberados del poder del pecado. Ésta es la verdadera libertad. Jesús dijo: «Si el Hijo los libera, serán ustedes verdaderamente libres» (Juan 8,36). Cuando me convertí al cristianismo, fui liberado instantáneamente de algunas cosas, pero en otras áreas he experimentado una lucha continua. No es que nunca volvamos a pecar, sino que el poder del pecado sobre nosotros queda destruido.

Billy Nolan huyó de la marina mercante y fue alcohólico durante los treinta y ocho años que siguieron a su huida. Pasó veinte años bebiendo y mendigando a la puerta de nuestra iglesia HTB Brompton Road. El 13 de mayo de 1990 se miró en el espejo y se dijo: «Tú no eres el Billy Nolan que yo conocí». Como él mismo cuenta, pidió al Señor Jesucristo que entrara en su vida y le hizo la promesa de que nunca más volvería a beber alcohol. No ha vuelto a beber ni un trago desde entonces. Su vida ha sido transformada. Irradia el amor y la alegría de Cristo. Una vez, le dije: «Billy, se te ve muy contento». Él respondió: «Estoy contento porque soy libre. La vida es como un laberinto y, por fin, he encontrado una salida gracias a Jesucristo». La muerte de Jesús en la cruz hizo posible su liberación *del poder del pecado*.

La tercera imagen proviene del *tribunal*. Pablo afirma que por la muerte de Cristo «hemos sido justificados» (Romanos 5,1). La justificación es un término jurídico. Si alguien va a juicio y es absuelto, queda justificado. Hay un ejemplo que me ayuda de manera particular a entender lo que eso significa.

Dos jóvenes que fueron juntos a la escuela y a la universidad llegaron a hacerse muy buenos amigos. Una vez graduados, cada uno siguió su camino y perdieron el contacto. Uno llegó a ser juez, mientras que el otro fue cayendo cada vez más bajo, hasta que se convirtió en un delincuente. Un día, el delincuente acabó compareciendo ante su amigo, el juez. Había cometido un delito del que se declaró culpable. El juez, al reconocer a su viejo amigo, se enfrentó a un dilema. Era juez, por lo que debía actuar justamente; no podía dejar impune al acusado. Por otro lado, no quería castigar a ese hombre, puesto que le quería. Así que le dijo a su amigo que le iba a sancionar con la pena correspondiente a su delito. Eso es justicia. Acto seguido, se bajó del estrado y firmó un cheque por el importe de la multa que le había impuesto. Se lo dio a su amigo y le dijo que quería pagar la multa por él. Eso es amor.

Esto es un ejemplo de lo que Dios ha hecho por nosotros. En su justicia nos juzga porque somos culpables, pero, en su amor, descendió en la persona de su Hijo Jesucristo y pagó la pena por nosotros. De este modo él es, al mismo tiempo, «justo» (en el sentido de que no permite que el culpable salga impune) y «el que justifica» —Romanos 3,26—

(en el sentido de que al cargar él mismo con la pena, en la persona de su Hijo, nos deja en libertad). Él es, al mismo tiempo, nuestro Juez y nuestro Salvador. No es sólo un tercero inocente quien nos salva, sino el mismo Dios. De hecho, nos da un cheque y nos ofrece la posibilidad de elegir: ¿queremos que pague por nosotros u optamos por enfrentarnos al juicio de Dios por nuestra propia maldad?

El ejemplo que acabo de utilizar no es exacto por tres razones. En primer lugar, nuestra situación es mucho peor. La pena a la que nos enfrentamos no es tan sólo una multa, sino la muerte. En segundo lugar, la relación es más cercana. En este caso no se trata sólo de dos amigos: es nuestro Padre del cielo que nos ama más de lo que cualquier padre terrenal puede amar a su propio hijo. En tercer lugar, el precio fue mucho mayor: a Dios no le costó dinero, sino su único Hijo —quien pagó *la pena por el pecado*—.

La cuarta imagen está tomada del *hogar*. Hemos visto que tanto la raíz como la consecuencia del pecado consisten en la ruptura de la relación con Dios. El resultado de la cruz es la posibilidad del restablecimiento de esa relación. Pablo dice que «*en Cristo*, *Dios* estaba reconciliando al mundo consigo mismo» (2 Corintios 5,19, cursiva del autor). Hay gente que caricaturiza la enseñanza del Nuevo Testamento y sugiere que Dios es brutal e injusto porque castigó a Jesús, un tercero inocente, en vez de castigarnos a nosotros. Pero eso no es lo que dice el Nuevo Testamento. Lo que Pablo afirma, más bien, es que «Dios era [...] en Cristo». Él mismo era el sustituto en la persona de su Hijo. Él hizo posible que nuestra relación con él fuera restablecida. La *separación que resulta del pecado* ha sido destruida; «la cortina del santuario del Templo se rasgó en dos, de arriba abajo» (Mateo 27,51).

Lo que le ocurrió al hijo pródigo también nos puede ocurrir a nosotros. Podemos volver al Padre y experimentar su amor y bendición. La relación no es sólo para esta vida: es una relación eterna. Un día estaremos con el Padre en un nuevo cielo y en una nueva tierra, en donde seremos para siempre libres, no sólo del castigo por el pecado, del poder del pecado, de la contaminación del pecado y de la división del pecado, sino de la presencia misma del pecado. Eso es lo que Dios ha hecho posible a través de su autosustitución en la cruz.

Dios nos ama muchísimo a cada uno, y desea entablar una relación de amor con nosotros al igual que un padre humano desea tener una relación de amor con cada uno de sus hijos. Jesús no sólo murió por todos. Él murió por ti y por mí; se trata de algo profundamente personal. Pablo escribe sobre «el Hijo de Dios, quien me amó y dio su vida por mí» (Gálatas 2,20). Si tú hubieras sido la única persona sobre la faz de la tierra, Jesús habría muerto por ti. Como afirma S. Agustín: «Murió por cada uno de nosotros, como si sólo hubiera habido uno de nosotros». En el momento en que veamos la cruz en estos términos personales, nuestras vidas serán transformadas.

John Wimber, pastor estadounidense y líder de la iglesia, describió cómo la cruz se convirtió en una realidad personal para él:

> Después de haber estudiado la Biblia durante aproximadamente tres meses, tenía conocimientos suficientes como para aprobar un examen elemental sobre la cruz. Entendía que había un Dios que podía conocerse en tres Personas. Comprendía que Jesús es completamente Dios y completamente hombre, y que murió en la cruz por los pecados del mundo. Pero no comprendía que yo era pecador. Me creía un buen tipo. Sabía que cometía errores de vez en cuando, pero no me daba cuenta de la gravedad de mi situación.
>
> Un día por la tarde, Carol [su esposa] dijo: «Creo que ya es hora de poner en práctica lo que hemos estado aprendiendo». Entonces, ante mi mirada de estupefacción, se arrodilló en el suelo y empezó a orar ante lo que a mí me parecía el techo de escayola de la sala, diciendo: «Me arrepiento, oh Dios, de mi pecado».
>
> No me lo podía creer. Carol era mejor persona que yo y, sin embargo, se consideraba pecadora. Pude sentir su dolor y la profundidad de su oración. Poco después se echó a llorar, mientras repetía: «Me arrepiento de mi pecado». Había seis o siete personas

en la sala, todos estaban con los ojos cerrados. Les miré y me dije: «*¡Todos ellos también han hecho esta oración!*». Empecé a sudar la gota gorda. Por un momento creí que iba a morir. El sudor corría por mi cara y pensé: «No voy a hacerlo. Es una tontería, soy un buen tipo». Entonces, me di cuenta de algo importante: Carol no estaba orando al techo de escayola de la sala; estaba orando a una persona, a un Dios que podía escucharla. Comparándose con él, ella sabía que era pecadora y que necesitaba su perdón.

En un instante, la cruz cobró un sentido personal para mí. De repente supe algo que nunca había sabido antes: había herido los sentimientos de Dios. Él me amaba y en su amor por mí había enviado a Jesús. Pero yo me había apartado de ese amor; lo había rechazado durante toda mi vida. Yo también era pecador y necesitaba la cruz desesperadamente.

Entonces, también yo me arrodillé en el suelo, sollozando, moqueando, con los ojos inundados de lágrimas y sudando copiosamente por cada poro de mi piel. Tuve un sentimiento de absoluta certeza de que estaba hablando con alguien que había estado conmigo durante toda mi vida, pero al que no había reconocido. Como Carol, empecé a hablar al Dios vivo, y a decirle que era pecador. Pero las únicas palabras que podía articular en alto eran: «Oh, Dios; oh, Dios».

Sabía que estaba ocurriendo algo revolucionario dentro de mí. Pensé: «Espero que esto funcione, porque estoy haciendo un ridículo absoluto». Entonces, el Señor me hizo recordar a un hombre que había visto en Pershing Square, en Los Ángeles, hacía algunos años. Llevaba un mensaje que decía: «Estoy loco por Cristo. Y tú, ¿por quién estás loco?». Mi reacción en aquel momento fue: «Nunca he visto nada tan absurdo». Pero, esta vez, arrodillado en el suelo, me di cuenta de la verdad de aquel extraño mensaje: la cruz «es una locura para los que se pierden» (1 Corintios 1,18). Aquella noche me arrodillé ante la cruz y creí en Jesús. He sido un loco por Cristo desde entonces.[8]

Notas

1. N. del T.: Vocalista de la banda de rock irlandesa U2.
2. Raniero Cantalamessa, *Life in Christ* (Vineyard Publishing, 1997), p. 7. Hay traducción española: *La vida en Cristo* (PPC, 1998).
3. Jeffrey Myers, *Somerset Maugham* (University of Michigan Press, 2004), p. 347.
4. Bishop J. C. Ryle, *Expository Thoughts on the Gospel*, Vol. III, John 1:1-John 10:30 (Evangelical Press, 1977).
5. John Stott, *The Cross of Christ* (Inter Varsity Press, 1996). Véase también el *Catecismo de la Iglesia Católica*, primera parte, segunda sección, capítulo segundo, artículo 4, párrafo 2, § 615, titulado: «Jesús reemplaza nuestra desobediencia por su obediencia». Por su obediencia hasta la muerte, Jesús llevó a cabo la sustitución del Siervo doliente que «se dio a sí mismo en expiación», «cuando llevó el pecado de muchos», a quienes «justificará y cuyas culpas soportará».
6. Raniero Cantalamessa, *Life in Christ* (Vineyard Publishing, 1997), pp. 52-53.
7. Para hablar sobre conceptos religiosos, usamos metáforas y parábolas. En lo referente al concepto de expiación no hay ninguna metáfora destacable ni ninguna parábola que abarque su contenido. Todo son aproximaciones que, como los radios de una circunferencia, convergen en el mismo punto central sin, prácticamente, llegar a tocarlo.
8. John Wimber, *Equipping the Saints*, Vol. 2, No. 2, Spring 1988 (Vineyard Ministries, 1988).

CAPÍTULO 4

¿CÓMO PUEDO TENER FE?

Algunas personas están más despiertas por la mañana, mientras que otras parecen estar más alerta por la noche. Mi mejor hora del día es la primera. Me despierto con mucha energía, pero a medida que transcurre el día me voy desinflando. A las nueve de la noche ya estoy listo para irme a la cama; a las diez me entra el sueño y a las once ya estoy completamente dormido, ¡esté donde esté!

Siempre he sido así, incluso cuando era universitario. Al final de mi último semestre en la universidad, asistí al baile de fin de curso. Esa noche me encontré con una chica con la que ya había hablado un par de veces. Tenía más o menos la misma edad que yo. Empezamos a platicar y después bailamos juntos. Nos dieron las once de la noche, las tres de la madrugada, las cinco de la mañana, y, a las siete, nos pusimos a jugar al tenis. Después fuimos a dar una vuelta en barca por el río y, por último, comimos juntos. No había dormido lo más mínimo, pero no me sentía para nada cansado. Pronto se corrió la voz entre mis amigos de que, sin lugar a dudas, me acabaría casando con esa chica, puesto que había aguantado sin dormir hasta mucho después de las once de la noche. Y no les faltó razón: ¡Pippa y yo nos casamos dos años después!

Aquella noche una nueva vida comenzó para mí; nunca volví a ser el mismo. De igual forma, hacerse cristiano marca el inicio de una nueva vida. Las relaciones humanas son apasionantes, pero la relación más apasionante de todas, es nuestra relación con Dios. Como Pablo escribió: «Cuando alguien se convierte a Cristo, se transforma en una nueva criatura. Su existencia anterior queda atrás, y él comienza a vivir una nueva vida» (2 Corintios 5,17[1]). A veces, tomo nota de lo que la gente dice o escribe después de haber empezado la nueva vida de la que habla Pablo. He aquí algunos ejemplos:

> Ahora tengo esperanza, cuando antes sólo tenía desesperanza. Ahora puedo perdonar, cuando antes sólo tenía dureza de corazón […]. ¡Siento a Dios tan vivo! Puedo sentir cómo me guía, y la soledad extrema y completa que había experimentado hasta ahora ha desaparecido. Dios está llenando un vacío muy, pero que muy profundo.
>
> A través de un amigo conocí a otros cristianos que parecían estar muy en paz con el mundo y realizados como personas, y eso me llamó la atención [...]. Encontré a Dios y me hice cristiana durante Alpha [...]. Me siento en paz y más contenta con la vida y estoy buscando maneras de afianzar mi relación con Dios.

Cuando S. Pablo habla de convertirse a Cristo o, en otras palabras, de hacerse cristiano, ¿a qué se refiere?, ¿qué es ser cristiano? La palabra «cristiano» puede usarse, ciertamente, de muchas maneras en nuestra sociedad. Sin embargo, en un principio, ser cristiano era ser «*Crist*-iano», es decir, ser un seguidor de Jesucristo: alguien que tiene una relación con Dios a través de su Hijo.

Las experiencias sobre cómo comienza esa relación varían notablemente. Algunas personas, como yo, saben la fecha exacta en la que se hicieron cristianas. Otras afirman: «No recuerdo ninguna época de mi vida en la que no fuera cristiano». Otras, incluso, pueden decir: «Creo que hubo una época en la que no era cristiano. Ahora soy cristiano, pero fue un proceso y no puedo determinar exactamente cuándo ocurrió mi conversión». Lo que importa no es tanto la experiencia, sino el hecho de que cuando recibimos a Cristo pasamos a ser hijos de Dios. Como escribe el apóstol Juan: «Mas a cuantos lo recibieron, a los que creen en su nombre, les dio el derecho de ser hijos de Dios» (Juan 1,12). Podríamos usar la siguiente analogía: en un tren de París a Berlín, algunos pasajeros estarán despiertos en el momento en que el tren cruce la frontera. Éstos sabrán el momento exacto en el que eso ocurrió. El resto de los pasajeros estarán dormidos. Lo importante es que todos saben que han llegado a Berlín.

Muchas personas no están seguras de si son cristianas o no. Al final de Alpha, pido a la gente que responda unos cuestionarios. Una de las preguntas que hago es: «¿Te considerabas cristiano antes de hacer Alpha?». He aquí algunas de las respuestas:

«Sí, pero sin ninguna experiencia real de lo que es una relación con Dios».

«Algo por el estilo».

«Probablemente sí / eso creo».

«No estoy segura».

«Es posible».

«Puede».

«Más o menos».

«Sí —aunque pensándolo bien, quizá no—».

«No, era medio cristiano».

El Nuevo Testamento deja bien claro que es posible estar seguros de que somos cristianos y de que tenemos vida eterna. El apóstol Juan escribe: «Les escribo estas cosas a ustedes que creen en el nombre del Hijo de Dios, para que *sepan* que tienen vida eterna» (1 Juan 5,13, cursiva del autor).

¿Cómo podemos saber que se nos ha dado la vida eterna? Al igual que un trípode tiene tres pies de apoyo, la certeza de nuestra relación con Dios está firmemente asentada en la actividad de las tres Personas de la Trinidad: las promesas que nos hace el Padre en su palabra, el sacrificio del Hijo por nosotros en la cruz y el testimonio del Espíritu en nuestros corazones. Estas actividades pueden resumirse en tres enunciados: la palabra de Dios, la acción de Jesús y el testimonio del Espíritu Santo.

La palabra de Dios

Si me preguntaran cómo sé que estoy casado, podría responder enseñando un documento concreto: el certificado de matrimonio. Es una prueba que demuestra que Pippa y yo estamos casados. Si me preguntaran cómo sé que soy cristiano, podría responder enseñando otro documento: la Biblia.

El primer pie del trípode es la palabra de Dios. Nuestro conocimiento de Dios se basa en las promesas de la Biblia. Se basa en hechos, no en sentimientos. Si tuviéramos que confiar sólo en nuestros sentimientos, nunca podríamos estar seguros de nada. Nuestros sentimientos sufren altibajos que dependen de factores de todo tipo, como el tiempo o lo que hayamos desayunado. Son volubles e incluso engañosos. Las promesas de la Biblia —que es la palabra de Dios— no cambian y son totalmente fiables.

Hay muchas promesas grandiosas en la Biblia. Un versículo que ha sido muy significativo para mí, sobre todo al principio de mi vida cristiana, es uno que aparece en el último libro de la Biblia. En una visión, S. Juan ve cómo Jesús habla a siete iglesias diferentes. Jesús le dice a la iglesia de Laodicea: «Mira que estoy a la puerta y llamo. Si alguno oye mi voz y abre la puerta, entraré, y cenaré con él, y él conmigo» (Apocalipsis 3,20).

Hay muchas maneras de referirse al comienzo de la nueva vida que supone la fe cristiana: «hacerse cristiano», «entregar nuestra vida a Cristo», «recibir a Cristo», «invitar a Jesús a que llene nuestra vida», «creer en Jesús», «abrir la puerta a Jesús», etc. Todas ellas son variantes que expresan la misma realidad: que Jesús entra en nuestra vida por el Espíritu Santo, tal y como aparece reflejado en el versículo del Apocalipsis arriba mencionado.

El artista prerrafaelista Holman Hunt (1827-1910) pintó *La luz del mundo* inspirándose en ese versículo. Hizo tres versiones diferentes del mismo cuadro: una se conserva en Keble College (Oxford), otra en la Galería de Arte de Manchester y la más famosa dio la vuelta al mundo entre 1905 y 1906, y fue donada, en junio de 1908, a la Catedral de San Pablo (Londres), donde permanece aún hoy. Cuando se mostró la

primera versión del cuadro, la crítica fue, en general, negativa. Pero el 5 de mayo de 1854, el artista y crítico John Ruskin escribió un comentario en el periódico inglés *The Times* en el que explicaba en profundidad el simbolismo de la obra y en el que la defendía brillantemente como «una de las obras de arte sacro más admirables que se hayan creado en esta o en cualquier otra época».

Jesús, la luz del mundo, espera, de pie, delante de una puerta cuya entrada está invadida de hierbajos y hiedra. Esa puerta representa la puerta de la vida de alguien. Alguien que nunca ha invitado a Jesús a que entre en su vida. Jesús está a la puerta y llama. Espera una respuesta. Quiere entrar y ser parte de la vida de esa persona. Al parecer, alguien le dijo a Homan Hunt que había cometido un error. Le dijeron:

—Se te ha olvidado pintar una manilla en la puerta.

—Oh, no —respondió Hunt—. Lo he hecho a propósito. Sólo hay una manilla y está por dentro.

En otras palabras, tenemos que abrir la puerta y dejar que Jesús entre en nuestras vidas. Jesús nunca se abrirá camino a la fuerza. Nos da libertad para escoger. Depende de nosotros si le abrimos la puerta o no. Si lo hacemos, promete lo siguiente: «Entraré, y cenaré contigo, y tú conmigo». Cenar juntos es un signo de la amistad que Jesús ofrece a todos los que le abren la puerta de sus vidas.

Una vez que hemos invitado a Jesús a que entre, él nos promete que nunca nos dejará. Dice a sus discípulos: «Estaré con ustedes siempre» (Mateo 28,20). Es posible que no siempre estemos en conversación directa con él, pero él siempre estará a nuestro lado. Si uno está trabajando en una habitación con un amigo, puede ser que no siempre esté hablando con él, sin embargo, ambos son conscientes de la presencia del otro en todo momento. Lo mismo ocurre con la presencia de Jesús. Siempre está con nosotros.

Esta promesa de la presencia de Jesús con nosotros está estrechamente relacionada con otra promesa extraordinaria que aparece en el Nuevo Testamento. Jesús promete a sus seguidores la vida eterna (Juan 10,28). Como ya hemos visto, «la vida eterna» en el Nuevo Testamento es una calidad de vida que fluye de la relación con Dios a través de Jesucristo (Juan 17,3). Empieza ahora, cuando experimentamos la plenitud de la vida que Jesús vino a ofrecernos (Juan 10,10). Pero no es sólo para esta vida, sino que se prolonga en la eternidad.

La resurrección de Jesús de entre los muertos tiene muchas implicaciones. En primer lugar, nos ofrece garantías sobre el *pasado*, es decir, confirma que lo que Jesús consiguió en la cruz fue eficaz. «La resurrección no es el revés a una derrota, sino la proclamación de una victoria».[2] En segundo lugar, nos ofrece garantías sobre el *presente*, Jesús está vivo. Su poder está con nosotros, transmitiéndonos vida en plenitud. En tercer lugar, nos ofrece garantías sobre el *futuro*. Esta vida no es el final, hay vida después de la tumba. La historia no carece de sentido ni es cíclica, sino que progresa hacia un clímax glorioso.

Un día, Jesús regresará a la tierra para establecer un cielo nuevo y una tierra nueva (Apocalipsis 21,1). Entonces, los que estamos en Cristo «estaremos con el Señor para siempre» (1 Tesalonicenses 4,17). Ya no habrá más llanto, porque no habrá más dolor. Ya no habrá más tentación, porque no habrá más pecado. Ya no habrá más sufrimiento ni más separación de los seres queridos. Entonces veremos a Jesús cara a cara (1 Corintios 13,12). Se nos dará un cuerpo resucitado glorioso y que no sentirá dolor (1 Corintios 15). Seremos transformados a imagen y semejanza moral de Jesucristo (1 Juan 3,2). El cielo será un lugar de intensa alegría y de profundo gozo que permanecerán para siempre. Algunos han ridiculizado esta realidad insinuando que sería algo monótono o aburrido. Pero: «Ningún ojo ha visto, ningún oído ha escuchado, ninguna mente humana ha concebido lo que Dios ha preparado para quienes lo aman» (1 Corintios 2,9, citando Isaías 64,4).

Como C. S. Lewis expresa en uno de sus libros de *Las crónicas de Narnia*:

> Ha terminado el curso: empiezan las vacaciones. Ha terminado el sueño: amanece. [...] Toda su vida en este mundo [...] no había sido más que la portada y el prólogo: en ese momento, por fin, empezaban el Capítulo Primero del Cuento Más Grande, el cuento que nadie ha leído en este mundo, el cuento que dura para siempre jamás, en el cual cada capítulo siempre será mejor que el anterior.[3]

La obra de Jesús

A la pregunta «cómo sé que estoy casado», podría enseñar el certificado de matrimonio. También podría hacer referencia a un acontecimiento que ocurrió el 7 de enero de 1978: nuestra boda. Asimismo, si me preguntaran cómo sé que soy cristiano, también podría hacer referencia a un acontecimiento histórico: la muerte y resurrección de Jesucristo.

Así pues, el segundo pie del tríptico es la obra de Jesús. La gran noticia es que nuestra confianza en la vida eterna no se basa en lo que hagamos o consigamos, sino en lo que Jesús ha hecho por nosotros. Lo que él hizo en la cruz nos permite recibir la vida eterna como un regalo (Juan 10,28). Los regalos no se ganan. Se aceptan con gratitud.

Todo empieza con el amor que Dios nos tiene: «Porque tanto amó Dios al mundo, que dio a su Hijo unigénito, para que todo el que cree en él no se pierda, sino que tenga vida eterna» (Juan 3,16). Todos nos merecemos la «perdición». Dios, en su amor por nosotros, vio el caos en el que estábamos sumidos y dio a su Hijo unigénito, Jesús, para que muriera por nosotros. Gracias a su muerte, todo el que cree en él recibe vida eterna.

En la cruz, Jesús cargó con todas nuestras culpas. Eso se predijo claramente en el Antiguo Testamento. En el libro de Isaías, escrito cientos de años antes, el profeta anticipó lo que el «siervo del Señor» haría por nosotros y dijo: «Todos andábamos perdidos, como ovejas; cada uno seguía su propio camino, pero el Señor hizo recaer sobre él [es decir, sobre Jesús] la iniquidad de todos nosotros» (Isaías 53,6).

Lo que el profeta está diciendo es que todos hemos cometido maldades —todos andábamos perdidos—. En otra ocasión, afirma que nuestras ofensas provocan una separación entre nosotros y Dios (Isaías 59,1-2). Ésta es una de las razones por las que Dios puede parecernos alguien distante. Hay una barrera entre nosotros y Dios que nos impide experimentar su amor.

Por otro lado, Jesús nunca hizo nada malo. Vivió una vida perfecta. No había ninguna barrera entre él y su Padre. En la cruz, Dios transfirió nuestras maldades («nuestra iniquidad») a Jesús («el Señor hizo recaer sobre él la iniquidad de todos nosotros»). Por esa razón, Jesús gritó en la cruz: «Dios mío, Dios mío, ¿por qué me has desamparado?» (Marcos 15,34). En aquel momento, estaba separado de Dios —no por sus maldades, sino por las nuestras—.

Suelo ser un poco escéptico siempre que oigo la palabra «regalo» en el contexto comercial. La vida eterna sí que es un auténtico regalo —no como muchos otros—. Es un regalo que, aunque para nosotros haya sido gratuito, a Jesús le costó su propia vida. La vida eterna es un don que recibimos mediante el arrepentimiento y la fe.

¿Qué es el arrepentimiento? En griego, la palabra «arrepentimiento» significa 'cambio de mentalidad'. Si queremos recibir el don de la vida eterna, tenemos que estar dispuestos a dejar a un lado todo lo que sabemos que es malo. Es eso lo que nos perjudica y nos lleva a la «muerte» (Romanos 6,23a). C. S. Lewis dijo que el arrepentimiento es como «abandonar las armas, rendirse, disculparse, darse cuenta de que se ha ido por el mal camino y estar dispuesto a empezar la vida otra vez desde cero».

¿Qué es la fe? Blondin fue un famoso equilibrista y acróbata del siglo diecinueve. Grandes multitudes se congregaban para verlo —especialmente cuando cruzaba las cataratas del Niágara—. Su actuación comenzaba con un paseo sencillo, en el que se ayudaba de una pértiga para mantener el equilibrio. Después dejaba a un lado la pértiga y empezaba a asombrar a los espectadores con su destreza. Se cuenta que, en una ocasión, una delegación de la Corona británica fue a verlo actuar. Blondin cruzó la cuerda floja en zancos, después con los ojos vendados y, luego, se paró en el medio de la cuerda para cocinar y comerse una tortilla. A continuación empujó una carretilla de un extremo de la cuerda al otro entre la ovación de la multitud. Puso un saco de patatas en la carretilla y lo llevó hasta el otro extremo. La multitud cada vez le aclamaba con más fervor. Por último, se acercó a la delegación real y le preguntó al duque de Newcastle:

—¿Cree usted que podría llevar a un hombre por la cuerda floja en esta carretilla?

—Claro que sí —respondió el duque.

—¡Entonces súbase! —dijo Blondin.

El silencio se apoderó del gentío, pero el duque de Newcastle no aceptó el reto. Nadie estaba dispuesto a ofrecerse voluntario. Finalmente, una anciana salió de entre la multitud y se subió a la carretilla. Blondin la llevó hasta el otro extremo de la cuerda y regresó con ella en la carretilla. La anciana era la madre de Blondin, la única persona dispuesta a poner su vida en las manos del equilibrista. Podríamos decir que, en este sentido, la fe es un «subirse a la carretilla». No es simplemente un ejercicio intelectual; implica un paso decidido a través del cual ponemos nuestra confianza en Jesús.

Cuando nos arrepentimos y creemos, podemos estar seguros del perdón de Dios y de que nuestra culpa ha sido eliminada. También podemos tener la certeza de que nunca seremos condenados. Como afirma Pablo: «Ya no hay ninguna condenación para los que están unidos a Cristo Jesús» (Romanos 8,1). Por tanto, la segunda razón por la que podemos estar seguros de que tenemos vida eterna es que, al morir por nosotros en la cruz, Jesús nos hizo partícipes de su vida inmortal.

El testimonio del Espíritu

Para demostrar que estoy casado, además de hacer referencia a un documento y a un acontecimiento, podría aludir a la experiencia de muchos años de matrimonio. Para explicar cómo sé que soy cristiano, puedo hacer referencia a un documento, a un acontecimiento histórico o, en tercer lugar, a la experiencia del Espíritu Santo. Cuando alguien se hace cristiano, el Espíritu Santo de Dios empieza a habitar en su interior. Hay dos aspectos de esta experiencia que nos ayudan a estar seguros de nuestra fe en Cristo.

En primer lugar, esta experiencia nos transforma desde dentro. Infunde en nuestras vidas el carácter de Jesús. A eso se le llama «el fruto del Espíritu»: «Alegría, paz, paciencia, amabilidad, bondad, fidelidad, humildad y dominio propio» (Gálatas 5,22-23). Cuando el Espíritu Santo empieza a habitar en nosotros, este «fruto» empieza a crecer.

Se producirán cambios en nuestro carácter que los demás acabarán notando, pero, obviamente, estos cambios no ocurren de la noche a la mañana. Hace algunos años, plantamos un peral en nuestro jardín, y yo solía mirarlo con gran entusiasmo todos los días con la esperanza de encontrar en él algún fruto. Un día, un amigo mío (el ilustrador de este libro) colgó del peral una gran manzana verde con un cordel. Después de haberla examinado detalladamente, ¡no caí en la trampa! A pesar de mi limitado conocimiento agrícola, sé que un fruto necesita tiempo para desarrollarse y que los perales no dan manzanas. De igual modo, con el tiempo, el Espíritu Santo nos transforma y nos infunde más amor, más alegría, más paz, más paciencia, más amabilidad y más dominio propio.

Además de cambios en nuestro carácter, también debería haber cambios en nuestras relaciones, tanto con Dios como con los demás. Surge así un nuevo amor hacia Dios —Padre, Hijo y Espíritu Santo—. Oír la palabra «Jesús», por ejemplo, supone un impacto emocional diferente. Antes de ser cristiano, la palabra «Jesús», para mí, era, simplemente, una expresión. Cuando oía ese nombre en la radio o en la televisión, solía cambiar de canal, puesto que no me interesaba mucho la religión. Sin embargo, después de hacerme cristiano, subo el volumen porque mi actitud hacia Jesús ha cambiado completamente. Éste es un pequeño signo que expresa mi nuevo amor por él.

Nuestra actitud hacia los demás también cambia. A menudo, los cristianos que se han convertido recientemente dicen que empiezan a fijarse en las caras de la gente que se encuentran por la calle o en el autobús. Antes, esa gente no les importaba; ahora, sienten compasión por las personas que parecen estar tristes o solas. Personalmente, descubrí que uno de los grandes cambios tuvo lugar en mi actitud hacia otros cristianos. Antes, solía evitar a todas las personas de fe cristiana. Después, ¡descubrí que no eran tan malos como creía! De hecho, empecé a sentir una profundidad en la amistad con otros cristianos que nunca antes había conocido en mi vida.

En segundo lugar, el Espíritu Santo también nos proporciona una experiencia interna de Dios. Crea en nosotros una convicción personal profunda de que somos hijos de Dios (Romanos 8,15-16).

Soy padre de tres hijos ya crecidos. En mi opinión, a muchos niños se les hace trabajar demasiado durante su época escolar. El consejo principal que yo les solía dar a mis hijos era: «¡No trabajen tanto!». Independientemente de las notas que ellos sacaran, para mí eran fenomenales. Recuerdo que una vez estaba leyendo las notas de mi hija de trece años, que en mi subjetiva opinión de padre, eran excelentes. Ella, sin embargo, señaló algunos resultados con los que no estaba satisfecha y me dijo que podría haber sacado mejor nota en francés y en otras asignaturas. Mi respuesta fue: «En realidad no me importa la nota que hayas sacado en francés. Creo que eres maravillosa. De hecho, no me importaría realmente que todas tus notas fueran malas, te quiero porque te quiero». Poco después, esa misma tarde, mientras pensaba sobre nuestra conversación, sentí cómo Dios me decía: «Eso mismo es lo que yo siento por ti».

El amor de Dios por cada uno de nosotros es mucho mayor que el amor que tienen los padres por sus hijos. A menudo, siento que podría hacerlo todo un poco mejor, que soy débil en algunos aspectos y que caigo una y otra vez. No obstante, Dios nos quiere y nos acepta simplemente porque nos ama. Esto lo sabemos porque el Espíritu de Dios da testimonio de ello tanto objetivamente —mediante un cambio progresivo en nuestro carácter y en nuestras relaciones—, como subjetivamente —gracias a una convicción interna que nos asegura que somos hijos de Dios—.

Por estos medios (la palabra de Dios, la obra de Jesús y el testimonio del Espíritu), los que creen en Jesús pueden estar seguros de que son hijos de Dios y de que tienen vida eterna.

No es arrogancia estar seguros de que tenemos la vida eterna. Es una certeza basada en las promesas de Dios, en lo que Jesús logró mediante su muerte y en la acción del Espíritu Santo en nuestras vidas. Uno de los privilegios de ser hijos de Dios es que podemos estar absolutamente convencidos de nuestra relación con nuestro Padre, de que podemos conocer su perdón y de que somos cristianos y tenemos vida eterna.

Si no estás seguro sobre si alguna vez has creído de verdad en Jesús, aquí tienes una oración que puedes orar como punto de partida en la vida cristiana y como manera para recibir los dones que se hicieron posibles gracias a la muerte de Cristo.

Padre del cielo,
te pido perdón
por las cosas que he hecho mal en mi vida.
(Toma unos momentos para pedir perdón
por pecados concretos que te pesen en la conciencia).
Por favor, perdóname.
Me arrepiento
y dejo atrás todo aquello que sé que está mal.
Gracias por enviar a tu Hijo, Jesús,
para que muriera por mí en la cruz
y así yo pueda recibir el perdón y la libertad.
A partir de ahora, lo seguiré y obedeceré como mi Señor.
Gracias porque me ofreces el regalo de tu perdón
y el don de tu Espíritu Santo.
Recibo, ahora, ese don.
Te pido que entres en mi vida,
por medio del Espíritu Santo,
y que permanezcas siempre conmigo.
Por Jesucristo, nuestro Señor. Amén.

Notas

1. Traducción ofrecida por la versión *Castilian*, publicada por la Sociedad Bíblica Internacional en 2003.
2. Lesslie Newbigin, *Foolishness to the Greeks* (SPCK, 1986), p. 127.
3. C. S. Lewis, *La última batalla* (Alfaguara, 1991), p. 195.

CAPÍTULO 5

¿POR QUÉ Y CÓMO ORAR?

Antes de ser cristiano hacía dos tipos de oraciones. Por un lado, recitaba una oración que mi abuela —que no era cristiana practicante— me había enseñado cuando era niño: «Dios, bendice a mamá y a papá [...] y a todo el mundo, y haz que sea bueno. Amén». No había nada de malo en esa oración, pero para mí era simplemente una fórmula que recitaba todas las noches antes de acostarme, con miedo de que algo malo pudiera ocurrir si no lo hacía.

Por otro lado, también oraba en momentos de crisis. Cuando tenía diecisiete años, por ejemplo, hice un viaje, yo solo, a los Estados Unidos. Una vez allí, la empresa de autobuses en la que viajaba perdió mi mochila y, con ella, mi ropa, mi dinero y mi agenda con todas las direcciones. Me quedé prácticamente sin nada. Pasé diez días viviendo en una comuna hippie en Key West y compartiendo tienda con un alcohólico. Después de eso —con un sentimiento de soledad y desesperación que iba en aumento— pasé los días deambulando por varias ciudades estadounidenses, y las noches viajando en autobús. Un día, mientras caminaba por la calle, grité a Dios (en quien no creía) y le pedí que me permitiera encontrar a alguien conocido. No mucho después, me monté en el autobús de las seis de la mañana en Phoenix, Arizona, y coincidí con un viejo amigo de la escuela. Me prestó dinero y viajamos juntos durante varios días. A partir de entonces, mi viaje cambió completamente, pero yo no lo interpreté como una respuesta a mi oración, sino como una mera coincidencia. Desde que soy cristiano, me he dado cuenta de que la cantidad de «coincidencias» que ocurren cuando oramos es impresionante.

¿Qué es la oración?

La oración es la actividad más importante de nuestras vidas porque es la forma principal en la que desarrollamos una relación con nuestro Padre celestial. Jesús dijo: «Cuando te pongas a orar, entra en tu cuarto, cierra la puerta y ora a tu Padre, que está en lo secreto» (Mateo 6,6). Es algo natural que los seres humanos quieran comunicarse con Dios, y Jesús nos enseña cómo hacerlo. Él considera la oración como una relación más que como un ritual. No es un torrente de palabras mecánicas e inconscientes. De hecho, Jesús añadió: «Y al orar, no hablen sólo por hablar como hacen los gentiles» (Mateo 6,7). La oración es una conversación con nuestro Padre celestial. Se trata, pues, de una relación, y, cuando oramos, toda la Trinidad participa —Padre, Hijo y Espíritu Santo—.

La oración cristiana es una oración «a tu Padre»

Jesús nos enseñó a orar: «Padre nuestro del cielo» (Mateo 6,9). Dios es una persona. Naturalmente, como afirma C. S. Lewis, es «más que una persona», pero no deja de ser una persona. Hemos sido creados a imagen y semejanza de Dios. Él es nuestro Padre y nos ama, y nosotros tenemos el extraordinario privilegio de poder entrar en su presencia y decirle «*Abba*» —palabra aramea cuya traducción más próxima es 'Papá' o 'Querido Padre'—. Hay una gran intimidad en nuestra relación con Dios y en la oración que dirigimos a nuestro Padre celestial.

No es tan sólo «nuestro Padre», es «nuestro Padre que está en el cielo». Tiene poder celestial. Cuando oramos, estamos hablando al Creador del universo. El 20 de agosto de 1977, el Voyager II, la sonda espacial interplanetaria lanzada para observar sistemas planetarios extrasolares y transmitir información sobre ellos a la Tierra, dejó la Tierra a una velocidad de 145.000 km/h (superior a la de una bala). El 28 de agosto de 1989 llegó a la altura del planeta Neptuno, a unos 4.300 millones de kilómetros de la Tierra. A continuación, el Voyager II salió del Sistema Solar. No se acercará a menos de un año luz de ninguna estrella hasta dentro de 958.000 años. En nuestra galaxia hay unos trescientos mil millones de estrellas como nuestro Sol. Nuestra galaxia es una de entre las más de cien mil millones de galaxias existentes. En un comentario casi marginal hecho en el Génesis, el autor nos dice: «También hizo las estrellas» (Génesis 1,16). Tal es su poder. El escritor cristiano Andrew Murray dijo en una ocasión: «El poder de la oración depende casi por completo de nuestra comprensión de con quién estamos hablando».[1]

Cuando oramos, estamos hablando a un Dios que es tanto trascendente como inmanente. Él es mucho más grande y más poderoso que el universo que ha creado y, a pesar de eso, está con nosotros cuando oramos.

La oración cristiana es «por medio del Hijo»

Pablo afirma que «por medio de él [Jesús] tenemos acceso al Padre por un mismo Espíritu» (Efesios 2,18). Jesús dijo: «El Padre les dará todo lo que le pidan en mi nombre» (Juan 15,16). Solos, no tenemos derecho de acercarnos a Dios, pero sí que podemos hacerlo «por medio de Jesús» y «en su nombre». Por eso, es costumbre acabar las oraciones con las palabras «por Jesucristo nuestro Señor» o «en el nombre de Jesús». No se trata simplemente de una fórmula, sino que es nuestro reconocimiento de que sólo nos podemos acercar a Dios por medio de Jesús. Es Jesús quien, por su muerte en la cruz, eliminó la barrera que había entre nosotros y Dios. Él es nuestro gran Sumo Sacerdote. Por eso el nombre de Jesús tiene tanto poder.

El valor de un cheque no sólo depende de la cantidad que en él figure, sino también de la persona que lo firma. Si yo firmara un cheque de quince millones de dólares no tendría ningún valor. Pero si Bill Gates, uno de los hombres más ricos del mundo, firmara un cheque por quince millones de dólares, ése sería exactamente el valor que tendría. Cuando vayamos al banco del Cielo, no tendremos nada ingresado allí. Si voy en mi propio nombre no lograré nada en absoluto. Pero Jesús tiene un crédito ilimitado en el Cielo y nos ha concedido el privilegio de poder usar su nombre.

La oración cristiana es una oración «por un mismo Espíritu» (Efesios 2,18)

Orar puede resultarnos difícil, pero Dios no nos ha dejado desamparados. Nos ha dado su Espíritu, que habita en nosotros y que nos ayuda a orar. Pablo escribe: «Asimismo, en nuestra debilidad el Espíritu acude a ayudarnos. No sabemos qué pedir, pero el Espíritu mismo intercede por nosotros con gemidos que no pueden expresarse con palabras. Y Dios, que examina los corazones, sabe cuál es la intención del Espíritu, porque el Espíritu intercede por los creyentes conforme a la voluntad de Dios» (Romanos 8,26-27). En uno de los capítulos posteriores nos detendremos para ver con más detalle la acción del Espíritu. Por el momento, es suficiente señalar que, cuando oramos, Dios nos ayuda a orar mediante su Espíritu, que vive en nosotros por el hecho de ser cristianos.

¿Por qué orar?

La oración es una actividad vital. Hay muchas razones para orar. La oración es, en primer lugar, la manera en que desarrollamos nuestra relación con nuestro Padre celestial. A veces la gente dice: «Si Dios ya conoce nuestras necesidades, ¿por qué tenemos que presentárselas?». Pues bien, ciertamente, no podríamos hablar de una relación si no hubiera comunicación. Por supuesto, pedir no es la única forma de comunicarnos con Dios. Hay otras formas de oración: la acción de gracias, la alabanza, la adoración, la confesión, la escucha, etc. Pero la oración de petición es importante. A medida que le pedimos cosas a Dios y que vemos que nuestras oraciones son escuchadas, nuestra confianza en él aumenta.

Jesús oró y nos enseñó a hacer lo mismo. Él mantenía una relación ininterrumpida con su Padre. Su vida fue una vida de oración constante. Hay numerosas referencias a su oración, y en la Biblia leemos que Jesús se retiró con frecuencia para orar (ej. Marcos 1,35; Lucas 6,12).

Jesús también dice que, si oramos, Dios nos recompensará. Podríamos preguntarnos si es apropiado esperar una recompensa. Naturalmente, hay recompensas inadecuadas: el dinero a cambio de sexo es, por ejemplo, una recompensa inadecuada. Pero también hay recompensas adecuadas. Si alguien se esfuerza a la hora de preparar sus exámenes, entonces, aprobarlos u obtener un título es una recompensa adecuada. C. S. Lewis expresó la misma realidad de la siguiente manera: «Las recompensas genuinas no se asocian simplemente a la actividad que las origina, sino que son la actividad misma en consumación».[2]

Muchos de nosotros vivimos con una inquietud interna permanente o con un sentimiento profundo de tristeza o anhelo. En mi experiencia, la oración satisface esa hambre espiritual. La recompensa es que, cuando oramos, empezamos a experimentar el amor que Dios nos tiene y su presencia en nosotros. Como dice el salmista: «Me llenarás de alegría en tu presencia» (Salmo 16,11).

Por último, la oración no sólo nos transforma, sino que también transforma las situaciones en las que vivimos. Mucha gente puede aceptar que la oración en sí tenga un efecto beneficioso en la persona, pero algunos ponen objeciones filosóficas a la idea de que la oración pueda cambiar las cosas, los acontecimientos o, incluso a los demás. El rabino Daniel Cohn-Scherbok, antiguo profesor de la Universidad de Kent, escribió en una ocasión un artículo en el que argumentaba que, puesto que Dios conoce el futuro, éste debe estar, en consecuencia, determinado. A lo que Clifford Longley, antiguo corresponsal de asuntos religiosos en el periódico *The Times*, respondió correctamente: «Si Dios vive en el eterno presente, escucha todas las oraciones simultáneamente. De este modo, puede tomar una oración de la semana que viene e incorporarla en un acontecimiento del mes pasado».

Jesús nos animó a menudo a que pidiéramos. Dijo: «Pidan, y se les dará; busquen, y encontrarán; llamen, y se les abrirá. Porque todo el que pide, recibe; el que busca, encuentra; y al que llama, se le abre» (Mateo 7,7-8).

Todo cristiano sabe, por experiencia, que Dios responde a la oración. Cuando yo comencé a hacer oración pedía por las pequeñas cosas de mi propia vida y empezaron a ocurrir coincidencias. Cuanto más oraba, más coincidencias veía. Relacioné ambas cosas y empecé a aventurarme a orar por asuntos más importantes. Ciertamente, no es posible demostrar el cristianismo basándose en la respuesta a nuestras oraciones, puesto que los escépticos siempre encuentran otras explicaciones. Pero la acumulación de oraciones atendidas refuerza nuestra fe en Dios. Llevo años escribiendo un diario de oración y me resulta fascinante ver cómo día tras día, semana tras semana y año tras año, Dios ha respondido a mis oraciones.

¿Responde Dios siempre a la oración?

En el pasaje de Mateo 7,7-8 arriba citado, y en muchos otros del Nuevo Testamento, las promesas parecen ser absolutas. Sin embargo, cuando consideramos las Escrituras en su totalidad, vemos que hay buenas razones por las que no siempre recibimos lo que pedimos.

Cuando no reconocemos ante Dios las cosas que hemos hecho mal, podemos estar levantando una barrera entre nosotros y Dios: «La mano del Señor no es corta para salvar, ni es sordo su oído para oír. Son las iniquidades de ustedes las que los separan de su Dios. Son estos pecados los que lo llevan a ocultar su rostro para no escuchar» (Isaías 59,1-2). Naturalmente, todos nosotros cometemos faltas, y si eso nos impidiera orar, nadie oraría jamás. Pero Jesús murió en la cruz para que fuéramos perdonados, lo que, a su vez, nos permite orar. Cuando la gente dice: «No siento que esté en comunicación con Dios. No siento la presencia de nadie», la primera pregunta que se les puede hacer es si han recibido alguna vez el perdón de Dios a través de Cristo en la cruz. La barrera debe eliminarse antes de que podamos esperar que Dios escuche y atienda nuestras oraciones.

Incluso como cristianos, nuestra amistad con Dios puede echarse a perder por causa del pecado o de la desobediencia. Juan escribe: «Queridos hermanos, si el corazón no nos condena, tenemos confianza delante de Dios, y recibimos todo lo que le pedimos porque obedecemos sus mandamientos y hacemos lo que le agrada» (1 Juan 3,21-22). Si somos conscientes de algún pecado o desobediencia hacia Dios, tenemos que reconocerlo y rechazarlo para que nuestra amistad con Dios pueda ser restaurada y para que podamos acercarnos de nuevo a él con confianza. Dios lo ve todo —no es posible engañarlo mediante la planificación simultánea del pecado y del arrepentimiento—.

Por otro lado nuestras intenciones también pueden suponer un obstáculo para recibir lo que pedimos. ¡No toda petición para ganar la lotería, casarse con una estrella de Hollywood o tener un Mercedes Benz será atendida! Santiago, el hermano de Jesús, escribe:

> Desean algo y no lo consiguen. Matan y sienten envidia, y no pueden obtener lo que quieren. Riñen y se hacen la guerra. No tienen, porque no piden. Y cuando piden, no reciben porque piden con malas intenciones, para satisfacer sus propias pasiones (Santiago 4,2-3).

Un famoso ejemplo de oración plagada de malas intenciones es la siguiente oración de John Ward of Hackney, escrita en el siglo dieciocho:

> Vos sabéis, oh Señor, que tengo nueve propiedades en la Ciudad de Londres y que he adquirido, recientemente, otra propiedad en pleno dominio en el condado de Essex. Os suplico que preservéis los condados de Essex y de Middlesex del fuego y del terremoto. Y, como tengo una hipoteca en Hertfordshire, os ruego asimismo que volváis a

> ese condado vuestros ojos misericordiosos. En lo que se refiere al resto de los condados, podéis proceder como más os agrade.
>
> Permitid, oh Señor, que el banco pueda pagar sus recibos, y haced que todos mis deudores sean justos. Conceded un próspero viaje y una vuelta sin percances al barco Sirena, porque he sido yo quien lo ha asegurado. Y, como vos habéis dicho que los años de los impíos se acortan, confío en vos y en que no olvidaréis vuestra promesa, puesto que he adquirido una propiedad en reversión que me será restituida después de la muerte de ese joven disoluto, Sir J. L.
>
> Proteged a mis amigos del naufragio y defendedme de los ladrones y atracadores. Haced que todos mis siervos sean tan honrados y fieles que velen por mis intereses y nunca se aprovechen de mis posesiones, tanto de noche como de día.

Juan escribe: «Ésta es la confianza que tenemos al acercarnos a Dios: que si pedimos *conforme a su voluntad*, él nos oye» (1 Juan 5,14, cursiva del autor). Cuanto más conozcamos a Dios, mejor conoceremos su voluntad y más atendidas serán nuestras oraciones.

A veces, las oraciones no son atendidas porque lo que pedimos no es bueno para nosotros. Dios sólo ha prometido darnos «cosas buenas» (Mateo 7,11). Nos ama y sabe lo que más nos conviene. Los buenos padres no siempre dan a sus hijos lo que éstos les piden. Si un niño de dos años quisiera jugar con un cuchillo de cocina, un buen padre le diría: «No». Como John Stott ha escrito, Dios responderá «no» si las cosas que pedimos «no son buenas en sí mismas o no son buenas para nosotros o para los demás —directa o indirectamente, inmediatamente o a la larga—».

La respuesta a nuestra oración será «sí», «no» o, en ocasiones, «espera», y deberíamos estar enormemente agradecidos por ello. Si se nos diera carta blanca, nunca nos atreveríamos a orar de nuevo. Ruth Graham (la mujer de Billy Graham, escritor y evangelizador) dijo en una conferencia en Minneapolis: «Dios no siempre ha respondido a mis oraciones. Si lo hubiera hecho, me habría casado con el hombre equivocado —¡varias veces!—».

En mi propia experiencia, a veces parece como si Dios nos hubiera escondido su rostro. El salmista oró: «¿Hasta cuándo, Señor, me seguirás olvidando? ¿Hasta cuándo esconderás de mí tu rostro?» (Salmos 13,1). En momentos así tenemos que confiar en Dios a pesar del silencio. El mismo salmista concluye: «Pero yo confío en tu gran amor; mi corazón se alegra en tu salvación» (Salmos 13,5).

A veces, nunca sabremos en esta vida por qué la respuesta es «no». Recuerdo perfectamente un acontecimiento que tuvo lugar en 1996. Estaba jugando al *squash* con uno de mis mejores amigos, Mick Hawkins, un hombre de cuarenta y dos años y padre de seis hijos, cuando, en pleno partido, sufrió un infarto, se desplomó y murió. Nunca he gritado tanto a Dios como lo hice en aquella ocasión. Le supliqué que lo sanara, que lo reanimara y que su infarto no fuera mortal. No sé por qué murió.

Esa noche no pude dormir, así que me levanté alrededor de las 5 de la mañana. Salí a dar un paseo y le dije al Señor: «No logro entender por qué ha muerto Mick. Era una persona tan maravillosa, un marido y un padre tan bueno... No lo entiendo...». Entonces, me di cuenta de que tenía que hacer una elección. Podía decir: «Voy a dejar de creer», o bien: «Voy a continuar creyendo a pesar de no comprender; voy a continuar confiando en ti, Señor, aunque no creo que jamás llegue a entender —en esta vida— por qué ha sucedido esto».

A veces, tendremos que esperar hasta que nos encontremos cara a cara con Dios para entender su voluntad y para comprender por qué nuestras oraciones no fueron atendidas como lo habríamos esperado.[3]

¿Cómo debemos orar?

No existe ninguna manera fija de orar. La oración es una parte integral de nuestra relación con Dios y, por tanto, somos libres de hablar con él como queramos. Dios no quiere que repitamos palabras sin significado o que nos limitemos a usar un vocabulario religioso; quiere que seamos honestos con él y que le contemos lo que tenemos en el corazón. Para mucha gente resulta útil apoyarse en un modelo de oración. Personalmente, durante algunos años, utilicé el acrónimo ACAP.

A – adoración – alabar a Dios por lo que es y por lo que ha hecho.
C – confesión – pedir perdón a Dios por lo que hayamos hecho mal.
A – acción de gracias – dar gracias a Dios por la salud, por la familia, por los amigos, etc.
P – petición – presentar a Dios algunas necesidades y pedir favores para nosotros, para nuestros amigos o para otras personas.

Últimamente, suelo seguir el modelo de la oración del Padrenuestro (Mateo 6,9-13):

«Padre nuestro que estás en el cielo» (v. 9)

Ya hemos visto, más arriba, lo que esta frase significa. Con ella en mente, dedico un poco de tiempo a dar gracias a Dios por ser quien es, por mi relación con él y por la manera en la que atiende mis oraciones.

«Santificado sea tu nombre» (v. 9)

En hebreo, el nombre de una persona era una revelación de su personalidad. Pedir que el nombre de Dios sea santificado es pedir que él sea adorado. Muy a menudo, cuando miramos a nuestro alrededor, vemos que el nombre de Dios es ultrajado —mucha gente no le presta atención o sólo usa su nombre para blasfemar—. Debemos empezar por pedir que el nombre de Dios sea respetado y adorado en nuestras vidas, en nuestras familias, en nuestros lugares de trabajo y en la sociedad que nos rodea.

«Venga tu reino» (v. 10)

El reino de Dios es su dominio y gobierno. Éste será pleno cuando Jesús regrese, pero ya irrumpió en la historia cuando Jesús vino por primera vez. Jesús demostró la presencia del reino de Dios a través de su propio ministerio. Cuando oramos: «Venga tu reino», estamos orando para que el reinado de Dios venga tanto en el futuro como en el presente. Con esta oración también estamos pidiendo que la gente se convierta, que sea sanada y liberada del mal, que se llene del Espíritu Santo y que reciba los dones del Espíritu, para que juntos podamos servir y obedecer al Rey.

He oído decir que el predicador del siglo diecinueve, D. L. Moody, escribió una lista con cien personas y que oró por ellas para que se convirtieran mientras él viviera. Cuando murió, noventa y seis se habían hecho cristianas y las otras cuatro se convirtieron en su funeral.

Una joven madre cristiana, llamada Mónica, tenía problemas con su hijo, un adolescente bastante rebelde. Era perezoso, malhumorado y mentiroso. Algunos años después, aunque externamente llegó a ser un jurista respetable, su vida estaba dominada por la ambición y el deseo de ganar dinero. Vivió con varias mujeres y tuvo un hijo con una de ellas. Incluso llegó a hacerse miembro de una extraña secta religiosa. Durante todo ese tiempo su madre oró por él sin cesar. Un día, el Señor le concedió a Mónica una visión, y ella lloró mientras oraba, porque vio la luz de Jesucristo en su hijo y su cara transformada. Tuvo que esperar nueve años más antes de que su hijo entregara su vida a Jesucristo, a la edad de treinta y dos años. Ese hombre se llamaba Agustín. Se convirtió en el año 386 d. C., fue ordenado sacerdote en 391 y obispo en 396 y llegó a ser uno de los teólogos más importantes en la historia de la iglesia. Él siempre atribuyó su conversión a las oraciones de su madre.

No oramos simplemente para que el reino de Dios se establezca en las vidas de las personas, sino que también oramos para que esto lleve, en última instancia, a la transformación de la sociedad. Pedimos que reine la paz de Dios, su justicia y su compasión. Oramos por quienes a menudo son marginados por la sociedad y ocupan un lugar privilegiado en el corazón misericordioso de Dios: las viudas, los huérfanos, los cautivos y los que se encuentran perdidos y solos (Salmos 68,4-6a).

«Hágase tu voluntad en la tierra como en el cielo» (v. 10)

Esto no implica resignarse, sino liberarse de las cargas que tan a menudo llevamos a nuestras espaldas. Mucha gente está preocupada por las decisiones que tiene que tomar. Las decisiones pueden ser sobre asuntos más o menos importantes, pero si queremos asegurarnos de que no nos equivocaremos, necesitamos orar: «Hágase tu voluntad». El salmista dice: «Encomienda al Señor tu camino; confía en él, y él actuará» (Salmos 37,5). Si estás orando, por ejemplo, sobre la idoneidad de una relación, puedes orar así: «Si esta relación es mala, te pido que le pongas fin. Si es buena, te pido que nada acabe con ella». Así, tras haber encomendado tu relación al Señor, puedes confiar en él y esperar a que él actúe.

«Danos hoy nuestro pan de cada día» (v. 11)

Algunos han sugerido que Jesús se refería al pan espiritual de la Santa Comunión o a la Biblia. Es posible, pero creo que los reformadores tenían razón al afirmar que Jesús alude aquí a nuestras necesidades básicas. Lutero dijo que esta expresión hacía referencia a «todo lo necesario para la preservación de esta vida, como comida, salud, buen tiempo, casa, hogar, mujer, hijos, buen gobierno y paz». Dios se preocupa por todo lo que tú y yo nos preocupamos. De la misma manera que yo quiero que mis hijos me cuenten lo que les preocupa, Dios quiere oír las cosas que nos preocupan.

Un amigo mío le preguntó a una mujer que se acababa de hacer cristiana cómo iba su negocio. Ella respondió que no iba muy bien, así que mi amigo se ofreció a orar por su negocio. La mujer respondió: «No sabía que eso estuviera permitido». Mi amigo le explicó que sí lo estaba. Oraron juntos y, la semana siguiente, el negocio mejoró notablemente. La oración del Padrenuestro nos enseña que no es malo orar por nuestras necesidades, siempre que el nombre de Dios, el reino de Dios y la voluntad de Dios sean nuestra prioridad.

«Perdónanos nuestras deudas, como también nosotros perdonamos a nuestros deudores» (v. 12)

Jesús nos enseñó a orar para que Dios perdonara nuestras deudas (las cosas que hacemos mal). Algunos se preguntan: «¿Por qué tenemos que orar por el perdón? ¿Acaso no es cierto que cuando nos acercamos a la cruz se nos perdona de todo lo pasado, lo presente y lo futuro?». Es cierto, como vimos en el capítulo tercero, que se nos ha perdonado completamente de todo lo pasado, lo presente y lo futuro, porque Jesús cargó con todos nuestros pecados en la cruz. Sin embargo, Jesús nos enseña a orar: «Perdónanos nuestras deudas». ¿Por qué?

Personalmente, considero que la analogía más esclarecedora es la que utiliza Jesús en el capítulo decimotercero del Evangelio de Juan, cuando se dispone a lavarle los pies a Pedro. Pedro le dijo:

—¡Jamás me lavarás los pies!

—Si no te los lavo, no tendrás parte conmigo —respondió Jesús.

—Entonces, Señor —repuso Pedro—, ¡no sólo los pies, sino todo mi cuerpo!

—El que ya se ha bañado no necesita lavarse más que los pies —le contestó Jesús—; pues ya todo su cuerpo está limpio.

He aquí una imagen del perdón. Cuando nos acercamos a la cruz somos purificados y perdonados por completo —todo queda resuelto—. Pero, a medida que caminamos por el mundo, hacemos cosas que empañan nuestra relación con Dios. Nuestro estatus está asegurado, pero nuestra amistad queda empañada por la suciedad que se nos va pegando a los pies en el camino de la vida. Necesitamos orar, todos los días: «Perdónanos, Señor, y purifícanos». No tenemos que bañarnos de nuevo —Jesús ya lo ha hecho por nosotros—, pero cierta purificación es necesaria a diario.

Jesús añadió: «Porque si perdonan a otros sus ofensas, también los perdonará a ustedes su Padre celestial. Pero si no perdonan a otros sus ofensas, tampoco su Padre les perdonará a ustedes las suyas» (Mateo 6,14-15). Esto no quiere decir que podamos ganarnos el perdón de Dios perdonando a los demás. Jamás podremos ganarnos el perdón. Eso es algo que Jesús consiguió para nosotros en la cruz. Pero la señal de que hemos sido perdonados es que estamos dispuestos a perdonar a los demás. Si no estamos dispuestos a perdonar a los demás, quiere decir que no hemos conocido el perdón. Si de veras hemos conocido el perdón de Dios, no podemos negar el perdón a otra persona.

«Y no nos dejes caer en tentación, sino líbranos del maligno» (v. 13)
Dios no nos tienta (Santiago 1,13), pero sí tiene control sobre la medida en la que estamos expuestos al mal (ej. Job 1-2). Todos los cristianos tenemos un punto débil —sea miedo, ambición, avaricia, orgullo, lujuria, chismorreo, desconfianza o cualquier otra cosa—. Si somos conscientes de nuestra debilidad, podemos orar para protegernos de ella y podemos tomar acciones concretas para evitar tentaciones innecesarias. Trataremos este tema en el capítulo undécimo.

¿Cuándo debemos orar?

El Nuevo Testamento nos exhorta a orar «sin cesar» (1 Tesalonicenses 5,17; Efesios 6,18). No tenemos que estar en un edificio especial para orar. Podemos orar en el tren, en el autobús, en el automóvil, montando en bicicleta, caminando por la calle, acostados en la cama, en medio de la noche o cuando queramos y dondequiera que estemos. En todas las relaciones cercanas, podemos charlar mientras hacemos otras cosas. Sin embargo, es muy beneficioso encontrarse con alguien sólo y exclusivamente para hablar. Como ya he mencionado anteriormente, Jesús dijo: «Pero tú, cuando te pongas a orar, entra en tu cuarto, cierra la puerta y ora a tu Padre, que está en lo secreto» (Mateo 6,6). Él mismo se retiró a lugares solitarios para orar (Marcos 1,35). A mí me resulta muy provechoso combinar la lectura de la Biblia con la oración al principio del día, cuando tengo la mente más despejada. Es bueno seguir un modelo constante de oración. La hora del día que escojamos depende de muchas cosas, entre las que se encuentran nuestro carácter, nuestra vida familiar y nuestra rutina de trabajo.

Orar con otras personas es tan importante como orar a solas. Esto puede darse en un grupo pequeño de dos o tres personas, por ejemplo. Jesús dijo: «Además les digo que si dos de ustedes en la tierra se ponen de acuerdo sobre cualquier cosa que pidan, les será concedida por mi Padre que está en el cielo» (Mateo 18,19). Puede resultar muy difícil orar en alto delante de otras personas. Yo lo hice por primera vez unos dos meses después de haberme encontrado con Cristo. Recuerdo que estaba con dos de mis mejores amigos y que decidimos dedicar algún tiempo para orar juntos. Sólo oramos durante diez minutos, pero, al acabar la oración, ¡tenía la camisa empapada! Con todo, vale la pena perseverar, puesto que la oración en común tiene mucho poder (Hechos 12,5).

Hemos sido creados por Dios para estar en relación con él. La muerte de Jesús en la cruz lo ha hecho posible y la oración es la manera en la que profundizamos y afianzamos nuestra amistad con él. Por esta razón, la oración es la actividad más importante de nuestras vidas.

Notas

1. Andrew Murray, *Believer's Secret of the Master's Indwelling* (Bethany House Publishing, 1986).
2. C. S. Lewis, *Weight of Glory* (William Collins, 2013), p. 27.
3. Como lectura para profundizar en este tema, recomiendo: Pete Greig, *Cuando Dios guarda silencio* (Casa Creación, 2008).

CAPÍTULO 6

¿POR QUÉ Y CÓMO LEER LA BIBLIA?

Mi padre siempre tuvo el deseo de visitar Rusia. Cuando él tenía setenta y tres años y yo veintiuno, hicimos un viaje en familia a la Unión Soviética. En aquel momento, los cristianos estaban siendo perseguidos en ese país, por lo que era muy difícil conseguir biblias en territorio soviético. Por eso, me llevé algunos libros de literatura cristiana, entre los que se encontraban algunas biblias en ruso. Durante mi estancia en Rusia, visité algunas iglesias y busqué a gente que me pareciera auténticamente cristiana (en aquel tiempo, todas las asambleas solían tener a la KGB infiltrada).

En una de mis visitas, al salir del servicio religioso, seguí por la calle a un hombre de unos sesenta años. Después de mirar a mi alrededor para asegurarme de que nadie nos seguía, me acerqué a él y le di unos golpecitos en el hombro. Saqué una de las biblias que tenía y se la entregué. Al principio, parecía no creerlo. Luego, sacó del bolsillo un Nuevo Testamento que tendría fácilmente 100 años y cuyas páginas estaban tan desgastadas que eran prácticamente transparentes. Cuando se dio cuenta de que acababa de recibir una Biblia completa, se puso contentísimo. Él no hablaba nada de inglés, y yo, ni una palabra de ruso. Nos abrazamos y empezamos a bailar por la calle dando saltos de alegría —algo que no hago normalmente con ningún desconocido, o, mejor dicho, ¡con nadie en absoluto!—. Ese hombre sabía que lo que tenía en sus manos era algo verdaderamente único.

¿Por qué estaba tan contento? Hoy en día, muchos consideran la Biblia como algo aburrido, obsoleto e irrelevante para sus vidas. Algunos ateos destacados van incluso más lejos al describir al Dios de la Biblia como un «monstruo malvado». ¿Es eso cierto o es la Biblia verdaderamente algo especial? ¿En qué sentido es única?

En primer lugar, es única en su popularidad

Es el libro más vendido en el mundo. Se calcula que cada año se venden o regalan más de cien millones de biblias y que hay una media de 6,8 biblias en cada casa de Estados Unidos. La Biblia es el libro más vendido de todos los tiempos, superando, año tras año y década tras década, a todos sus rivales. Los Gedeones Internacionales[1] regalan una biblia cada segundo. La Biblia ha sido traducida, total o parcialmente, a 2.426 idiomas.[2] Un artículo en el periódico *The Times* tenía como título lo siguiente: «Olvídese de los novelistas británicos modernos y de las versiones escritas de las series de televisión más famosas, la Biblia es el libro que más se vende todos los años».

El escritor del artículo señalaba:

> Como de costumbre, el libro más vendido, con gran diferencia, ha sido [...] la Biblia. Si las ventas acumuladas de la Biblia se reflejaran de manera fidedigna en las listas de los superventas, rara sería la semana en la que cualquier otra publicación lograra pisarle los talones. Es maravilloso, extraño o, simplemente, desconcertante que en esta época secularizada —en la que la oferta de libros disponibles aumenta cada año—, este libro se siga vendiendo a raudales todos los meses del año [...]. Se calcula que en el Reino Unido se venden un total de 1,25 millones de biblias y Nuevos Testamentos cada año.

El escritor concluye: «*Todas* las versiones de la Biblia se venden muy bien en *todo* momento. Decidí preguntar a las Sociedad Bíblica si podía darnos alguna explicación al respecto. "Bueno —me respondieron con gran amabilidad—, es un libro excelente"».

En segundo lugar, es única en su fuerza

Como el antiguo primer ministro británico, Stanley Baldwin, declaró:

> La Biblia es como la pólvora. Opera de manera sorprendente y no hay hombre sobre la faz de la tierra que pueda explicar o saber cómo este libro, en su recorrido por el mundo, ha transformado la conciencia de personas de mil sitios diferentes, para darles una nueva vida, un nuevo mundo, unas nuevas creencias, una nueva comprensión y una nueva fe.[3]

Siendo universitario, leí la Biblia y quedé fascinado. La Biblia cobró vida para mí como nunca antes lo había hecho, y, desde entonces, no he podido prescindir de ella. Este encuentro tan poderoso hizo que pusiera toda mi fe en Cristo.

En tercer lugar, es única en su valor

El salmista dice que las palabras de Dios son «más preciosas que el oro» (Salmos 19,10). En la coronación de la Reina Isabel II, el Moderador de la Asamblea General de la Iglesia de Escocia entregó a la Reina una Biblia mientras le dirigía las siguientes palabras: «Le hacemos entrega de este libro, lo más valioso que hay sobre la tierra».

Hugh Latimer, obispo inglés del siglo dieciséis, escribió que los libros de la Biblia deberían estar constantemente en nuestras manos, en nuestros ojos, en nuestros oídos, en nuestros labios y, sobre todo, en nuestros corazones. La Escritura —añadió— «aviva nuestras almas [...] y consuela, alegra, anima y abriga nuestras conciencias. Es una joya o un tesoro más valioso que cualquier cantidad de oro o piedra preciosa».[4]

¿Por qué es, pues, tan popular, tan poderosa y tan valiosa? Jesús afirmó: «No sólo de pan vive el hombre, sino de toda palabra que sale de la boca de Dios» (Mateo 4,4). En este versículo, «sale» está escrito, en la versión original griega, en presente continuo y quiere decir 'que está saliendo continuamente' de la boca de Dios. Dios quiere comunicarse permanentemente con su pueblo y lo hace, sobre todo, a través de la Biblia.

Dios ha hablado: revelación

«Dios, que muchas veces y de varias maneras habló a nuestros antepasados en otras épocas [...], en estos días finales nos ha hablado por medio de su

Hijo» (Hebreos 1,1-2). El cristianismo es una fe revelada. Jesucristo es la revelación definitiva de Dios.

La revelación de Dios registrada en la Biblia constituye la vía principal por la que conocemos a Jesús. La teología bíblica debería ser el estudio de esa revelación. Dios también se ha revelado a través de la creación (Romanos 1,19-20; Salmos 19). La ciencia es una exploración de la revelación de Dios en la creación (no debería haber conflicto entre ciencia y fe cristiana, puesto que ambas se complementan mutuamente.[5] Albert Einstein afirmó: «La ciencia sin la religión está coja, y la religión sin la ciencia, ciega [...]. Ciertamente, no puede haber un conflicto legítimo entre religión y ciencia»[6]). Dios también habla a su pueblo directamente con su Espíritu: a través de profecías, sueños, visiones y mediante otras personas. Nos detendremos en estos aspectos más adelante —especialmente en el próximo capítulo, titulado «¿Cómo nos guía Dios?»—.

Respecto a la inspiración de las Escrituras que Pablo tenía a su disposición, escribió: «Toda Escritura es inspirada por Dios y útil para enseñar, para reprender, para corregir y para instruir en la justicia, a fin de que el siervo de Dios esté enteramente capacitado para toda buena obra» (2 Timoteo 3,16-17).

La expresión «inspirada por Dios» es la traducción habitual del término griego *theopneustos*, que literalmente quiere decir 'insuflada' o 'exhalada por Dios'. El escritor está afirmando que la Escritura es Dios comunicándose. Ciertamente, Dios se sirvió de autores humanos. La Biblia fue escrita a lo largo de un periodo de 1.500 años por al menos 40 autores provenientes de orígenes muy diversos —reyes, sabios, filósofos, pescadores, poetas, hombres de estado, historiadores y doctores—. La

Biblia es 100% fruto del trabajo de los seres humanos, pero es también 100% inspirada por Dios (tal y como Jesús es totalmente humano y totalmente divino).

¿Cómo es eso posible? Puede parecer una paradoja desconcertante, pero no es una contradicción. Sir Christopher Wren, el arquitecto inglés más destacado de su época, fue quien construyó la Catedral de San Pablo (Londres). Comenzó el proyecto cuando tenía cuarenta y cuatro años y dirigió la obra durante los treinta y cinco años siguientes. La construcción de la catedral se completó en 1711, cuando él tenía setenta y nueve años. Wren construyó la Catedral de San Pablo, pero nunca colocó ni una sola piedra del edificio. Había muchos constructores, pero sólo había una mente, un arquitecto y una inspiración. Lo mismo ocurrió con la Biblia: había muchos escritores diferentes, pero una sola inspiración —Dios mismo—.

Los evangelios dejan muy claro que Jesús consideraba que las Escrituras estaban inspiradas por Dios. Para él, lo que decían las Escrituras, lo decía Dios (Marcos 7,5-13). Si Jesús es nuestro Señor, nuestra actitud frente a las Escrituras debe ser la misma que la suya. «Creer en Cristo como la revelación suprema de Dios implica creer en la inspiración de las Escrituras —tanto en la inspiración del Antiguo Testamento, por el testimonio directo de Jesús, como en la del Nuevo Testamento, por lo que se desprende de su testimonio—».[7]

Esta convicción sobre la inspiración de la Biblia ha estado presente en la iglesia universal, casi de manera absoluta, a lo largo de los siglos. Los primeros teólogos de la iglesia compartían esa convicción. Ireneo (130-202) dijo: «Las Escrituras son perfectas». Asimismo, los reformadores, como Martín Lutero, hablaron de «la Escritura que no ha conocido el error». La posición oficial de la Iglesia Católica en la actualidad, expresada en el Concilio Vaticano II, es la siguiente: «[...] el Antiguo y Nuevo Testamento [...], escritos bajo la inspiración del Espíritu Santo, tienen a Dios como autor. [...] Hay que confesar que los libros de la Escritura enseñan firmemente, con fidelidad y sin error [...]».[8] Todas las iglesias protestantes de todo el mundo compartían esa misma convicción hasta el siglo pasado. En la actualidad, la convicción sobre la inspiración divina de la Biblia sigue contando con el apoyo de muchos eruditos de renombre, aunque algunas personas la pongan en duda e incluso la ridiculicen de una manera muy superficial.

Eso no quiere decir que en la Biblia no haya dificultades. Al mismo Pedro le parecieron algunas de las cartas de Pablo «difíciles de entender» (2 Pedro 3,16). Es cierto que hay dificultades morales e históricas y algunas contradicciones aparentes. Algunas de esas dificultades se pueden explicar por las diferencias contextuales de composición: la Biblia es una colección de textos escritos por muchos autores a lo largo de un periodo de tiempo muy extenso. Además, contiene una gran variedad de géneros literarios: literatura histórica, narrativa, poética, profética, epistolar, sapiencial y apocalíptica.

Aunque algunas de las contradicciones aparentes se pueden explicar haciendo referencia a la diversidad de los contextos de composición, otras son más difíciles de resolver. Sin embargo, esto no quiere decir que sea imposible o que debamos abandonar nuestra creencia en la inspiración de la Escritura. Todas las doctrinas principales de la fe cristiana deberían ampliar nuestra comprensión de la verdad. No es fácil conciliar, por ejemplo, el amor de Dios con el sufrimiento en el mundo. No obstante, todos los cristianos creen en el amor de Dios e intentan comprender el problema del sufrimiento dentro del marco de su fe. En lo que a mí respecta, me he dado cuenta de que a fuerza de darle vueltas a este tema, tanto mi comprensión del sufrimiento como mi comprensión del amor de Dios se han visto enriquecidas.

Asimismo, es importante agarrarse con firmeza a la convicción de que *toda* Escritura está inspirada por Dios, aunque no podamos resolver de inmediato cada dificultad con la que tropezamos. Si actuamos así, la Biblia debería transformar nuestra manera de vivir la vida. Cuando Billy Graham era joven, algunas personas (entre las cuales había una llamada Chuck) empezaron a decirle: «No te puedes creer todo lo que dice la Biblia». Esas palabras no hacían más que repetirse en su mente y Billy Graham comenzó a sentirse muy confundido. John Pollock, en su biografía del evangelizador, relata lo ocurrido:

> Así que regresé a casa, tomé mi Biblia y salí con ella a la luz de la luna. Me acerqué al tocón de un árbol, coloqué sobre él mi Biblia, me arrodillé y dije: «Oh Dios, hay algunas cosas que no puedo demostrar. No puedo responder a algunas de las preguntas que Chuck y otras personas me están haciendo, pero acepto este Libro, por fe, como la Palabra de Dios». Permanecí al lado del tocón orando sin palabras y

con los ojos llorosos [...]. Sentí la presencia de Dios de una manera muy intensa y experimenté una gran paz que confirmaba que la decisión que había tomado era la correcta.[9]

Si aceptamos que la Biblia es inspirada por Dios, entonces no es difícil aceptar su autoridad. Si es palabra de Dios, debe ser la autoridad suprema en lo que se refiere a lo que creemos y a cómo actuamos. Así lo fue para Jesús, quien consideró las Escrituras como la autoridad suprema en su vida, por encima de lo que los líderes religiosos de su tiempo dijeran (ej. Marcos 7,1-20) y por encima de la opinión de los demás, por muy inteligentes que fueran (ej. Marcos 12,18-27). Dicho lo cual, debemos, obviamente, prestar la debida atención a las palabras de los líderes religiosos y de otras personas.

Como acabamos de ver, «toda la Escritura es inspirada por Dios y útil para enseñar, para reprender, para corregir y para instruir en la justicia» (2 Timoteo 3,16). En primer lugar, es la autoridad en lo que se refiere a nuestra fe —y por eso es «útil para enseñar»—. En la Biblia encontramos lo que Dios dice —y, por tanto, lo que deberíamos creer— sobre el sufrimiento, sobre Jesús, sobre la cruz, sobre la resurrección, etc.

En segundo lugar, es la autoridad en lo que se refiere a nuestro comportamiento —«útil [...] para reprender, corregir y para instruir en la justicia»—. En ella descubrimos lo que, a los ojos de Dios, es correcto e incorrecto. Los Diez Mandamientos, por ejemplo, han sido descritos como: «un análisis brillante de las condiciones mínimas para que una sociedad, un pueblo o una nación pueda disfrutar de una vida sobria, justa y civilizada».[10]

La Biblia ofrece algunas directrices clarísimas. Nos enseña cómo dirigir nuestra vida en el día a día. En ella descubrimos el pensamiento de Dios sobre las relaciones humanas y sobre la vida familiar. Gracias a ella, sabemos que el celibato puede ser un llamado divino (1 Corintios 7,7), pero que es la excepción que confirma la regla (Génesis 2,24). Por ella, sabemos que las relaciones sexuales prematrimoniales no son correctas. También, gracias a ella, sabemos que es correcto poner todo nuestro empeño para conseguir un trabajo, siempre que estemos capacitados para desempeñarlo. Nos enseña, además, que es correcto dar y perdonar.

Hay gente que dice: «Yo no quiero este libro de reglas. Es demasiado restrictivo; está lleno de normas y preceptos. Quiero ser libre. Si uno vive de acuerdo a la Biblia, es imposible ser libre y disfrutar la vida». ¿Es eso cierto? ¿Nos impide la Biblia ser libres? ¿O nos concede, por el contrario, la libertad? Las normas y los preceptos pueden, incluso, ser fuente de libertad y aumentar nuestro disfrute de la vida.

Hace algunos años, se organizó un partido de fútbol en el que participaban veintidós niños. Entre ellos, se encontraba uno de mis hijos —que tenía ocho años en aquel momento—. Un amigo mío, llamado Andy, que les había estado entrenado durante todo el año, iba a ser el árbitro. Desgraciadamente, a la hora fijada para el comienzo del partido, Andy aún no había aparecido. Los niños se morían de impaciencia por empezar el juego, así que me forzaron a sustituir al árbitro. Enseguida surgieron una serie de dificultades: no tenía silbato, el campo no estaba demarcado, no me sabía ningún nombre de los otros niños, los equipos no vestían camisetas distintivas y, para colmo, algunos de los jugadores se sabían las reglas mejor que yo.

El juego pronto se convirtió en un caos total. Algunos gritaban que el balón estaba dentro y otros decían que había salido. Como yo no estaba seguro, no decía nada. Entonces, empezaron las faltas. «¡Falta!», gritaban unos. «¡No, no ha sido falta!», decían otros. Como no sabía quién tenía razón, dejaba que el juego siguiera su curso. Poco después, empezaron las lesiones. Cuando Andy llegó, había tres niños lesionados en el suelo y todos los demás estaban gritando ¡principalmente al árbitro! Pero, en el momento en que Andy llegó, tocó el silbato, organizó los equipos, estableció los límites del campo y consiguió, así, recuperar el control de la situación. Entonces, los muchachos pudieron disfrutar del mejor partido de sus vidas.

¿Fueron más libres con las reglas o sin las reglas? Sin ninguna autoridad eficaz, eran libres de hacer exactamente lo que querían. El resultado fue la confusión general y la lesión de algunos de ellos. Sin lugar a dudas, prefirieron saber cuáles eran los límites del campo. Sólo entonces, y dentro de esos límites, fueron libres para disfrutar del juego.

Dios nos ha dado unas directrices sobre cómo vivir porque nos ama y porque quiere que disfrutemos la vida al máximo. Dios no ha dicho: «No maten», para arruinar nuestra alegría de vivir. Ni ha dicho: «No cometan adulterio», porque sea un aguafiestas. Ha dicho estas cosas porque no quiere que la gente se lastime. La Biblia es la revelación que

Dios hace de su voluntad para todos. Cuanto más vivamos de acuerdo a su voluntad, más libres seremos. Dios ha hablado y nosotros necesitamos escuchar lo que ha dicho.

Dios habla: relación

Para algunos, la Biblia no es más que un manual para la vida desgastado por el uso. La analizan y leen comentarios sobre ella —y no hay nada de malo en eso—. Pero debemos tener en cuenta que Dios no sólo ha hablado, sino que nos sigue hablando hoy a través de lo que ha dicho en la Biblia. S. Gregorio Magno dijo: «La Biblia es una carta de Dios», y S. Agustín: «La Biblia no hace más que hablarnos del amor que Dios nos tiene».

Durante la mayor parte de nuestro matrimonio, a mi mujer, Pippa, y a mí, no nos ha tocado vivir separados durante largos periodos de tiempo. Pero recuerdo que, en una ocasión, me tuve que ausentar de casa durante tres semanas y media. Todas las mañanas bajaba corriendo de mi cuarto a ver si había alguna carta sobre la mesa del recibidor del lugar en el que me alojaba. Cuando veía su caligrafía, mi corazón saltaba de alegría. ¿Por qué? Porque era una carta de la persona a la que amaba. De igual modo, la Biblia es una carta de amor que Dios nos dirige.

El objetivo principal de la Biblia es enseñarnos a establecer una relación con Dios a través de Jesucristo. Jesús dijo: «Ustedes estudian con diligencia las Escrituras porque piensan que en ellas hallan la vida eterna. ¡Y son ellas las que dan testimonio en mi favor! Sin embargo, ustedes no quieren venir a mí para tener esa vida» (Juan 5,39-40).

Lo explicaré con una analogía: imaginemos, por un momento, que durante muchos años he conducido un Nissan, cuyo servicio me ha dejado muy satisfecho. A la hora de comprar un automóvil nuevo, decido, por tanto, comprar otro Nissan y pedir que me lo traigan a casa. Cuando lo aparcan delante de mi casa, salgo y lo contemplo con admiración. Me meto dentro para ver el interior y encuentro el manual del vehículo en la guantera. Entusiasmado con el descubrimiento, tomo el manual, regreso a casa y me siento a estudiarlo. Saco mi rotulador y empiezo a subrayar las secciones que más me gustan y a aprendérmelas de memoria. Recorto algunos fragmentos y los pego en el espejo del cuarto de baño para leerlos mientras me afeito. Llego, incluso, a apuntarme en un club de entusiastas de los manuales, como yo, donde me animan a estudiar japonés para poder leer el manual en su lengua original. ¡Recordemos que esto es sólo una analogía! Si fuera una historia real, me habría olvidado de lo fundamental: el objetivo del manual era ayudarme a conducir el automóvil. De igual modo, no es bueno estudiar la Biblia si nos olvidamos de lo fundamental: establecer una relación viva con Jesús. Martín Lutero dijo: «La Escritura es el pesebre o la "cuna" en la que está acostado el niño Jesús. No caigamos en el error de analizar la cuna y de olvidarnos de adorar al bebé».

Nuestra relación con Dios es una relación recíproca. Le hablamos en la oración y él nos habla de muchas maneras, pero, sobre todo, por medio de la Biblia. Dios habla a través de lo que ya ha dicho. El autor de la carta a los Hebreos dice, cuando cita el Antiguo Testamento: «Como *dice* el Espíritu Santo» (Hebreos 3,7, cursiva del autor). No es que el Espíritu Santo haya hablado sólo en el pasado, sino que él sigue hablando a través de lo que ya ha dicho en la Biblia. Eso es lo que hace que la Biblia esté viva. En palabras de Martín Lutero —una vez más—: «La Biblia está viva: me habla, tiene pies: me sigue adonde vaya; tiene manos: me sostiene con firmeza».

¿Qué sucede cuando habla Dios?

En primer lugar, concede la fe a los que aún no son cristianos

Pablo declara: «La fe viene como resultado de oír el mensaje, y el mensaje que se oye es la palabra de Cristo» (Romanos 10,17). Suele ocurrir que cuando la gente lee la Biblia empieza a creer en Jesucristo. Ésa fue mi propia experiencia y ha sido la experiencia de muchas otras personas.

El actor David Suchet, conocido por su papel principal en la saga policial británica *Poirot*, relata que hace algunos años estaba tumbado en la bañera de su habitación, en un hotel de Estados Unidos, cuando, de repente, sintió un deseo intenso de leer la Biblia. Consiguió encontrar una Biblia de los Gedeones Internacionales y empezó a leer el Nuevo Testamento. Mientras lo leía, se convirtió y creyó en Jesucristo. Él mismo lo cuenta con las siguientes palabras:

> No sé de dónde me vino el deseo de leer la Biblia de nuevo. Ésa es la parte más importante de mi conversión. Empecé con los Hechos de los Apóstoles y pasé a las cartas de Pablo (Romanos y Corintios). Sólo después de eso, comencé a leer los evangelios. En el Nuevo Testamento descubrí, de repente, cómo se debe vivir la vida.

En segundo lugar, habla a los cristianos

Cuando leemos la Biblia, experimentamos una relación transformadora con Dios a través de Jesucristo. Pablo dice: «Así, todos nosotros, que con el rostro descubierto reflejamos como en un espejo la gloria del Señor, somos transformados a su semejanza con más y más gloria por la acción del Señor, que es el Espíritu» (2 Corintios 3,18). Cuando leemos la Biblia entramos en contacto con Jesucristo. Siempre me ha llamado la atención, como algo extraordinariamente maravilloso, que podamos hablar y oír a la persona sobre la que estamos leyendo en las páginas del Nuevo Testamento —el mismo Jesucristo—. Él nos habla cuando leemos la Biblia (no al oído, por lo general, sino al corazón). Escuchamos el mensaje que tiene para nosotros. A medida que pasamos tiempo con él, nuestra personalidad se va asemejando a la suya.

Pasar tiempo en su presencia y escuchar su voz es fuente de muchas bendiciones. Es algo que nos transmite paz y alegría aunque estemos atravesando una crisis en nuestra vida (Salmos 23,5). Cuando no estamos seguros sobre la dirección que debemos tomar, Dios nos guía a menudo por medio de su palabra (Salmos 119,105). El libro de los Proverbios nos llega a decir que las palabras de Dios son la salud de nuestro cuerpo (Proverbios 4,22).

La Biblia también nos defiende contra los ataques espirituales. Sólo tenemos un ejemplo detallado de cómo se enfrentó Jesús a la tentación. Tuvo que hacer frente a un ataque intenso del demonio al inicio de su ministerio (Mateo 4,1-11). Jesús resistió a cada tentación apoyándose en un versículo de las Escrituras. Me parece fascinante que sus tres respuestas vengan de los capítulos seis, siete y ocho del Deuteronomio. Es posible que Jesús hubiera estado estudiando ese fragmento de la Escritura y que lo tuviera muy fresco en su mente.

La palabra de Dios tiene mucho poder. El autor de la carta a los Hebreos declara: «Ciertamente, la palabra de Dios es viva y poderosa, y más cortante que cualquier espada de dos filos. Penetra hasta lo más profundo del alma y del espíritu, hasta la médula de los huesos, y juzga los pensamientos y las intenciones del corazón» (Hebreos 4,12). Tiene el poder de atravesar todas nuestras defensas y de llegar hasta nuestro corazón. Recuerdo que leyendo Filipenses 2,4: «Cada uno debe velar no sólo por sus propios intereses sino también por los intereses de los demás», sentí como si una flecha me atravesara y me di cuenta de lo egoísta que estaba siendo. La palabra de Dios nos habla de esta y otras muchas maneras.

A medida que Dios nos habla y que nosotros aprendemos a escuchar su voz, nuestra relación con él se profundiza y nuestro amor por él aumenta. Rick Warren ha escrito que leer la Biblia «genera vida, crea fe, produce cambios, [...] sana heridas, modela la personalidad, transforma circunstancias, transmite alegría, supera la adversidad, vence la tentación, infunde esperanza, irradia poder [y] purifica nuestras mentes».[11]

¿Cómo escuchamos hablar a Dios por medio de la Biblia?

El tiempo es nuestra posesión más valiosa. La falta de tiempo tiende a aumentar a medida que vamos creciendo; cada vez estamos más ocupados. Hay un refrán inglés que dice: «El dinero es poder, pero el tiempo es vida». Si queremos dedicar tiempo a la lectura de la Biblia, tenemos que programarlo con anticipación. Si no lo programamos, nunca lo haremos. No te desanimes si sólo consigues llevar a la práctica un 80% de tu programa. ¡Hay ciertas circunstancias que no podemos evitar!

Es aconsejable comenzar con un objetivo realista; no pongas la medida demasiado alta. Es mejor dedicar algunos minutos a la lectura de la Biblia todos los días que emplear una hora y media el primer día para, después, abandonar. Si nunca has leído la Biblia, quizá te convendría dedicar siete minutos cada día a su lectura. Te aseguro que si eres constante, acabarás aumentando ese tiempo progresivamente.

Marcos nos dice que Jesús se levantaba muy de madrugada y que iba a un *lugar solitario* para orar (Marcos 1,35). Es importante que encontremos algún sitio en el que podamos estar a solas. Para mí eso es mucho más fácil a primera hora de la mañana. Tomo una taza de café, la Biblia, mi agenda y una libreta. La libreta la utilizo para escribir oraciones y cosas que creo que Dios me puede estar diciendo. Utilizo la agenda como una guía para orar sobre los acontecimientos que se sucederán a lo largo del día y también para anotar cualquier pensamiento que me distraiga o cualquier plan que se me pueda ocurrir.

Empiezo pidiéndole a Dios que me hable por medio del pasaje que voy a leer. Luego, lo leo. Es una buena idea comenzar el día leyendo unos cuantos versículos del evangelio. Te puede resultar útil utilizar lecturas bíblicas comentadas, que encontrarás en la mayoría de las librerías cristianas, o en algunas páginas web sobre la Biblia.[12]

Mientras leo el pasaje, me hago tres preguntas:

1. ¿Qué dice? Lo leo por lo menos una vez y, si fuera necesario, comparo diferentes traducciones.

2. ¿Qué significa? ¿Qué significó para la persona que lo escribió y para aquéllos que lo leyeron por primera vez? (en este momento es cuando los comentarios bíblicos pueden resultar útiles).

3. ¿Cómo aplico eso a mi vida, a mi familia, a mi trabajo, a mis vecinos y a la sociedad en la que vivo? (Cuando vemos la importancia que eso tiene para nuestras vidas, empezamos a encontrar la lectura de la Biblia algo apasionante y descubrimos que estamos escuchando la voz de Dios).

Por último, debemos poner en práctica lo que Dios nos ha dicho. Jesús dijo: «Por tanto, todo el que me oye estas palabras y las pone en práctica es como un hombre prudente que construyó su casa sobre la roca» (Mateo 7,24). Como D. L. Moody señaló: «La Biblia no se nos dio para aumentar nuestro conocimiento, sino para cambiar vidas».

Te animo a que crees un hábito constante de lectura diaria de la Biblia en la que le pidas a Dios que te hable. Es una experiencia maravillosa cuando lo hace. A veces, leer la Biblia puede ser algo rutinario, pero otras, puede llegar a ser particularmente significativo. Ésa ha sido mi experiencia. Dios me habló muy claramente sobre mi padre después de su muerte, en 1981. Yo me había convertido al cristianismo siete años antes de que él muriera y la reacción inicial de mis padres fue terrible. Poco a poco, con los años, empezaron a notar un cambio en mí. Mi madre acabó siendo una cristiana activa mucho antes de su muerte. Mi padre era un hombre de pocas palabras. Al principio, miraba con recelo mi compromiso con la fe cristiana, pero, progresivamente, su actitud se fue haciendo cada vez más cordial. Desgraciadamente, su muerte fue muy repentina. Lo echaba de menos un montón, pero lo que más me costaba aceptar de su muerte era que no estaba seguro de si había muerto como cristiano o no.

Diez días después de su muerte, en mi lectura cotidiana de la Biblia, le pedí a Dios que me hablara sobre mi padre, puesto que seguía preocupado por él. Estaba leyendo la carta a los Romanos y me encontré con el siguiente versículo: «Todo el que invoque el nombre del Señor será salvo» (Romanos 10,13). Sentí en ese momento que Dios me estaba diciendo que ese versículo hacía referencia a mi padre, porque él había invocado el nombre del Señor y había sido «salvo». Aproximadamente cinco minutos más tarde, mi mujer, Pippa, se me acercó y me dijo: «He estado leyendo un versículo en Hechos 2,21 y creo que se refiere a tu padre. Dice: "Y todo el que invoque el nombre del Señor será salvo"». Fue extraordinario; ese versículo sólo aparece dos veces en el Nuevo Testamento. Dios nos había hablado a los dos con las mismas palabras y al mismo tiempo, pero en partes diferentes de la Biblia.

Tres días después, fuimos a una reunión bíblica a casa de un amigo y el fragmento propuesto para la reflexión era Romanos 10,13, es decir, el mismo versículo que Pippa y yo habíamos leído. De manera que a lo largo de esos tres días, Dios me habló tres veces sobre mi padre con las mismas palabras. Sin embargo, cuando estaba de camino al trabajo todavía seguía pensando en mi padre y preocupándome por él. Cuando salí del metro, miré hacia arriba y vi un letrero enorme que decía: «Todo el que invoque el nombre del Señor será salvo» (Romanos 10,13). Le conté a un amigo todo lo que había sucedido y me dijo: «¿No te parece que el Señor está intentando decirte algo?».

Notas

1. N. del T.: Los Gedeones Internacionales son un movimiento evangélico interconfesional fundado en 1898, cuyo propósito es que la gente crea en Jesucristo a través de la lectura de la Biblia. Para ello, distribuyen biblias gratuitamente en lugares como residencias, hoteles y hostales, donde se aseguran de que haya una copia de la Biblia en cada habitación.
2. Cf. John Micklethwait and Adrian Wooldridge, *God is Back: How the Global Rise of Faith is Changing the World* (Allen Lane, 2009), pp. 177 y 266.
3. Stanley Baldwin, *This Torch of Freedom* (Ayer Publishing, 1971), p. 92.
4. Citado por Alister McGrath en su conferencia conmemorativa para la Fundación Latimer, 2005.
5. Como lectura de profundización sobre este tema, recomendamos Nicky Gumbel, *Temas candentes* (Alpha International, 2016) y *Is God a Delusion?* (Alpha International, 2008).
6. Albert Einstein, *Mis ideas y opiniones* (Bon Ton, 2000).
7. John W. Wenham, *Christ and the Bible* (Tyndale: USA, 1972).
8. *Dei Verbum*, capítulo 3, § 11 (Editrice Vaticana, 1965).
9. John Pollock, *La biografía de Billy Graham: la biografía autorizada* (Vida Publishers, 2005).
10. Obispo Stephen Neill, *The Supremacy of Jesus* (Hodder & Stoughton, 1984).
11. Rick Warren, *The Purpose-Driven Life* (Zondervan, 2002) p. 186. Hay traducción española: *Vida con propósito: ¿para qué estoy aquí en la tierra?* (Vida Publishers, 2004).
12. Como ayuda para empezar a leer la Biblia, te aconsejamos: Nicky Gumbel, *30 Days* (Alpha International, 2012) o cualquier otra lectura bíblica comentada.

CAPÍTULO 7

¿CÓMO NOS GUÍA DIOS?

Todos tenemos que tomar decisiones en la vida. Queramos o no, nos enfrentamos a decisiones de todo tipo —decisiones sobre las relaciones personales, sobre el matrimonio, los hijos, el trabajo, la casa, el dinero, las vacaciones, la administración de nuestro tiempo, posesiones y donaciones, etc—. Algunas de ellas son decisiones de gran envergadura y otras lo son de menos importancia. En muchos casos, es fundamental que tomemos las decisiones acertadas —por ejemplo, al elegir pareja para el matrimonio—. Para tomar estas decisiones, necesitamos la ayuda de Dios.

Algo maravilloso que la fe cristiana nos enseña es que no estamos solos en esta vida. La guía que viene de Dios surge de nuestra relación con él. Él promete guiar a todos los que caminan con él. Dice: «Yo te instruiré, yo te mostraré el camino que debes seguir; yo te daré consejos y velaré por ti» (Salmos 32,8). Jesús prometió dirigir y guiar a sus seguidores: «Llama por su nombre a las ovejas y las saca del redil. [...] las ovejas lo siguen porque reconocen su voz» (Juan 10,3-4). Jesús utiliza el vínculo existente entre las ovejas y su pastor como analogía de la relación que quiere establecer con nosotros. Desea ardientemente que descubramos su voluntad (Colosenses 1,9; Efesios 5,17). Se preocupa por cada uno de nosotros de manera personalizada. Nos ama y quiere hablarnos sobre lo que deberíamos hacer con nuestras vidas —tanto sobre las cosas pequeñas como sobre las cosas grandes—.

Dios tiene un plan para nuestras vidas (Efesios 2,10). A veces, la gente se preocupa por eso y piensa: «No estoy seguro de que quiera el plan de Dios para mi vida. ¿Serán buenos sus planes?». No debemos tener miedo. Dios nos ama y quiere todo lo mejor para nosotros. Pablo nos dice que la voluntad de Dios para nuestras vidas es «buena, agradable y perfecta» (Romanos 12,2). Dios dijo a su pueblo —por boca del profeta Jeremías—: «Porque yo sé muy bien los planes que tengo para ustedes

—afirma el Señor—, planes de bienestar y no de calamidad, a fin de darles un futuro y una esperanza» (Jeremías 29,11). Lo que Dios está diciendo es: «¿No se dan cuenta de que tengo un plan realmente bueno para sus vidas? He preparado algo maravilloso». Éste fue el grito que surgió en el corazón de Dios después de haber visto el caos en el que su pueblo se había sumido cuando éste dejó de seguir sus preceptos. A nuestro alrededor vemos personas cuyas vidas están hechas un lío. Después de unirse a Cristo, la gente me dice a menudo: «Ojalá me hubiera hecho cristiano cinco o diez años antes. Mi vida de ahora es un auténtico desastre».

Si queremos saber cuál es el plan de Dios para nosotros, tenemos que pedirle que nos lo revele. Dios advirtió a su pueblo del peligro de aventurarse en proyectos sin haberle consultado: «El Señor ha dictado esta sentencia: "Ay de los hijos rebeldes que ejecutan planes que no son míos, [...] que bajan a Egipto *sin consultarme*"» (Isaías 30,1-2, cursiva del autor). Naturalmente, Jesús es el ejemplo supremo del cumplimiento de la voluntad de su Padre. El Espíritu le guiaba continuamente (Lucas 4,1) y él sólo hizo lo que veía hacer a su Padre (Juan 5,19).

A veces, cometemos errores porque no consultamos a Dios. Hacemos un plan y pensamos: «Quiero hacer esto, pero no estoy seguro de que Dios quiera que lo haga. Mejor no le pregunto, ¡no vaya a ser que no sea ésa su voluntad!».

Dios nos guía cuando estamos dispuestos a hacer su voluntad y no insistimos en que las cosas se hagan a nuestra manera. El salmista dice: «Él dirige [...] a los humildes» (Salmos 25,9) y «brinda su amistad a quienes le honran» (v. 14). Dios guía a aquéllos cuya actitud es como la de María: «He aquí la esclava del Señor; hágase en mí según tu palabra» (Lucas 1,38)[1]. Desde el momento en que estamos dispuestos a hacer su voluntad, Dios empieza a revelarnos los planes que tiene para nuestras vidas.

Hay un versículo en los Salmos al que recurro con frecuencia: «Encomienda al Señor tu camino; confía en él, y él actuará» (Salmos 37,5). Nuestra parte consiste en encomendar nuestra decisión al Señor y, después, en confiar en él. Una vez hecho esto, sólo nos queda esperar con confianza a que Dios actúe. Si estás orando, por ejemplo, sobre la idoneidad de una relación, puedes orar así: «Si esta relación es mala, te pido que le pongas fin. Si es buena, te pido que nada acabe con ella». Así, tras haber encomendado tu relación al Señor, puedes confiar en él y esperar a que él actúe.

Cuando estábamos acabando nuestros estudios universitarios, un amigo mío llamado Nicky, que se había hecho cristiano casi al mismo tiempo que yo, se hizo muy buen amigo de una chica que no era cristiana. Nicky pensaba que no sería correcto casarse con esa chica a no ser que ella compartiera su fe en Cristo. No la quiso presionar, así que siguió el consejo del salmista y se la encomendó al Señor. Oró con estas palabras: «Señor, si esta relación es mala, te pido que le pongas fin. Si es buena, te pido que se haga cristiana antes del último día del curso». No le dijo a nadie, ni siquiera a ella, la fecha que había elegido y para qué. Puso su confianza en el Señor y esperó a que el Señor actuara. Llegó el último día de curso y esa misma noche fueron juntos a una fiesta. Justo antes de media noche, ella le dijo que quería ir a dar una vuelta, así que se metieron en el automóvil y, como diversión, ella le empezó a dar un montón de indicaciones que se iba inventando: «Gira tres veces a la izquierda; otras tres a la derecha; sigue todo recto durante seis kilómetros y párate ahí». Él siguió el juego y obedeció a sus indicaciones. Acabaron en el cementerio americano, que tiene una cruz enorme, en el centro, rodeada de cientos de cruces pequeñas. Ella se conmovió enormemente al ver la cruz y al darse cuenta de que Dios se había servido de su juego para atraer su atención. Rompió a llorar y, momentos después, puso toda su fe en Cristo. Nicky y su amiga ya llevan muchos años felizmente casados y todavía miran hacia atrás y recuerdan cómo la mano de Dios les guió en aquel momento.

Puesto que estamos dispuestos a hacer lo que Dios quiere que hagamos, ¿de qué forma cabe esperar que Dios nos hable y nos guíe? Dios puede guiarnos de varias maneras. A veces, Dios nos habla por medio de alguna de las maneras que mencionaré a continuación y otras, a través de una combinación de éstas. Si se trata de una decisión importante, puede que nos hable a través de todas ellas.

Los mandamientos de la Biblia

Como hemos visto, la voluntad general de Dios para todas las personas y en todos los lugares y circunstancias está revelada en la Escritura. En la Biblia, Dios nos ha dicho lo que piensa sobre una gran variedad de asuntos. Gracias a la Biblia, sabemos que algunas cosas están mal, de manera que podemos estar completamente seguros de que Dios no nos pedirá que las hagamos. A veces, una persona casada puede decir: «Me he enamorado de otra persona. Nos queremos mucho. Creo que Dios me está pidiendo que deje a mi cónyuge para comenzar una nueva relación». Pero Dios ya ha expresado su voluntad con claridad. Él ha dicho: «No cometas adulterio» (Éxodo 20,14).

Otras veces, la gente se puede sentir inclinada a ahorrar dinero evitando el pago de impuestos. Pero Dios ha dejado bien claro que debemos pagar los impuestos que nos corresponden (Romanos 13,7). En cierta ocasión, llegó a mis manos una carta escrita a la Hacienda Pública por un hombre que acababa de hacerse cristiano. Decía lo siguiente:

> Estimado Señor:
>
> Acabo de hacerme cristiano y no puedo conciliar el sueño. He aquí cien libras que les debo.
>
> P. S. Si sigo sin recobrar el sueño, les enviaré el resto.

Dios también nos llama a que seamos personas íntegras y a que digamos la verdad (Éxodo 20,16). Recuerdo que una vez conocí a un hombre cuyo apodo era Gibbo. Hacía muchos años, Gibbo había trabajado como oficinista en Selfridges, unos grandes almacenes muy famosos de Londres. Su jefe era el dueño, Gordon Selfridge. Un día sonó el teléfono y Gibbo lo atendió. Al otro lado de la línea, pidieron hablar con Gordon Selfridge. Selfridge estaba en esa misma sala, pero cuando Gibbo le informó de la llamada, Selfridge le respondió: «Dígale que he salido». Gibbo le pasó el teléfono y le dijo: «¡Dígaselo usted!». Cuando colgó el teléfono, Selfridge estaba muy enojado. Pero Gibbo se mantuvo firme y le dijo: «Si puedo mentir por usted, también puedo mentirle a usted, cosa que nunca haré». Esa acción transformó la trayectoria profesional de Gibbo en Selfridges. Desde ese momento, cuando sus jefes necesitaban a alguien de confianza, se dirigían a él. Había demostrado su integridad.

Sobre estos aspectos de la vida y sobre otros muchos, Dios ha revelado su voluntad general. No tenemos que pedir su orientación porque ya nos la ha dado. Si no estamos seguros sobre algún tema en particular, podemos pedir a alguien que conozca la Biblia mejor que nosotros, que nos indique en qué parte de la Biblia se trata ese tema. Una vez que hemos descubierto lo que dice la Biblia, no necesitamos buscar más allá de ella.

Aunque la voluntad general de Dios está revelada en la Biblia, no siempre podemos encontrar en ella su voluntad concreta para nuestras vidas. La Biblia no nos dice, por ejemplo, qué profesión deberíamos escoger, cuánto dinero deberíamos donar o con quién deberíamos casarnos.

Como hemos visto en el capítulo sobre la Biblia, Dios sigue hablando hoy a través de las Escrituras. Puede ser que nos hable cuando las leamos. El salmista dice: «Tus estatutos [...] son también mis consejeros» (Salmos 119,24). Esto no quiere decir que descubramos la voluntad de Dios abriendo la Biblia al azar y leyendo lo primero que nos encontremos. Es, más bien, una invitación a crear un hábito de lectura constante de la Biblia; nos sorprenderá lo bien que se ajustan las lecturas del día a las circunstancias particulares que estamos viviendo.

Nos pasará, incluso, que algún versículo parezca querer salirse de la página y saltar hacia nosotros. En esos casos, sentiremos que Dios nos está hablando a través de ese versículo. Ésa fue, de hecho, mi experiencia cuando sentí que Dios me estaba llamando a cambiar de trabajo. La elección a la que me enfrentaba era continuar dedicándome al ejercicio de la abogacía o hacerme clérigo anglicano. Cada vez que leía la Biblia sentía que Dios me hablaba, tomaba nota de lo que el Señor me sugería. En una ocasión, por ejemplo, después de haber orado a Dios para que me guiara, leí el versículo siguiente: «¿Cómo creerán en aquél de quien no han oído? ¿Y cómo oirán si no hay quien les predique?» (Romanos 10,14). Eso tuvo lugar un jueves. Entonces, me fui a pasar el fin de semana a Durham para ver a algunos amigos y para orar sobre la decisión que tenía que tomar. De repente, uno de mis amigos leyó en alto ese versículo. ¡Me quedé boquiabierto! El domingo por la tarde, ya estaba de regreso en mi iglesia, en Londres. Al principio del servicio religioso, el predicador no sólo anunció que iba a predicar sobre ese mismo versículo, sino que además afirmó que el versículo le sugería que Dios estaba llamando a alguien a ordenarse en la Iglesia de Inglaterra. Anoté otras quince ocasiones en las que me pareció que Dios me había hablado sobre mi vocación a través de la Biblia.

La guía del Espíritu

La guía que viene de Dios es muy personal. Cuando nos hacemos cristianos, el Espíritu de Dios desciende sobre nosotros y habita en nuestro interior para así comenzar a comunicarse con nosotros. Necesitamos aprender a oír su voz. Jesús dijo que sus ovejas (sus seguidores) reconocen su voz (Juan 10,4-5). Cuando un amigo nos habla por teléfono, inmediatamente reconocemos su voz. Si no conocemos muy bien a la persona que llama, puede resultarnos más difícil identificarla y necesitaremos más tiempo para conseguirlo. Cuanto más conozcamos a Jesús, más fácil nos resultará reconocer su voz.

S. Pablo declara: «Y ahora [...] voy a Jerusalén obligado por el Espíritu» (Hechos 20,22). El deseo de Pablo era que todos los cristianos se dejaran guiar por el Espíritu (Gálatas 5,18). En otra ocasión, encontramos a Pablo y a sus compañeros intentando pasar por Bitinia, «pero el Espíritu de Jesús no se lo permitió» (Hechos 16,7), así que cambiaron de trayectoria. No sabemos exactamente cómo les habló el Espíritu, pero pudo ser de varias maneras.

He aquí algunos ejemplos sobre las maneras en las que Dios habla por su Espíritu:

1. Dios nos habla a menudo en la oración

En el capítulo 13 de los Hechos de los Apóstoles leemos que «mientras [...] rendían culto al Señor, el Espíritu Santo [les habló]» (v. 2). La oración es un diálogo. Supongamos que voy al doctor y le digo: «Doctor, tengo varios problemas: tengo hongos debajo de las uñas de los pies, me pican los ojos, necesito un jarabe para la gripe, me duele mucho la espalda y tengo tendinitis en el codo». Luego, tras haber expuesto todos mis achaques, miro al reloj y digo: «¡Madre mía, el tiempo pasa volando! Tengo que irme. Muchas gracias por haberme escuchado». Puede ser que el doctor quiera decirme: «Espere un segundo. ¿No quiere oír lo que tengo que decirle?». Si cada vez que oramos no hacemos más que hablar a Dios pero no dejamos tiempo para escuchar, cometemos el mismo error que ese paciente. Ésa es la razón por la que siempre tengo una libreta a mano cuando estoy orando. Me resulta útil apuntar algunas ideas que se me ocurren como: «Quizá debería llamar o escribir a esa persona».

En la Biblia vemos cómo Dios habla a su pueblo. En una ocasión, por ejemplo, mientras los cristianos estaban adorando al Señor y ayunando, el Espíritu Santo dijo: «Apártenme ahora a Bernabé y a Saulo para el trabajo al que los he llamado. Así que después de ayunar, orar e imponerles las manos, los despidieron» (Hechos 13,2-3).

De nuevo, no sabemos exactamente cómo habló el Espíritu Santo. Puede ser que ese pensamiento les hubiera surgido en la mente mientras oraban. Ésa es una forma muy habitual que tiene Dios de comunicarse. Se suele describir como una «intuición» o como una «certeza sobre algo». El Espíritu Santo puede hablar de todas estas maneras.

Obviamente, tales pensamientos y sentimientos se han de poner a prueba (1 Juan 4,1). ¿Hay consonancia entre la intuición y la Biblia? ¿Está al servicio del amor? Si no es así, no puede venir de un Dios que es amor (1 Juan 4,16). ¿Edifica, anima y consuela? (1 Corintios 14,3). Y una vez que hemos tomado la decisión, ¿experimentamos la paz de Dios? (Colosenses 3,15).

2. Dios a veces nos habla suscitándonos un deseo intenso de hacer algo

«Dios es quien produce en ustedes tanto *el querer* como el obrar para que se cumpla su buena voluntad» (Filipenses 2,13, cursiva del autor). Cuando ponemos nuestra voluntad en las manos de Dios, él actúa en nosotros y a menudo cambia nuestros deseos.

Un joven médico británico, llamado Paul Brand, estaba visitando una leprosería cercana a Chennai (antiguamente Madrás), en India. Mientras un hombre llamado Dr. Cochrane le enseñaba el hospital, Paul Brand vio a algunos pacientes que estaban de cuclillas y que se desplazaban renqueantes sobre sus pies vendados; éstos le seguían con sus rostros ocultos y deformes. El Dr. Brand dijo:

> Había manos que se agitaban y se extendían hacia mí en ademán de saludo [...]. Eran muñones retorcidos, nudosos y ulcerados. Algunos estaban rígidos como si fueran garfios. A otros les faltaban dedos. En otros faltaba toda la mano. Al final, sin poder contenerme más, pregunté: «¿Cómo han llegado a este estado? ¿Qué tratamiento tienen?» [...]. [El Dr. Cochrane respondió:] «No lo sé [...], soy dermatólogo —trato la piel de los leprosos—. Pero tú eres traumatólogo y ¡cirujano ortopédico! [...]. Me contó que todavía ningún cirujano ortopédico había estudiado las deformidades de las quince millones de víctimas de la lepra en el mundo.

Siguieron su visita por el hospital y un joven con lepra extendió su mano hacia ellos. Paul Brand le dijo: «Aprieta mi mano tan fuerte como puedas». Él mismo ha descrito ese encuentro con estas palabras:

> Para mi sorpresa, en vez de la débil contracción que me esperaba, sentí un dolor intenso y agudo que se desplazaba, desde la palma de mi mano, por todo el brazo. Fue como si me estuviera prensando la mano entre sus dedos que, como garras de acero, parecían incrustarse en mi carne. No mostraba señales de parálisis —de hecho, grité para que me soltara—. Le miré enojado, pero quede desconcertado por la tierna sonrisa que iluminaba su rostro. No era consciente de que me había hecho daño. Ésa fue la clave: en alguna zona de esa mano gravemente deformada, había músculos sanos y poderosos. Sentí un hormigueo y como si todo el universo estuviera girando a mi alrededor. Supe, entonces, que ése era mi lugar. Ese suceso que tuvo lugar en 1947 cambió mi vida. Era mi momento. Había sentido un llamado del Espíritu de Dios. Había sido creado para ese momento en concreto y sabía que tenía que orientar mi vida en una nueva dirección. Desde entonces, no he tenido la más mínima duda al respecto.[2]

El Dr. Brand fue descubriendo que la lepra eliminaba la capacidad sensorial de las zonas del cuerpo afectadas y que los pacientes acababan lesionándose a sí mismos. Eso se debía a una infección y, por lo tanto, se podía prevenir. Su descubrimiento dio pie a una investigación pionera en el ámbito de la lepra y el Dr. Brand fue reconocido mundialmente como cirujano especializado en la lepra y recibió el galardón CBE y el Premio Lasker de Investigación Médica Básica.

3. A veces Dios nos guía de maneras menos comunes

Hay muchos ejemplos en la Biblia en los que Dios guía a algunas personas de maneras espectaculares. Cuando Samuel era niño, Dios le habló de tal modo que fue capaz de oír su voz con sus propios oídos (1 Samuel 3,4-14). También habló a Abraham (Génesis 18), a José (Mateo 2,19) y a Pedro (Hechos 12,7) a través de ángeles. Tanto en el Antiguo Testamento como en el Nuevo Testamento (ej. Ágabo en Hechos 11,27-28; 21,10-11), Dios habló a través de los profetas. También guió a algunos mediante visiones (a veces llamadas «imágenes» en la actualidad).

Una noche, por ejemplo, Dios habló a Pablo en una visión. Vio a un hombre de Macedonia, puesto de pie, que le rogaba: «Pasa a Macedonia y ayúdanos». No sorprende que Pablo y sus compañeros interpretaran la visión como una señal de que Dios les había llamado a anunciar el evangelio a los macedonios (Hechos 16,10).

También encontramos ejemplos en los que Dios guía a las personas a través de sueños (ej. Mateo 1,20; 2,12-13.19). En una ocasión, oré por un matrimonio formado por dos buenos amigos. El esposo se había hecho cristiano hacía poco tiempo. La esposa, una persona muy inteligente, se oponía enérgicamente al paso que su marido había dado, hasta el punto de mostrar cierta hostilidad hacia nosotros. Una noche, tuve un sueño en el que vi su rostro transformado y sus ojos radiantes de la alegría del Señor. Esto nos alentó a continuar orando por ellos y a mantenernos cercanos. Pocos meses después, la mujer creyó en Cristo. Al mirarla, recuerdo haber visto en ella el mismo rostro que había visto en el sueño unos meses antes.

Éstas son formas de las que Dios se ha servido para guiar a su pueblo en el pasado y de las que se sigue sirviendo en la actualidad.

Sentido común

Cuando nos hacemos cristianos, no se nos pide que dejemos a un lado el sentido común. Los autores del Nuevo Testamento nos animan a menudo a pensar y nunca nos instan a prescindir de la mente (ej. 2 Timoteo 2,7).

Si renunciamos al sentido común, nos podemos ver en situaciones muy absurdas. J. I. Packer, en su libro *Conociendo a Dios*, menciona el ejemplo de una mujer que, después de haber consagrado su día al Señor al despertarse, «preguntaba si debía levantarse o no» y no se movía hasta que «la voz» le indicara que podía vestirse.

> Cada vez que se ponía una prenda, le iba preguntando al Señor si se la tenía que poner o no, a lo que el Señor respondía con frecuencia que se pusiera el zapato derecho y que dejara el otro; a veces se tenía que poner las medias sin zapatos y otras veces los zapatos sin medias. Lo mismo ocurría con todas las demás prendas [...].[3]

Es correcto afirmar que la promesa de la guía divina no se ha hecho para que nos ahorremos el esfuerzo de pensar. De hecho, John Wesley, el padre del metodismo, dijo que Dios le guiaba normalmente a través de razones que surgían en su mente y que le llevaban a actuar de una manera determinada. Esto es importante en todos los ámbitos, tanto en las decisiones cotidianas, como en las decisiones más importantes que puedan estar relacionadas con el matrimonio o con el trabajo. El sentido común es uno de los factores que se han de tener en cuenta a la hora de elegir pareja para el matrimonio. Es de sentido común reflexionar, por lo menos, sobre tres aspectos.

En primer lugar, ¿somos *compatibles espiritualmente*? Pablo advierte de los peligros de casarse con alguien que no es cristiano (2 Corintios 6,14). En la práctica, cuando uno de los cónyuges no es cristiano casi siempre hay mucha tensión en el matrimonio. Esto sucede porque cada persona camina en una dirección diferente. El cristiano se siente dividido entre el deseo de servir a su cónyuge y el deseo de servir al Señor. Sin embargo, la compatibilidad espiritual va más allá del hecho de que los dos cónyuges sean cristianos. Significa que cada parte respete la fe de la otra, en lugar de decir simplemente: «Por lo menos se cumple la condición de que los dos son cristianos».

En segundo lugar, ¿somos *compatibles en lo que respecta a nuestra personalidad*? Obviamente, nuestro cónyuge debe ser un muy buen amigo y alguien con quien tenemos mucho en común. Una de las muchas ventajas de no tener relaciones sexuales antes del matrimonio, es que así es más fácil concentrarse en el área de la compatibilidad personal. A menudo, el aspecto sexual puede dominar las primeras etapas de una relación. Si el cimiento no se ha sentado sobre la amistad, puede ocurrir que la relación se quede sin una base sólida cuando el entusiasmo sexual inicial empiece a disminuir.

En tercer lugar, ¿somos *compatibles físicamente*? Con esto me refiero a que tiene que haber una atracción mutua. No es suficiente ser compatibles espiritualmente y emocionalmente. La gente pone, con frecuencia, la compatibilidad sexual en primer lugar, pero ésta es la última en el orden de prioridades. ¿Es necesario acostarse juntos para ver si hay compatibilidad sexual? No. De ser así, esa concepción nos llevaría a la pregunta siguiente: «¿Cuántos encuentros sexuales son necesarios antes de poder hacer una elección racionalmente fundamentada?».

Asimismo, el sentido común es fundamental a la hora de discernir las orientaciones de Dios en lo que se refiere a nuestros trabajos y

trayectorias profesionales. A veces, la gente dice: «Me he convertido al cristianismo, ¿tengo que cambiar de trabajo?». La respuesta la ofrece Pablo: «[...] cada uno debe vivir conforme a la condición que el Señor le asignó y a la cual Dios lo ha llamado» (1 Corintios 7,17). A no ser que tu trabajo sea completamente incompatible con la fe cristiana, S. Pablo nos aconseja vivir la fe cristiana en el contexto en el que el llamado tuvo lugar.

Como norma general, deberíamos permanecer en nuestro puesto de trabajo (si lo tenemos) hasta que Dios nos llame a hacer otra cosa. Dios no suele llamarnos para *sacarnos* de nuestros contextos, sino para *introducirnos* en otros nuevos. Para discernir qué es lo que Dios quiere de nosotros, debemos preguntarnos antes de nada: «¿Cómo es mi carácter?, ¿cómo es mi personalidad?, ¿en qué soy más diestro?, ¿qué me gusta hacer?, ¿qué dones tengo?». También forma parte del sentido común echar una mirada retrospectiva a nuestra vida para proyectarla diez, quince o veinte años en el futuro y preguntarnos: «¿Hacia dónde me lleva mi trabajo actual?, ¿quiero ir en esa dirección a largo plazo?, ¿o las expectativas que tengo sobre mi futuro son notablemente diferentes? En ese caso, ¿dónde debería situarme para poder llegar allí?».

Consejo de los santos

En el Nuevo Testamento, la palabra «santos» hace referencia a «todos los cristianos», es decir, a la iglesia (ej. Filipenses 1,1). Es estupendo formar parte de una comunidad de cristianos en la que nos podemos ayudar mutuamente para tomar decisiones. Debemos tener la humildad como para reconocer que Dios no sólo me habla a «mí», sino que también habla a los demás y que es algo que ha hecho a lo largo de la historia.

El libro de los Proverbios exhorta continuamente a buscar consejo prudente. El autor afirma que «el sabio atiende al consejo» (Proverbios 12,15). Advierte de que «cuando falta el consejo, fracasan los planes», pero que «cuando abunda el consejo, prosperan» (Proverbios 15,22). Por lo tanto, aconseja: «Afirma tus planes con buenos consejos» (Proverbios 20,18).

Aunque es cierto que buscar consejo es algo muy importante, tenemos que recordar que, en última instancia, nuestras decisiones son entre nosotros y Dios: son nuestra responsabilidad. No podemos cargar con esa responsabilidad a otros o intentar culparlos si las cosas no salen bien. El «consejo de los santos» forma parte de la guía de Dios —pero no es su único componente—. A veces, puede ser acertado seguir adelante con algunas decisiones aunque el consejo de los demás sea contrario.

Si nos enfrentamos a una decisión y necesitamos consejo, ¿a quién debemos consultar? Según el autor del libro de los Proverbios: «El comienzo de la sabiduría es el temor del Señor [...]» (Proverbios 9,10). Probablemente, se refiera al consejo de los que temen o respetan al Señor. Los mejores consejeros son, generalmente, personas a las que respetamos; a menudo se trata de cristianos con un sentimiento profundo de Dios que gozan de sabiduría y experiencia. También puede ser una buena opción pedir consejo a nuestros padres, aunque ya no vivamos con ellos. Probablemente, son los que mejor nos conocen, y al pedirles su consejo, les estamos honrando (Éxodo 20,12).

Siempre ha sido de gran ayuda en mi vida cristiana poder acudir a alguien —algún cristiano maduro a quien yo respete— para pedir consejo sobre temas de todo tipo. En algunas ocasiones he acudido a diversas personas. Estoy muy agradecido a Dios por la sabiduría que han demostrado y por su ayuda en diferentes campos. A menudo, la respuesta de Dios surgía mientras hablábamos de los temas en cuestión.

Cuando se trata de decisiones más importantes, siempre me ha parecido muy útil pedir consejo a varias personas. Cuando me planteé la posibilidad de mi ordenación al ministerio, pedí el consejo de dos hombres de las características que acabo de mencionar, de mis dos mejores amigos, de mi párroco y de los que participaron en el proceso oficial de selección.

No deberíamos escoger a las personas a las que acudimos para pedir consejo porque vayan a estar de acuerdo con nuestros planes. A veces, uno ve a personas que consultan a una infinidad de gente con la esperanza de que, al final, encontrarán a alguien que respalde sus proyectos. El consejo, en ese caso, apenas tiene peso y actúa como una simple justificación: «He pedido consejo a fulanito y está de acuerdo». Deberíamos acudir a personas basándonos en su autoridad espiritual o en la relación que tienen con nosotros, independientemente de las opiniones que pensamos que puedan tener sobre nuestro tema.

Señales circunstanciales

En el fondo, Dios tiene el control de todo lo que acontece. El autor del libro del los Proverbios señala: «El corazón del hombre traza su rumbo, pero sus pasos los dirige el Señor» (Proverbios 16,9). A veces, Dios abre puertas (1 Corintios 16,9) y otras veces las cierra (Hechos 16,7). Ha habido dos ocasiones en mi vida en las que Dios cerró las puertas a algo que deseaba muchísimo y que yo había interpretado como voluntad de Dios. Intenté forzar las puertas para abrirlas. Oré, luché y combatí con todas mis fuerzas, pero las puertas no se abrieron. En ambas ocasiones, me sentí amargamente decepcionado. Pero ahora, años después, entiendo por qué cerró aquellas puertas y, ciertamente, estoy agradecido de que lo hiciera. Sin embargo, creo que nunca sabré, mientras siga en este mundo, por qué Dios ha cerrado algunas otras puertas en mi vida.

A veces, nos abre puertas de una manera extraordinaria. Las circunstancias y el momento señalan claramente la mano de Dios (ej. Génesis 24). Michael Bourdeaux es el fundador y presidente del Instituto Keston, una organización de investigación dedicada a ayudar a los cristianos en lo que en otros tiempos fueron tierras comunistas. Su obra e investigación es muy respetada por gobiernos de todo el mundo. Michael Bourdeaux estudió ruso en Oxford y su profesor de ruso, el Dr. Zernov, le envió una carta que él había recibido porque pensó que le podría interesar. En ella se describía cómo la KGB maltrataba físicamente a los monjes, cómo éstos eran objeto de investigaciones médicas inhumanas y cómo les cargaban en camiones para posteriormente abandonarlos a muchos kilómetros de distancia. La carta estaba escrita en un estilo sencillo, sin adornos, y al leerla, Michael Bourdeaux sintió que estaba oyendo la auténtica voz de la iglesia perseguida. La carta estaba firmada por: «Varavva y Pronina».

En agosto de 1964, Michael Bourdeaux fue de viaje a Moscú y, en su primera tarde en esa ciudad, se encontró con algunos viejos amigos, quienes le explicaron que las persecuciones se estaban endureciendo; en concreto, habían demolido la antigua Iglesia de San Pedro y San Pablo. Le sugirieron que fuera a ver el resultado por sí mismo. Así que tomó un taxi y llegó a su destino al atardecer. Cuando se acercó a la plaza en la que según sus recuerdos había una iglesia hermosísima, lo único que encontró fue una cerca de casi cuatro metros de altura que ocultaba los escombros que se amontonaban en el lugar donde había estado la iglesia. Al otro lado de la plaza, dos mujeres estaban intentando subirse a la cerca para ver lo que había dentro. Él las observó y cuando, finalmente, se fueron de la plaza, las siguió unos cien metros hasta que las alcanzó. ¿«Quién es usted?», le preguntaron. El respondió: «Soy extranjero. He venido a informarme de lo que está ocurriendo en la Unión Soviética».

Lo llevaron a casa de otra mujer, y ésta le preguntó por qué había venido. Dijo que había recibido una carta desde Ucrania, vía París. Cuando le preguntó de quién era, el respondió: «De Varavva y Pronina». El silencio se apoderó de la sala. Michel Bourdeaux pensó por un momento que había cometido algún error. Al silencio le sucedió un torrente de sollozos incontrolados. La mujer dijo mientras señalaba a otras dos: «Ésta es Varavva y ésta es Pronina».

Rusia tiene más de 140 millones de habitantes. Ucrania, desde donde se había escrito la carta, está a 1.300 kilómetros de Moscú. Michael Bourdeaux había volado desde Inglaterra seis meses después de que se escribiera la carta. No se habría encontrado con esas mujeres si cualquiera de ellos hubiera llegado a la iglesia demolida con una hora de diferencia. Ésa fue una de las maneras por las que Dios llamó a Michael Bourdeaux para que comenzara la obra de su vida: el Instituto Keston.[4]

A veces, la guía de Dios se nos ofrece en cuanto la pedimos (ej. Génesis 24), pero, a menudo, tarda mucho más en llegar, a veces meses o incluso años. Podemos tener la sensación de que Dios va a hacer algo en nuestra vida, pero tenemos que esperar mucho tiempo para que eso ocurra. En tales ocasiones necesitamos armarnos de paciencia como lo hizo Abraham, quien «después de esperar con paciencia, [...] recibió lo que se le había prometido» (Hebreos 6,15). Pasó la mayor parte de su vida esperando que Dios cumpliera la promesa que le había hecho cuando era joven, la cual no se cumplió hasta que llegó a la ancianidad. Mientras esperaba, cayó en la tentación, a un cierto punto, de intentar forzar la situación y cumplir la promesa de Dios por sus propios medios —algo que tuvo resultados desastrosos (ver Génesis 16 y 21)—.

Puede ser que oigamos a Dios correctamente, pero que no hayamos comprendido el momento que él ha establecido para cumplir su palabra. Dios habló a José, hijo de Jacob, en un sueño respecto a lo que iba a ocurrir con él y con su familia. Probablemente, él se esperaba un cumplimiento del sueño inmediato, pero tuvo que esperar muchos años para ver cómo se materializaba. De hecho, cuando estaba en prisión debió de ser muy difícil para él creer que sus sueños se cumplirían algún día. Pero, trece años después del sueño original, vio cómo Dios lo hacía realidad. La espera formaba parte de la preparación (ver Génesis 37-50).

En el ámbito del discernimiento y de la guía, todos cometemos errores. A veces, como Abraham, intentamos hacer que la promesa de Dios se cumpla mediante nuestros propios métodos equivocados. Como José, nos confundimos a la hora de identificar el momento en el que la promesa de Dios se cumplirá. Otras veces, cuando llega el momento de unirnos a Cristo, sentimos que nuestra vida está en tal estado que es demasiado tarde para que Dios la cambie. Pero Dios es más grande que todo eso. Oscar Wilde, escritor y dramaturgo, dijo: «Todo santo tiene un pasado y todo pecador tiene un futuro».[5] Dios es capaz de compensar «por los años en que todo lo devoró ese gran ejército de langostas» (Joel 2,25). Es capaz de hacer algo bueno de lo que quede de nuestras vidas —sea mucho o poco tiempo— si le entregamos lo que tenemos y cooperamos con su Espíritu.

Lord Radstock estaba alojado en un hotel en Noruega —a mediados del siglo diecinueve—, cuando oyó a una niña tocar el piano en el vestíbulo del edificio. Hacía un ruido terrible: «¡Tin!... ¡tan!... ¡ton!...». ¡Lo estaba volviendo loco! Entonces, un hombre se acercó a la niña, se sentó a su lado y empezó a tocar con ella llenando los espacios muertos. El resultado fue una melodía hermosísima. Más tarde, Lord Radstock supo que el hombre que había tocado con la niña era su padre, Aleksandr Borodín, el compositor de la ópera *El Príncipe Ígor*.

Pablo escribe que «Dios dispone todas las cosas para el bien de quienes lo aman, los que han sido llamados de acuerdo con su propósito» (Romanos 8,28). Mientras nosotros tocamos las teclas con gran dificultad y muchos titubeos —buscando y esperando su voluntad para nuestras vidas a través de la lectura (mandamientos de la Biblia), de la escucha (guía del Espíritu), de la reflexión (sentido común), del diálogo (consejo de los santos) y de la observación (señales circunstanciales)—, Dios se nos aproxima, se sienta a nuestro lado y «dispone todas las cosas para el bien». Transforma, así, nuestro «¡Tin!... ¡tan!... ¡ton!...» y hace de nuestras vidas algo hermosísimo.

Notas

1. Nueva Biblia de Jerusalén.
2. Philip Yancey and Paul Brand, *In the Likeness of God* (Zondervan, 2004), p. 218.
3. J. I. Packer, *Conociendo a Dios* (Oásis: CLIE, 1985).
4. Michael Bourdeaux, *Risen Indeed* (Darton, Longman & Todd, 1983).
5. Oscar Wilde, *Una mujer sin importancia* (Andrés Bello, 1992), p. 113.

CAPÍTULO 8

¿QUIÉN ES EL ESPÍRITU SANTO?

En mi grupo de amigos de la universidad, ¡cinco nos llamábamos Nicky! Solíamos juntarnos casi todos los días para almorzar. En febrero de 1974, la mayoría de nosotros nos convertimos al cristianismo. Enseguida nos entusiasmamos con aquella fe recién descubierta, pero uno de los Nickys se estaba quedando rezagado. No se le veía ilusionado con su relación con Dios, con la lectura de la Biblia ni con la oración.

Un día alguien oró por él para que quedara lleno del Espíritu Santo, y eso transformó su vida. Se le dibujó una enorme sonrisa en el rostro y se hizo conocido por el resplandor que irradiaba —y que aún hoy irradia—. Desde entonces, allá donde hubiera un estudio bíblico, una oración en grupo o actividades pastorales o sociales, allí estaba Nicky. Le encantaba estar con otros cristianos y se convirtió en la persona con mayor magnetismo del grupo. Atrajo a mucha gente y ayudó a muchos a creer y a llenarse, como él, del Espíritu.

¿Qué causó ese cambio en Nicky? Creo que él nos diría que fue su experiencia del Espíritu Santo la que originó ese cambio. Mucha gente sabe bastante de Dios Padre y de su Hijo, Jesús, pero hay mucha ignorancia sobre el Espíritu Santo. Por eso, dedicaremos tres capítulos de este libro a la tercera persona de la Trinidad.

Es posible que asociemos la palabra «espíritu» a «espectro» o «fantasma», y que nuestra percepción del Espíritu Santo se vea afectada por el miedo.[1] Un verso antiguo, cargado de humor, ilustra bastante bien este peligro:

> Un joven me dijo: «¡Corre!
> ¡El fin del mundo ha empezado!
> Es ese "Espectro" Santo
> quien causa en mí tal espanto
> aunque me fíe del Padre y del Hijo!».

Pero el Espíritu Santo no es un fantasma, sino una persona. Tiene las características propias de una persona: piensa (Hechos 15,28), habla (Hechos 1,16), guía (Romanos 8,14) y puede entristecerse (Efesios 4,30). A veces se le define como el Espíritu de Cristo (Romanos 8,9) o el Espíritu de Jesús (Hechos 16,7). Es la forma en la que Jesús se hace presente en medio de su pueblo.

¿Cómo es él? A veces se le describe, en la versión original griega del Nuevo Testamento, como el *parakletos* (Juan 14,16). Esta palabra no es fácil de traducir. Significa 'aquél que es invocado' —consejero, consolador, defensor—. Jesús aseguró que el Padre nos daría «otro» defensor. La palabra «otro», en este caso, significa «otro del mismo tipo». Es decir, el Espíritu Santo es exactamente como Jesús.

En este capítulo, quiero fijarme en la persona del Espíritu Santo: quién es y qué podemos saber de él si analizamos su actividad a lo largo de la Biblia, desde el capítulo primero del Génesis hasta el día de Pentecostés. Dado que el movimiento Pentecostal comenzó hace aproximadamente cien años, podríamos pensar que el Espíritu Santo es un fenómeno relativamente nuevo, lo cual dista mucho de ser cierto.

Participó en la creación

En los primeros versículos de la Biblia encontramos pruebas de la actividad del Espíritu Santo: «Dios, en el principio, creó los cielos y la tierra. La tierra era un caos total, las tinieblas cubrían el abismo, y el Espíritu de Dios iba y venía sobre la superficie de las aguas» (Génesis 1,1-2). Como un pájaro que revolotea sobre su nido, en actitud de espera, el Espíritu Santo estaba a punto de crear algo nuevo. La Trinidad, en su totalidad, participó en la creación (Juan 1,3).

En el relato de la creación vemos que el Espíritu de Dios creó cosas nuevas y estableció orden en medio del caos. Él es, hoy en día, el mismo Espíritu. A menudo crea cosas nuevas en la vida de la gente y en nuestras iglesias. Pone orden y paz en nuestras vidas caóticas, liberando a la gente de adicciones y de la confusión y el desorden provocado por sus relaciones rotas.

Cuando Dios creó al ser humano, «formó al hombre del polvo de la tierra, y sopló en su nariz aliento de vida, y el hombre se convirtió en un ser viviente» (Génesis 2,7). La palabra hebrea traducida aquí por «aliento» es *ruaj*, que también significa «Espíritu». El *ruaj* de Dios transmite vida física a la humanidad, formada del polvo. Del mismo modo, transmite vida espiritual a la gente y a las iglesias, que, en ocasiones, pueden encontrarse tan secas como el polvo.

Hace algunos años, un pastor me comentó que su vida y su iglesia estaban en esa situación —un poco polvorientas—. Sin embargo, un día, él y su mujer quedaron llenos del Espíritu Santo. Adquirieron un nuevo entusiasmo por la Biblia y sus vidas fueron transformadas. Su iglesia se convirtió en un núcleo de vida. El grupo de jóvenes, iniciado por su hijo, quien también había recibido el Espíritu Santo, experimentó un crecimiento exponencial y se convirtió en uno de los más grandes de la zona.

Muchos tienen hambre de vida y se sienten atraídos por personas e iglesias en las que se ve reflejada la vida del Espíritu de Dios.

Descendió sobre algunas personas en particular, en momentos concretos y para la realización de tareas determinadas

Cuando el Espíritu de Dios desciende sobre una persona, algo ocurre. El Espíritu no sólo provoca un sentimiento de paz interior, sino que desciende con un propósito bien definido. El Antiguo Testamento nos ofrece algunos ejemplos muy claros a este respecto.

Llenó a determinadas personas para el trabajo artístico. El Espíritu de Dios llenó a Bezalel «de sabiduría, inteligencia y capacidad creativa para hacer trabajos artísticos en oro, plata y bronce, para cortar y engastar piedras preciosas, para hacer tallados en madera y para realizar toda clase de artesanías» (Éxodo 31,3-5).

Se puede ser músico, escritor o artista con talento sin estar lleno del Espíritu. Pero cuando el Espíritu de Dios llena a las personas para la ejecución de esas tareas, sus trabajos adquieren, por lo general, una nueva dimensión, y tienen un efecto diferente sobre los demás. La obra resultante pasa a estar dotada de un impacto espiritual mucho mayor. Esto puede ocurrir, incluso, cuando la habilidad natural del músico o del artista no destaca particularmente. A pesar de eso, puede tocar corazones y cambiar vidas. No hay duda de que algo similar ocurrió a través de Bezalel.

También llenó a personas en particular para el ejercicio del liderazgo. En la época de los Jueces, el pueblo de Israel fue invadido a menudo por varios pueblos extranjeros. En una ocasión los invasores fueron los madianitas. Dios llamó a Gedeón para que liderara a Israel. Gedeón era bien consciente de su propia debilidad y preguntó: «¿Cómo voy a salvar a Israel? Mi clan es el más débil de la tribu de Manasés, y yo soy el más insignificante de mi familia» (Jueces 6,15). Sin embargo, cuando el Espíritu de Dios descendió sobre Gedeón (v. 34), éste se convirtió en uno de los grandes líderes del Antiguo Testamento.

En lo que se refiere al liderazgo, Dios se sirve, a menudo, de quienes se sienten débiles, inadecuados e incapaces. Cuando quedan llenos del Espíritu, se convierten en líderes excepcionales de la iglesia.

En enero de 1955, Martin Luther King Jr. fue arrestado por primera vez. Se le acusó de conducir a 50 km/h por una zona de Montgomery (Alabama) —su ciudad de origen—, en la que la velocidad estaba limitada a 40 km/h. Este arresto ridículo fue el clímax de una serie de actividades hostiles dirigidas contra él por un cuerpo policial racista. Las autoridades de Montgomery querían hacer todo lo posible para apagar la llama encendida por el boicot a los autobuses de Montgomery, la primera acción del Movimiento por los Derechos Civiles. El boicot, cuyo objetivo era acabar con la segregación existente en los autobuses de la ciudad, había sido organizado por la Asociación para la Mejora de Montgomery —Montgomery Improvement Association (MIA)—, de la que King (un destacado pastor de Montgomery) era presidente. Tras su arresto, King fue liberado esa misma noche. Regresó a casa exhausto, y, en cuanto llegó, recibió una llamada telefónica. Se trataba de otra amenaza de muerte: «Escucha, negro, ya te hemos aguantado bastante: antes de la semana que viene, te arrepentirás de haber venido a Montgomery».

Incapaz de dormir, King se hizo un café y se sentó a la mesa de la cocina. «Estaba dispuesto a rendirme», confesó. Estaba a punto de renunciar a su presidencia en la MIA, como él mismo reconoció más tarde, porque «sentía que el miedo se apoderaba de mí». Pero estando allí sentado, con la cara entre sus manos, se sintió impelido a orar. «Algo me decía: "Tienes que invocar a ese algo del que tu padre te solía hablar, ese poder capaz de abrir caminos en zonas infranqueables"». King oró: «Señor, estoy aquí abajo intentando hacer lo que está bien. Pero debo confesar que ahora me siento débil: estoy vacilando. Estoy perdiendo el valor». En aquel instante, King oyó la voz de Dios que le exhortaba a continuar luchando. «Me prometió que nunca me abandonaría». King ya era, por entonces, pastor, predicador y doctorando en Teología. Pero fue ahí, en esa cocina y en 1955, donde «experimentó la presencia de lo Divino como nunca antes lo había hecho». Desde aquel momento, según sus propias palabras, «mis incertidumbres desaparecieron» y «estaba preparado para enfrentarme a cualquier cosa».

Lo que King experimentó aquella noche en su cocina fue el Espíritu Santo: «El poder capaz de abrir caminos en zonas infranqueables».[2]

Hay más casos en los que vemos cómo el Espíritu Santo llena a la gente de fuerza y poder. La historia de Sansón es bastante conocida. En una ocasión, los filisteos lo ataron amarrándolo con cuerdas. Entonces, «el Espíritu del Señor vino sobre él con poder, y las sogas que ataban sus brazos se volvieron como fibra de lino quemada, y las ataduras de sus manos se deshicieron» (Jueces 15,14).

Lo que es físicamente cierto en el Antiguo Testamento suele ser espiritualmente cierto en el Nuevo Testamento y en nuestras vidas. No es que estemos físicamente atados con sogas, sino que estamos amarrados por nuestros propios miedos, hábitos o adicciones, que se adueñan de nuestras vidas. Estamos controlados por el mal genio o por patrones de pensamiento caracterizados por la envidia, los celos o la lujuria. Nos damos cuenta de que estamos atados cuando no podemos dejar de hacer algo, incluso aunque queramos. Cuando el Espíritu de Dios vino sobre Sansón, las sogas que ataban sus brazos se volvieron como fibra de lino quemada, y él se vio liberado. El Espíritu de Dios es capaz de liberar hoy a la gente de lo que le ata.

No sólo experimentamos al Espíritu Santo para tener un sentimiento agradable en nuestros corazones, sino para salir de nosotros mismos y cambiar nuestro mundo. Más adelante, en el Antiguo Testamento, observamos que el Espíritu de Dios descendió sobre el profeta Isaías con el fin de capacitarlo para «anunciar la buena nueva a los pobres, [...] sanar los corazones heridos, [...] proclamar liberación a los cautivos y libertad a los prisioneros [...] [y] consolar a todos los que están de duelo» (Isaías 61,1-3).

A veces nos sentimos impotentes cuando tenemos que hacer frente a los problemas del mundo. Muchas veces me sentía así antes de ser cristiano. Sabía que tenía muy poco o nada que ofrecer a aquellos cuyas vidas estaban sumidas en el caos. Aún hoy en día, me siento así a veces. Pero sé que, con la ayuda del Espíritu de Dios, tenemos, ciertamente, algo que ofrecer. El Espíritu de Dios nos capacita para anunciar la buena nueva de Jesucristo; para sanar los corazones heridos; para proclamar la liberación a los cautivos de algunos aspectos de sus vidas que, en el fondo, odian; para liberar a aquellos que son prisioneros de su propia maldad, y para ofrecer el consuelo del Espíritu Santo —que es, a fin de cuentas, el Consolador— a aquellos que están tristes, afligidos o apesadumbrados. Si queremos ofrecer a la gente una ayuda que dure eternamente, no podemos hacerlo sin el Espíritu de Dios.

Prometido por el Padre

Hemos visto ejemplos de la acción del Espíritu de Dios en el Antiguo Testamento. Entonces, su actividad se limitaba a algunas personas en particular, en momentos concretos y para la realización de tareas determinadas. A medida que avanzamos en el Antiguo Testamento, vamos descubriendo que Dios promete que va a hacer algo nuevo. El Nuevo Testamento se refiere a esta realidad como «la promesa del Padre». La expectación iba en aumento: *¿Qué iba a ocurrir?*

En el Antiguo Testamento, Dios hizo una alianza con su pueblo: dijo que sería su Dios y que ellos serían su pueblo. Él les pidió que cumplieran sus leyes, y ellos las reconocieron como buenas. Desgraciadamente, el pueblo se dio cuenta de que era incapaz de cumplir esos mandamientos, y la Antigua Alianza, o Viejo Pacto, fue quebrantada constantemente.

Dios prometió que un día haría una nueva alianza con su pueblo. Esta alianza sería diferente de la primera: «Pondré mi ley en su mente y la escribiré en su corazón» (Jeremías 31,33). En otras palabras, con la Nueva Alianza o Nuevo Pacto, la ley sería interna en vez de externa. Cuando uno va de excursión, empieza su camino cargando con las provisiones a la espalda. Al principio, éstas son pesadas y hacen que el progreso sea lento, pero después de haberlas comido, no sólo desaparece su peso, sino que se experimenta una nueva energía que surge del interior. Dios prometió, a través de Jeremías, que se acercaba una nueva época en la que la ley ya no sería un peso externo, sino que se transformaría en una fuente interna de energía. *Pero, ¿cómo iba a ocurrir todo eso?*

Ezequiel nos da la respuesta. Él era profeta, y Dios habló por medio de él ampliando la promesa anterior: «Les daré un nuevo corazón, y les infundiré un espíritu nuevo; les quitaré ese corazón de piedra que ahora tienen, y les pondré un corazón de carne. Infundiré mi Espíritu en ustedes, y haré que sigan mis preceptos y obedezcan mis leyes» (Ezequiel 36,26-27).

Por medio del profeta Ezequiel, Dios estaba anunciando que eso es lo que ocurriría cuando infundiera en nosotros su Espíritu. Así es como cambiará nuestros corazones y los hará sensibles («corazones de carne»), en vez de duros («corazones de piedra»). Entonces, el Espíritu de Dios nos moverá a cumplir sus leyes y decretos.

Jackie Pullinger pasó más de treinta años trabajando en lo que era la anárquica ciudad amurallada de Kowloon, Hong Kong, entregando su vida al servicio de las prostitutas, de los drogadictos y de los pandilleros. Recuerdo que en un discurso memorable que pronunció, comenzó con las siguientes palabras: «Dios quiere que tengamos corazones sensibles y pies duros. El problema de muchos de nosotros es que tenemos corazones duros y pies sensibles». Los cristianos deberíamos tener pies duros en cuanto a que deberíamos ser fuertes en vez de moralmente débiles o blandengues. Jackie es un ejemplo magnífico de esto en lo que se refiere a su disponibilidad para quedarse sin dormir, comer o descansar, con el fin de servir a los demás. No obstante, también tiene un corazón sensible: un corazón repleto de compasión. La dureza está en sus pies, no en su corazón.

Ya hemos visto lo que implica «la promesa del Padre» y cómo va a ocurrir. Seguidamente, Joel nos explica *para quién va a ocurrir*. Por boca de Joel, Dios dice:

> Derramaré mi Espíritu sobre todo el género humano.
> Los hijos y las hijas de ustedes profetizarán,
> tendrán sueños los ancianos
> y visiones los jóvenes.
> En esos días derramaré mi Espíritu
> aun sobre los siervos y las siervas.
>
> (Joel 2,28-29)

Joel predice que la promesa ya no estará reservada para algunas personas en particular, en momentos concretos y para la realización de tareas determinadas, sino que será para todos. Dios derramará su Espíritu sin tener en cuenta el sexo («hijos e hijas [...], siervos y siervas»); sin tener en cuenta la edad («ancianos [...] y jóvenes»), y sin tener en cuenta la trayectoria personal de cada individuo, su raza, color o rango («aun sobre los siervos y las siervas»). Habrá nuevas formas de oír a Dios («profetizarán, [...] tendrán sueños y [...] visiones»). Joel predijo que el Espíritu se derramaría con gran generosidad sobre todo el pueblo de Dios.

Sin embargo, todas esas promesas permanecieron incumplidas durante, al menos, trescientos años. La gente esperó durante largo tiempo el cumplimiento de «la promesa del Padre», hasta que, con la llegada de Jesús, se dio una revolución en la actividad del Espíritu Santo.

El nacimiento de Jesús fue la señal de salida. Casi todos los que estuvieron relacionados de algún modo con el nacimiento de Jesús se llenaron del Espíritu de Dios. Juan el Bautista, que debía preparar el camino, quedó lleno del Espíritu Santo incluso antes de su nacimiento (Lucas 1,15). A María, la madre de Jesús, se le prometió lo siguiente: «El Espíritu Santo vendrá sobre ti y el poder del Altísimo te cubrirá con su sombra». (Lucas 1,35). Isabel, su prima, también quedó «llena del Espíritu Santo» cuando se dio cuenta de que estaba en la presencia de Jesús, aunque éste todavía estuviera en el vientre de su madre (v. 41). Incluso el padre de Juan el Bautista, Zacarías, quedó «lleno del Espíritu Santo» (v. 67). En casi todos los casos hay un desbordamiento de alabanza o de profecía.

Juan el Bautista lo relaciona con Jesús

Cuando le preguntaron a Juan el Bautista si él era el Cristo, respondió: «Yo los bautizo a ustedes con agua [...]. Pero está por llegar uno más poderoso que yo, a quien ni siquiera merezco desatarle la correa de sus sandalias. Él los bautizará con el Espíritu Santo y con fuego» (Lucas 3,16). El bautismo con agua es muy importante, pero no es suficiente. Jesús es quien bautiza con el Espíritu. En griego, bautizar significa 'sumergir', 'zambullir', 'inundar'. Era la palabra que se utilizaba para describir el hundimiento de un barco después de su naufragio. Eso es lo que debería ocurrir cuando quedamos llenos del Espíritu Santo. Deberíamos quedar completamente inundados del Espíritu de Dios, inmersos y sumergidos en éste.

A veces, esta experiencia es como una esponja seca y dura que cae en el agua. Puede haber durezas en nuestras vidas que nos impidan absorber el Espíritu de Dios. Es posible que se necesite algo de tiempo para que desaparezca la dureza inicial y para que la esponja se llene de agua. Una cosa es que la esponja esté en el agua («bautizada»), y otra que el agua esté en la esponja («llena»). Cuando la esponja se llena de agua, el agua se derrama, literalmente, a través de ésta.

Jesús fue un hombre repleto del Espíritu de Dios. El Espíritu de Dios descendió sobre él en una forma corpórea en el momento de su bautismo (Lucas 3,22). «Jesús, lleno del Espíritu Santo, volvió del Jordán y fue llevado por el Espíritu al desierto» (Lucas 4,1). Regresó después a Galilea «en el poder del Espíritu» (v. 14). En la sinagoga de Nazaret, leyó el pasaje de Isaías 61,1: «El Espíritu del Señor está sobre mí [...]», y dijo: «Hoy se cumple esta Escritura en presencia de ustedes» (v. 21).

Jesús predijo su presencia

En una ocasión, Jesús fue a una fiesta judía llamada la Fiesta de los Tabernáculos.[3] Era una fiesta en la que miles de judíos iban a Jerusalén para recordar el momento en el que Moisés hizo brotar agua de una roca. Daban gracias a Dios por haberles proporcionado agua a lo largo del año anterior y le pedían que hiciera lo mismo al año siguiente. Según lo profetizado por Ezequiel, aguardaban anhelantes el día en el que el agua fluiría del Templo dando lugar a un río cada vez más profundo que transmitiría vida, fertilidad y sanación por donde transcurriera (Ezequiel 47).

Este pasaje era leído todos los años en la Fiesta de los Tabernáculos y representado visualmente. El Sumo Sacerdote descendía hasta la piscina de Siloé donde llenaba un cántaro de agua. Conducía, después, a la gente al Templo, donde derramaba el agua, por un embudo, en la parte occidental del altar y en el suelo, a modo de anticipación del gran río que iba a fluir del Templo. Según la tradición rabínica, Jerusalén era el ombligo del mundo, y el Templo del Monte Sión, el centro del ombligo (su «vientre» o su «parte más interna»).

El último día de la fiesta, Jesús se puso en pie y proclamó: «¡Si alguno tiene sed, que venga a mí y beba! Como dice la Escritura, del corazón [la palabra original es «vientre» o «parte más interna»] de aquél que cree en mí, brotarán ríos de agua viva» (Juan 7,37-38). Lo que Jesús estaba diciendo era que las promesas del profeta Ezequiel y de otros no se cumplirían en un lugar, sino en una persona. Es de la parte más interna de Jesús de donde brotará el río de vida. Del mismo modo, y por analogía, de cada cristiano («aquél que cree en mí») brotarán manantiales de agua viva. De nosotros, asegura Jesús, brotará ese río y transmitirá vida, fertilidad y sanación a los demás, tal y como prometió Dios por boca del profeta Ezequiel.

Juan explica, inmediatamente después, que Jesús estaba hablando del Espíritu Santo «que habrían de recibir más tarde los que creyeran en él» (v. 39), y añade que «hasta ese momento el Espíritu no había sido dado» (v. 39). La promesa del Padre todavía no se había cumplido. Incluso después de la crucifixión y de la resurrección de Jesús, el Espíritu todavía no había sido derramado. Fue después de todo eso cuando Jesús les dijo a sus discípulos: «Ahora voy a enviarles lo que ha prometido mi Padre; pero ustedes quédense en la ciudad hasta que sean revestidos del poder de lo alto» (Lucas 24,49).

Justo antes de que ascendiera a los cielos, Jesús prometió de nuevo: «Cuando venga el Espíritu Santo sobre ustedes, recibirán poder» (Hechos 1,8). Pero los discípulos aún tuvieron que esperar y orar durante diez días más. Entonces, por fin, en el día de Pentecostés, «de repente, vino del cielo un ruido como el de una violenta ráfaga de viento y llenó toda la casa donde estaban reunidos. Se les aparecieron entonces unas lenguas como de fuego que se repartieron y se posaron sobre cada uno de ellos. Todos fueron llenos del Espíritu Santo y comenzaron a hablar en diferentes lenguas, según el Espíritu les concedía expresarse» (Hechos 2,2-4).

Había ocurrido. La promesa del Padre se había cumplido. La gente que observaba lo que estaba pasando quedó estupefacta y perpleja.

Pedro se puso de pie y explicó lo que había sucedido. Haciendo memoria de las promesas de Dios en el Antiguo Testamento, explicó cómo todas sus esperanzas y aspiraciones se estaban cumpliendo en ese mismo instante y en ese preciso lugar. Declaró que Jesús, «habiendo recibido del Padre el Espíritu Santo prometido, ha derramado esto que ustedes ahora ven y oyen» (Hechos 2,33).

Cuando los allí reunidos preguntaron qué debían hacer, Pedro les dijo que se arrepintieran y que se bautizaran en el nombre de Jesús para que así pudieran recibir el perdón. Entonces, les prometió que recibirían el don del Espíritu Santo, puesto que, continuó, «la promesa es para ustedes, para sus hijos y para todos los extranjeros, es decir, para *todos* aquellos a quienes el Señor nuestro Dios quiera llamar» (v. 39, cursiva del autor).

Ahora vivimos después de Pentecostés —el Espíritu ya ha sido derramado—. La promesa del Padre se ha cumplido. Todo cristiano, sin excepción, recibe la promesa del Padre. Esta promesa ya no es sólo para algunas personas en particular, en momentos concretos y para la realización de tareas determinadas. Es para *todos* los cristianos, tú y yo incluidos.

Notas

1. N. del T.: Las traducciones bíblicas antiguas al inglés utilizaban el término *Holy Ghost* ('Fantasma Santo') para referirse a la tercera persona de la Trinidad. En la actualidad, ese término está en desuso y ha sido sustituido por *Holy Spirit* ('Espíritu Santo').
2. Adaptación del relato narrado por Charles Marsh en *The Beloved Community: How Faith Shapes Social Justice from the Civil Rights Movement to Today* (New York: Basic Books, 2005).
3. N. del T.: Existen otras traducciones de esta fiesta al español: Fiesta de las Enramadas, Fiesta de las Tiendas o Fiesta de las Cabañas.

CAPÍTULO 9

¿CÓMO ACTÚA EL ESPÍRITU SANTO?

> Jesús respondió: «Yo te aseguro que quien no nazca de agua y del Espíritu, no puede entrar en el reino de Dios. Lo que nace del cuerpo es cuerpo; lo que nace del Espíritu es espíritu. No te sorprendas de que te haya dicho: "Tienen que nacer de nuevo". El viento sopla por donde quiere, y lo oyes silbar, aunque ignoras de dónde viene y adónde va. Lo mismo pasa con todo el que nace del Espíritu» (Juan 3,5-8).

Hace algunos años, visité una iglesia en Brighton donde una de las profesoras de la escuela dominical[1] me habló sobre el tema que habían tratado la semana anterior. Había estado contando a los niños la escena narrada en Juan 3,5-8, en la que Jesús invita a Nicodemo a nacer de nuevo. En su enseñanza, intentó explicar a los niños la diferencia que hay entre el nacimiento físico y el nacimiento espiritual. Para provocar curiosidad en ellos sobre el tema, les preguntó: «¿Se nace cristiano?». Uno de los niños respondió: «No, señorita. ¡Se nace normal!».

La expresión «nacido de nuevo» se ha convertido en un cliché. Se popularizó en Estados Unidos y se ha usado hasta para hacer anuncios de automóviles. De hecho, Jesús fue la primera persona que utilizó esta expresión para referirse a todo el que «nace del Espíritu» (Juan 3,8).

Los bebés nacen como resultado de la unión sexual entre un hombre y una mujer. En el ámbito espiritual, la unión del Espíritu de Dios y del espíritu de un hombre o de una mujer crea un nuevo ser espiritual. Se produce, así, un nuevo nacimiento de orden espiritual. A esto se refiere Jesús cuando dice: «Tienen que nacer de nuevo».

Lo que Jesús estaba diciendo era que el nacimiento físico no es suficiente. Necesitamos nacer de nuevo por el Espíritu. Eso es lo que ocurre cuando nos hacemos cristianos. Todo cristiano ha nacido de nuevo. Puede que no seamos capaces de identificar el momento exacto en el que eso ocurrió, pero del mismo modo que sabemos que estamos vivos físicamente, también deberíamos saber que estamos vivos espiritualmente.

Cuando nacemos físicamente, lo hacemos en el seno de una familia. Cuando nacemos de nuevo espiritualmente, lo hacemos en el seno de una familia cristiana. Gran parte de la acción del Espíritu puede entenderse en referencia a los vínculos familiares. La acción del Espíritu en nosotros nos garantiza una relación con nuestro Padre y nos ayuda a afianzar esa relación. Hace, además, que nos parezcamos a los otros miembros de la familia. Nos une con nuestros hermanos, concediendo a cada miembro de la familia dones y capacidades diferentes, y permite que la familia aumente.

En este capítulo analizaremos cada uno de los aspectos de la acción del Espíritu en nosotros. Antes de que nos hagamos cristianos, la función del Espíritu consiste, sobre todo, en convencernos de nuestro pecado y en demostrarnos nuestra necesidad de Jesucristo, persuadiéndonos de la verdad y permitiendo que pongamos nuestra fe en él (Juan 16,7-15). Pero nuestra relación con el Espíritu Santo cambia cuando él viene a habitar en nosotros. Cuando me convertí al cristianismo, pensé: «¡Ya está! ¡Lo he conseguido!». Había estado debatiéndome entre muchas objeciones, hasta que, por fin, tomé la decisión de seguir a Cristo. Un amigo me tuvo que explicar que eso era tan sólo el principio.

Hijos e hijas de Dios

Cuando nos unimos a Cristo, somos perdonados por completo. La barrera existente entre nosotros y Dios desaparece. Pablo afirma: «Ya no hay ninguna condenación para los que están unidos a Cristo Jesús» (Romanos 8,1). Jesús cargó con todos nuestros pecados —pasados, presentes y futuros—. Dios toma todos nuestros pecados y los arroja a las profundidades del mar (Miqueas 7,19) y, como la escritora holandesa Corrie Ten Boom solía decir: «Dios coloca un cartel que dice: "Prohibido pescar"».[2]

No sólo hace borrón y cuenta nueva, sino que también nos lleva a una relación de hijos e hijas con Dios. No todos los hombres y mujeres son hijos de Dios en este sentido, aunque todos fuimos creados por Dios. Sólo a aquellos que reciben a Jesús, a aquellos que creen en su nombre, él les da el «derecho de ser hijos de Dios» (Juan 1,12). La filiación divina en el Nuevo Testamento no es un estatus natural, sino espiritual. No nos hacemos hijos e hijas de Dios al nacer físicamente, sino al nacer de nuevo por el Espíritu.

La carta a los Romanos ha sido descrita como el Himalaya del Nuevo Testamento. De ser así, el capítulo ocho sería el monte Everest, y los versículos catorce y quince podrían definirse perfectamente como su cumbre.

> Porque todos los que son guiados por el Espíritu de Dios son hijos de Dios. Y ustedes no recibieron un espíritu que de nuevo los esclavice al miedo, sino el Espíritu que los adopta como hijos y les permite clamar: *«¡Abba! ¡Padre!»*. El Espíritu mismo le asegura a nuestro espíritu que somos hijos de Dios. Y si somos hijos, somos herederos; herederos de Dios y coherederos con Cristo, pues si ahora sufrimos con él, también tendremos parte con él en su gloria (Romanos 8,14-17).

En primer lugar, no hay mayor privilegio que ser hijo de Dios. Según el Derecho Romano —que probablemente es lo que tenía Pablo en mente cuando escribió eso—, no había mayor estatus que el de ser adoptado por una familia romana. Si un adulto quería un heredero, podía escoger a uno de sus propios hijos como tal o adoptar otro hijo. Dios tiene un solo hijo —Jesucristo—, pero tiene muchos hijos adoptivos. Hay un cuento de hadas en el que un monarca adopta niños abandonados y los hace príncipes. En Cristo, el mito se ha hecho realidad. Hemos sido adoptados en la familia de Dios. No puede haber mayor honor que ése.

Billy Bray era un minero de Cornwall que nació en 1794. Era alcohólico y no hacía más que provocar peleas y discusiones en su casa. A los veintinueve años, se hizo cristiano. Fue a casa y le dijo a su mujer: «Con la ayuda del Señor, no me verás borracho nunca más». Y así fue. Sus palabras, su tono de voz y su mirada se caracterizaron, desde entonces, por un extraordinario magnetismo. Fue como si le hubieran cargado de electricidad divina. Multitudes de mineros venían a escucharle predicar. Muchos se convirtieron y hubo algunas sanaciones extraordinarias. Alababa a Dios continuamente y decía que tenía razones de sobra para estar alegre. Se describía a sí mismo como «un joven príncipe». Era el hijo adoptivo de Dios, el Rey de reyes, y, por tanto, era príncipe y poseedor de derechos y privilegios reales. Su expresión favorita era: «Soy el hijo de un Rey».[3]

Una vez conocí a una mujer húngara que se llamaba Ildiko Papp. Un año y medio antes de que nos conociéramos, ella había sido alcohólica e indigente, y había vivido en las calles de una ciudad cercana a Budapest. Fue entonces cuando alguien la invitó a hacer Alpha. Allí entregó su vida a Cristo, experimentó el amor de Jesús y fue liberada del alcoholismo. Cuando le pregunté qué cambio supuso Jesús en su vida, me respondió: «Yo era una mendiga, y él me ha hecho una princesa».

Cuando comprendemos totalmente nuestro estatus de hijos adoptivos de Dios, nos damos cuenta de que no hay estatus en el mundo que se pueda comparar al privilegio de ser hijo del Creador del universo.

En segundo lugar, como hijos, gozamos de la mayor intimidad posible con Dios. Pablo dice que por el Espíritu exclamamos: «¡*Abba*!, ¡Padre!». Esta palabra aramea, «*Abba*» (que ya vimos en el capítulo «¿Por qué y cómo orar?»), no aparece en el Antiguo Testamento. El uso de esta palabra para dirigirse a Dios era algo exclusivo de Jesús. Es imposible traducirla, pero la equivalencia más cercana es, probablemente, 'querido Padre' o 'Papá'. La palabra expresa la autoridad del Padre, así como su cercanía. Jesús nos permite participar en esa relación íntima con Dios cuando recibimos su Espíritu. «Ustedes no recibieron un espíritu que de nuevo los esclavice al miedo, sino el Espíritu que los adopta como hijos» (v. 15). Como dijo el Papa Juan Pablo II, en un discurso dirigido a más de medio millón de jóvenes en Polonia, justo antes de la caída del comunismo, «¿Cómo no quedar asombrados ante las elevadas alturas a las que hemos sido llamados? ¡El hombre —un ser creado y limitado, más aún, pecador— está destinado a ser hijo de Dios!».[4]

El Príncipe Carlos tiene muchos títulos. Es el Heredero Legítimo de la Corona, su Alteza Real, Príncipe de Gales, Duque de Cornualles, Caballero de la Orden de la Jarretera, General en Jefe del Regimiento Real de Gales, Duque de Rothesay, Caballero de la Orden del Cardo, Contraalmirante de la Marina Real Británica, Gran Maestro de la Orden de Bath, Conde de Chester, Conde de Carrick, Barón de Renfrew, Señor de las Islas, y Príncipe y Gran Senescal de Escocia. Hay que dirigirse a él como «Su Alteza Real», pero supongo que para William y Harry, él es, sencillamente, «papá». Al hacernos hijos de Dios, gozamos de una relación de intimidad con nuestro Rey celestial. John Wesley, el fundador del metodismo, hablando sobre su conversión dijo: «Cambié mi fe de siervo por la de hijo».

En tercer lugar, el Espíritu nos concede la experiencia más profunda posible de Dios. «El Espíritu mismo le asegura a nuestro espíritu que somos hijos de Dios» (v. 16). Quiere que sepamos, en lo más profundo de nuestro ser, que somos hijos de Dios. Del mismo modo que yo quiero que mis hijos sepan y experimenten mi amor hacia ellos y mi relación con ellos, Dios quiere que sus hijos tengan la seguridad de ese amor y de esa relación.

Un hombre que tan sólo experimentó esto en el ocaso de su vida fue el obispo sudafricano Bill Burnett, arzobispo durante algunos años de Ciudad del Cabo, a quien oí contar lo siguiente: «Cuando me ordenaron obispo, creía en la teología [la verdad sobre Dios], pero no en Dios. En la práctica, era un ateo. Aspiraba a la justificación haciendo el bien». Un día, después de haber ejercido el ministerio episcopal durante quince años, fue a presidir una confirmación en la que predicó sobre el siguiente fragmento de la carta a los Romanos: «Dios ha derramado su amor [es decir, su amor por nosotros] en nuestro corazón por el Espíritu Santo que nos ha dado» (Romanos 5,5). Después de la ceremonia, regresó a casa, se sirvió algo fuerte de beber y se sentó a leer el periódico. De repente, sintió que el Señor le decía: «Ve y ora». Fue a su capilla, se arrodilló en silencio y oyó de nuevo al Señor, que le decía: «Quiero tu cuerpo». No conseguía entender por qué (era alto y delgado y solía decir: «No soy precisamente Míster Universo»). Sin embargo, se entregó por completo al Señor. «Entonces —dijo—, ocurrió lo que había predicado. Sentí descargas eléctricas de amor». Tendido en el suelo, oyó que el Señor le decía: «Eres mi hijo». Cuando se incorporó, tenía la certeza de que algo importante había sucedido. Esta experiencia supuso un cambio fundamental en su vida y en su ministerio. Desde entones a través de su ministerio, otros muchos han experimentado la filiación divina por el testimonio del Espíritu.

En cuarto lugar, Pablo nos asegura que ser hijo o hija de Dios proporciona la mayor seguridad que se puede tener, puesto que si somos hijos de Dios, también somos «herederos de Dios y coherederos con Cristo» (Romanos 8,17). Según el Derecho Romano, un hijo adoptivo recibía el nombre de su padre y heredaba su patrimonio. Como hijos de Dios, somos sus herederos. La única diferencia es que no recibimos nuestra herencia final con la muerte de nuestro padre, sino con nuestra propia muerte. Por esta razón, Billy Bray se emocionaba al pensar que su Padre celestial le «había reservado la gloria y la felicidad eterna». Disfrutaremos de una eternidad de amor con Jesús.

Pablo añade: «Pues si ahora sufrimos con él, también tendremos parte con él en su gloria» (v. 17). No se trata de una condición impuesta, sino de una constatación. Los cristianos se identifican con Jesucristo, lo que puede implicar cierto rechazo y oposición en el tiempo presente, pero eso no es nada comparado con nuestra herencia de hijos de Dios.

Afianzando la relación

El nacimiento no sólo marca la culminación de un periodo de gestación, sino que es el principio de una nueva vida y de nuevas relaciones. La relación con nuestros padres va creciendo y va profundizándose durante un periodo bastante prolongado. No es algo que ocurra de la noche a la mañana, sino que va sucediendo a medida que pasamos tiempo con ellos.

Nuestra relación con Dios, como ya hemos visto en los primeros capítulos, crece y se hace más profunda a medida que pasamos tiempo con él. El Espíritu Santo nos ayuda a afianzar nuestra relación con Dios. Nos pone en presencia del Padre. «Pues por medio de él [Jesús] tenemos [tanto judíos como gentiles] acceso al Padre por un mismo Espíritu» (Efesios 2,18). Esto es lo que significa, para un cristiano, experimentar a Dios como Trinidad. A través de Jesús, por el Espíritu, tenemos acceso a la presencia del Padre. Jesús, por su muerte en la cruz, eliminó la barrera que había entre nosotros y Dios. Gracias a eso tenemos acceso a la presencia de Dios. A menudo, no somos conscientes de todo esto en nuestra oración. Podemos sentir que hay una barrera, pero, de hecho, no hay barrera alguna.

Cuando estaba en la universidad, vivía en un cuarto de la residencia Hewell's Court situado justo encima de la sucursal del Barclays Bank de la calle principal. Con frecuencia, teníamos invitados a comer en la habitación y, un día, empezamos a discutir sobre si el ruido que hacíamos se podía oír abajo, en el banco. Para averiguarlo, decidimos hacer un experimento. Una chica llamada Kay bajó al banco. Como era mediodía, el banco estaba repleto de clientes. El plan era empezar a hacer ruido y aumentarlo progresivamente. Primero, una persona daría un salto sobre el suelo, luego dos personas, luego tres, cuatro y, finalmente, cinco. Después, saltaríamos desde las sillas y, por último, desde la mesa. Queríamos saber hasta qué punto se nos podía oír en la planta inferior que ocupaba el banco.

Resultó que el techo del banco era más fino de lo que nos habíamos imaginado en un principio. El primer salto se oyó perfectamente. El segundo, hizo mucho ruido. Después del quinto, que retumbó como un trueno, el silencio se apoderó del banco: todos los clientes dejaron de cobrar cheques y se quedaron mirando al techo mientras se preguntaban qué podría estar ocurriendo. Kay, que estaba en el banco, pensó: «¿Qué hago? Si me voy, van a notar algo raro, ¡pero si me quedo va a ser peor!». Se quedó. El ruido fue en aumento. Al final, empezaron a caer del techo fragmentos de poliestireno. En aquel momento, temerosa de que el techo se desplomara, subió corriendo a decirnos que ¡sin lugar a dudas se nos oía desde el banco!

Cuál fue mi sorpresa cuando, muchos años después, recibí una carta de un hombre que me había oído contar esta historia en un vídeo. Me decía que estaba interesado en mi alusión a las habitaciones S1 y S2 de Hewell Court porque él había sido el encargado de mantenimiento de la residencia por aquel entonces. En su carta relataba lo siguiente: «Se me informó sobre el problema de los ruidos percibidos en Barclays Bank y provenientes de las habitaciones S1 y S2, pero, hasta ahora, nunca supe quién lo había provocado. Lo que cayó del techo del banco no fueron fragmentos de poliestireno, sino trozos de yeso del falso techo. No se inquiete, ¡no habrá ningún tipo de represalias!».

La separación era mucho más pequeña de lo que habíamos pensado. Puesto que, por medio de Jesús, la barrera que nos separaba se ha eliminado, Dios nos escucha cada vez que oramos. Por el Espíritu, tenemos acceso inmediato a su presencia. No necesitamos ponernos a saltar como locos para atraer su atención.

El Espíritu no sólo nos pone en la presencia de Dios, sino que también nos ayuda a orar. S. Pablo escribe: «[...] En nuestra debilidad el Espíritu acude a ayudarnos» (Romanos 8,26). A veces, simplemente, no sabemos cómo orar. Pero el mismo Espíritu intercede por nosotros. Lo que importa no es el lugar en el que oramos, la posición en la que oramos o si usamos o no formas establecidas de oración; lo que importa es si estamos orando en el Espíritu o no. Toda oración debe ser guiada por el Espíritu. Sin su ayuda, la oración puede convertirse fácilmente en algo apagado y monótono.

Otro aspecto que nos ayuda a desarrollar nuestra relación con Dios es entender lo que él nos está diciendo. De nuevo, es el Espíritu de Dios quien hace esto posible. Pablo dice: «Pido que el Dios de nuestro Señor Jesucristo, el Padre glorioso, les dé el Espíritu de sabiduría y de revelación, para que lo conozcan mejor. Pido también que les sean iluminados los ojos del corazón [...]» (Efesios 1,17-18). El Espíritu de Dios es un Espíritu de sabiduría y revelación. Abre nuestros ojos para que, por ejemplo, podamos entender lo que Dios dice en la Biblia.

Antes de ser cristiano, había leído y escuchado la Biblia infinitas veces en servicios religiosos de la escuela, en bodas y en funerales, pero nunca la entendí. No significaba nada para mí. La razón por la que la Biblia no tenía ningún sentido para mí era que yo no tenía el Espíritu de Dios para interpretarla. El Espíritu de Dios es el mejor intérprete de lo que Dios ha manifestado.

En el fondo, nunca entenderemos el cristianismo sin que el Espíritu Santo ilumine nuestros ojos. Podemos ver lo suficiente para dar un paso de fe —el cual no es un salto al vacío—, pero la comprensión verdadera es, normalmente, posterior a la fe. Anselmo de Canterbury afirmó: «No pretendo entender para creer, sino que creo para entender».[5] Sólo cuando creemos y recibimos el Espíritu Santo es cuando podemos comprender de veras la revelación de Dios.

El Espíritu de Dios nos ayuda a afianzar nuestra relación con Dios y nos permite mantener esa relación. Con frecuencia, la gente teme no ser capaz de perseverar en la vida cristiana. Dios jamás pretendió que perseveráramos por nuestros propios medios. Por su Espíritu, Dios nos hace perseverantes. Es el Espíritu el que nos pone en relación con Dios y es el Espíritu el que mantiene esa relación. Dependemos totalmente de él.

El parecido familiar

Siempre me ha fascinado observar cómo los niños se pueden parecer físicamente al padre y a la madre a la vez, cuando los padres no se parecen casi nada entre sí. Algunos esposos y esposas, después de años de convivencia, ¡llegan incluso a parecerse!

A medida que pasamos tiempo en la presencia de Dios, el Espíritu de Dios nos transforma. Pablo describe perfectamente esta realidad: «Así, todos nosotros, que con el rostro descubierto reflejamos como en un espejo la gloria del Señor, somos transformados a su semejanza con más y más gloria por la acción del Señor, que es el Espíritu» (2 Corintios 3,18). Esto es, somos transformados a semejanza moral de Jesucristo. El fruto del Espíritu se desarrolla en nuestras vidas. Pablo nos dice que «el fruto del Espíritu es amor, alegría, paz, paciencia, amabilidad, bondad, fidelidad, humildad y dominio propio» (Gálatas 5,22). Éstas son las características que el Espíritu de Dios fomenta en nuestras vidas. No es que alcancemos la perfección inmediatamente, sino que, a lo largo del tiempo, debería notarse algún cambio en nosotros.

El primer fruto del Espíritu y el más importante es el amor. El amor se sitúa en el corazón de la fe cristiana. La Biblia es la historia del amor de Dios por nosotros. Su deseo es que podamos responder amándole a él y amando a nuestro prójimo. La prueba determinante de la acción del Espíritu en nuestras vidas será un aumento de nuestro amor a Dios y a los demás. Sin este amor todo lo demás carece de sentido.

El segundo fruto en la lista de Pablo es la alegría. El periodista Malcolm Muggeridge escribió: «La más característica y elevada de las manifestaciones de la conversión es el éxtasis: una alegría indescriptible que inunda todo nuestro ser, haciendo que nuestros miedos se disuelvan en la nada y que todas nuestras expectativas se dirijan a Cristo».[6] Esta alegría no siempre se refleja en nuestras circunstancias externas. Nace de dentro, del Espíritu. Richard Wurmbrand, que fue encarcelado durante muchos años y torturado con frecuencia por su fe, escribió lo siguiente sobre la alegría: «Solo en mi celda, helado, hambriento y en harapos, bailaba de alegría todas las noches. [...] A veces me inundaba tanta alegría que sentía que iba a estallar si no la expresaba».[7]

El tercer fruto que aparece en la lista es la paz. Separada de Cristo, la paz interior es como un masmelo[8] espiritual, caracterizado por su blandura y dulzura pero sin mucha sustancia real. El equivalente hebreo de la palabra griega a la que nos estamos refiriendo [*eirene* = paz] es *shalom*, que significa 'integridad', 'solidez', 'bienestar', 'pertenencia a la comunidad', 'relación con Dios'. Hay un anhelo en todo corazón humano por una paz de esas características. Como el filósofo pagano del siglo primero, Epicteto, señaló: «Mientras que el Emperador puede darnos paz frente a la guerra por tierra o mar, es, en cambio, incapaz de darnos paz frente a la pasión, la pena y la envidia. Él no puede dar la paz del corazón, la cual el hombre anhela más de lo que nunca anhelará la paz exterior».[9]

Es maravilloso conocer a gente cuya personalidad ha sido transformada a imagen de Jesucristo mediante el desarrollo en sus vidas de estos y otros frutos del Espíritu —paciencia, amabilidad, bondad, etc—. Una mujer de nuestra iglesia, de unos ochenta años, afirmó de un párroco anterior: «Cada vez se parece más a nuestro Señor». No se me ocurre halago mayor que éste. La función del Espíritu de Dios es hacernos cada vez más semejantes a Jesús para que esparzamos por todas partes la fragancia de su conocimiento (2 Corintios 2,14).

Unidad en la familia

Cuando nos encontramos con Cristo y nos hacemos hijos e hijas de Dios, pasamos a pertenecer a una gran familia. El deseo de Dios, como el de cualquier padre ordinario, es que haya unidad en su familia. Jesús oró por la unidad de sus seguidores (Juan 17). Pablo suplicó a los cristianos de Éfeso que se esforzaran «por mantener *la unidad del Espíritu* mediante el vínculo de la paz» (Efesios 4,3, cursiva del autor). El Espíritu quiere que estemos unidos y nos ayuda a crecer en unidad. Lo que se espera de nosotros es que seamos ejemplo de unidad en un mundo afligido y dividido.

El mismo Espíritu Santo vive en cada cristiano dondequiera que éste se encuentre y cualquiera que sea su denominación cristiana, trayectoria personal, color o raza. Ese mismo Espíritu habita en cada hijo de Dios y su deseo es que estemos unidos. Ciertamente, eso es lo que hace que las divisiones en el seno de la iglesia constituyan una tragedia, puesto que «hay *un solo* cuerpo y *un solo* Espíritu, [...] *una sola* esperanza; *un solo* Señor, *una sola* fe, *un solo* bautismo; *un solo* Dios y Padre de *todos*, que está sobre *todos* y por medio de *todos* y en *todos*» (Efesios 4,4-6, cursiva del autor).

El mismo Espíritu mora en los cristianos de Rusia, de China, de África, de América, de Europa y de cualquier lugar; en los católicos, los ortodoxos, los luteranos, los metodistas, los bautistas, los pentecostales, los anglicanos y los miembros de nuevas comunidades eclesiales. En cierto sentido, aunque nuestra pertenencia a una iglesia concreta pueda ser algo muy valioso para nosotros, lo importante —más que nuestra denominación— es si tenemos o no el Espíritu de Dios. El mismo Espíritu mora en el interior de los cristianos de todas las denominaciones. Quienquiera que tenga el Espíritu de Dios en su interior, es cristiano y, por lo tanto, nuestro hermano. Como Raniero Cantalamessa declaró: «lo que nos une es infinitamente mayor que lo que nos separa». Es un privilegio enorme pertenecer a esta inmensa familia. Una de las mayores alegrías de ser cristiano es experimentar esta unidad. Hay una cercanía y profundidad de relaciones en la iglesia cristiana que jamás he encontrado fuera de ésta. Tenemos que esforzarnos al máximo para mantener la unidad del Espíritu a todos los niveles: en nuestros grupos pequeños, en las congregaciones, en las iglesias locales y en la iglesia universal.

Dones para todos los hijos

Aunque dentro de una misma familia suele haber parecido entre sus miembros e, idealmente, unidad, también hay gran diversidad. No hay dos hijos que sean idénticos —ni siquiera los gemelos son exactamente iguales—. Lo mismo ocurre en el cuerpo de Cristo. Cada cristiano es diferente, es portador de un don específico y tiene una contribución personal que ofrecer. En el Nuevo Testamento hay listas de algunos de los dones del Espíritu. En la primera carta a los Corintios, Pablo menciona nueve dones:

> A cada uno se le da una manifestación especial del Espíritu para el bien de los demás. A unos Dios les da, por el Espíritu, palabra de sabiduría; a otros, por el mismo Espíritu, palabra de conocimiento; a otros, fe, por medio del mismo Espíritu; a otros, y por ese mismo Espíritu, dones para

> sanar enfermos; a otros, poderes milagrosos; a otros, profecía; a otros, el discernir espíritus; a otros, el hablar en diversas lenguas; y a otros, el interpretar lenguas. Todo esto lo hace un mismo y único Espíritu, quien reparte a cada uno según él lo determina (1 Corintios 12,7-11).

En otros lugares del Nuevo Testamento se hace referencia a otros dones: aquéllos concedidos a los apóstoles, a los maestros, a los que ayudan a otros, a los que administran (1 Corintios 12,28-30), a los evangelistas y a los pastores (Efesios 4,11); dones para servir, para animar a los demás, para socorrer a los necesitados, para dirigir, para mostrar compasión (Romanos 12,7), para practicar la hospitalidad, y para hablar (Pedro 4,9-11). Sin duda, estas listas no pretendían ser relaciones exhaustivas de los dones del Espíritu.

Todos los dones positivos son de Dios, incluso si algunos, como los milagros, muestran de una manera más obvia las acciones extraordinarias de Dios en su mundo. Los dones espirituales incluyen los talentos naturales que han sido transformados por el Espíritu Santo. Como el teólogo alemán Jürgen Moltmann señaló: «en principio, todas las potencialidades y capacidades humanas pueden convertirse en carismáticas [es decir, en dones del Espíritu] a través de la vocación de una persona, si son utilizadas en Cristo».[10]

Estos dones se conceden a todos los cristianos. La expresión «a cada uno» actúa como hilo conductor a lo largo del capítulo doce de la primera carta a los Corintios. Todo cristiano forma parte del cuerpo de Cristo. Hay muchas partes diferentes, pero un solo cuerpo (v. 12). Todos somos bautizados por (o en) un solo Espíritu (v. 13). A todos se nos da a beber de un mismo Espíritu (v. 13). No hay cristianos de primera y segunda clase. Todos los cristianos reciben el Espíritu. Todos los cristianos tienen dones espirituales.

Hay una necesidad urgente de ejercer los dones. Uno de los mayores problemas de la iglesia en general es que son muy pocos los cristianos que están usando sus dones. Como resultado, se deja todo el trabajo en manos de unos pocos, que acaban exhaustos, mientras que el resto permanece prácticamente inactivo.

La iglesia sólo operará con la máxima eficacia cuando todos y cada uno de los cristianos usen sus dones. El Espíritu de Dios nos concede dones a todos nosotros. Dios no nos pide que tengamos muchos dones, pero sí nos pide que usemos los que tenemos y que aspiremos a más (1 Corintios 12,31; 14,1).

Una familia en crecimiento

Es natural que las familias crezcan. Dios dijo a Adán y a Eva: «Sean fructíferos y multiplíquense». Debería ser algo natural que la familia de Dios creciera. De nuevo, eso es obra del Espíritu. Jesús aseguró: «Cuando venga el Espíritu Santo sobre ustedes, recibirán poder y serán mis testigos tanto en Jerusalén como en toda Judea y Samaria, y hasta los confines de la tierra» (Hechos 1,8).

El Espíritu de Dios nos da el deseo de anunciar a los demás y nos capacita para hacerlo. El dramaturgo Murray Watts cuenta la historia de un hombre joven que estaba convencido de la verdad del cristianismo, pero al que le paralizaba el miedo a tener que admitir que era «cristiano». La idea de compartir con alguien su nueva fe y de que la gente pudiera pensar que le habían lavado el cerebro le horrorizaba. Durante muchas semanas intentó evitar todo pensamiento religioso, pero no lo consiguió. Era como si oyera un susurro en su conciencia que le repetía una y otra vez: «Sígueme». Al final, no pudo aguantar más y fue a pedir consejo a un anciano que había sido cristiano durante casi todo un siglo. Le habló de su pesadilla, de esa carga pesada de «ser testigo de la luz», y de cómo eso le impedía hacerse cristiano. El anciano suspiró, meneó la cabeza y dijo:

—Éste es un asunto entre Cristo y tú. ¿Por qué inmiscuir en él a toda esa gente? —y prosiguió—. Ve a casa. Métete en tu cuarto. Olvídate del mundo. Olvídate de tu familia y haz de ello un secreto entre tú y Dios.

Las palabras del anciano liberaron al hombre de un peso enorme. Éste pregunto:

—¿Quiere decir que no tengo que decírselo a nadie?

—Exacto —respondió el anciano.

—¿A nadie en absoluto?

—No, si no quieres.

—¿Está *seguro*? —preguntó el hombre, que empezaba a temblar de emoción—. ¿Y eso está bien?

—En tu caso, sí —dijo el anciano.

Así que el joven regresó a su casa, se arrodilló en actitud de oración y se convirtió a Cristo. Inmediatamente, bajó corriendo las escaleras y entró en la cocina, donde se encontraban su mujer, su padre y tres amigos. «¿Se dan cuenta —les dijo apenas sin aliento por la emoción— de que es posible ser cristiano sin tener que contárselo a nadie?».[11]

Cuando experimentamos el Espíritu de Dios, queremos contárselo a los demás. A medida que lo hacemos, la familia crece. La familia cristiana nunca debería ser estática. Debería estar creciendo continuamente y atrayendo a gente nueva, que, a su vez, recibiera el poder del Espíritu Santo y saliera a hablar de Jesús a los demás.

He insistido, a lo largo de este capítulo, en que el Espíritu Santo vive en cada cristiano. Pablo advierte: «Y si alguno no tiene el Espíritu de Cristo, no es de Cristo» (Romanos 8,9). Sin embargo, no todos los cristianos están llenos del Espíritu. Pablo escribe a los cristianos de Éfeso con estas palabras: «Llénense del Espíritu» (Efesios 5,18). En el próximo capítulo nos centraremos en cómo podemos llenarnos del Espíritu.

El capítulo anterior comenzaba con los primeros versículos de la Biblia (Génesis 1,1-2). Quiero, ahora, concluir este capítulo con uno de los últimos versículos de las Escrituras (Apocalipsis 22,17). El Espíritu de Dios aparece activo a lo largo de toda la Biblia, desde el Génesis hasta el Apocalipsis.

«El Espíritu y la novia dicen: ¡"Ven!"; y el que escuche diga: "¡Ven!". El que tenga sed, venga; y el que quiera, tome gratuitamente del agua de la vida» (Apocalipsis 22,17).

Dios quiere llenarnos a todos y cada uno de nosotros de su Espíritu. Algunos están deseando ardientemente que esto ocurra. Otros no están tan seguros de quererlo, en cuyo caso, en realidad, no tienen sed. Si no tienes sed de más plenitud en el Espíritu, ¿por qué no orar por tener esa sed? Dios nos acepta tal y como somos. Cuando tenemos sed y le pedimos, Dios nos dará «gratuitamente del agua de la vida».

Notas

1. N. del T.: La escuela dominical, sobre todo en un contexto anglosajón y anglicano, es donde se forma a los niños en la fe.
2. Corrie ten Boom and Jamie Buckingham, *Tramp for the Lord* (CLC, 1974), p. 55.
3. F. W. Bourne, *Billy Bray: The King's Son* (Epworth Press, 1937).
4. Juan Pablo II, *Mensaje a los jóvenes con ocasión de la VI Jornada Mundial de la Juventud. «Habéis recibido un espíritu de hijos»* (Libreria Editrice Vaticana, 1990), § 1, tercer párrafo.
5. J. Hopkins and H. Richardson (eds), *Anselm of Canterbury, Proslogion Vol I* (SCM Press, 1974).
6. Malcom Muggeridge, *Conversión: Un viaje espiritual* (Rialp, 1991), p. 22.
7. Richard Wurmbrand, *Cristo en las prisiones comunistas: In God's underground* (Clie, 1985).
8. N. del T.: Dulce que recibe diferentes nombres: malvavisco, caramelo o bombón de altea, esponjita, nube, jamón o sustancia.
9. Epicteto, *Disertaciones [sobre] Arriano*, III, 13.
10. Jürgen Moltmann, *La Iglesia, fuerza del espíritu: hacia una eclesiología mesiánica* (Sígueme, 1978), p. 350.
11. Murray Watts, *Rolling in the Aisles* (Monarch Publications, 1987).

CAPÍTULO 10

¿CÓMO PUEDO LLENARME DEL ESPÍRITU SANTO?

El conocido evangelista J. John dio una vez una conferencia sobre la predicación. Una de las observaciones que hizo a lo largo de su ponencia fue que los predicadores generalmente exhortan a sus audiencias a hacer algo, pero nunca les dicen *cómo* hacerlo. Siempre que escuchaba predicar «oren más» o «lean la Biblia» o «hablen de Jesús a los demás», J. John quería preguntar, una y otra vez: «Sí, pero ¿cómo?». En este capítulo quiero detenerme en la pregunta «*¿cómo* podemos llenarnos[1] del Espíritu?».

En nuestra casa tenemos un calentador antiguo de gas. El piloto (pequeña flama) siempre está encendido, incluso cuando el calentador no está en funcionamiento. Algunas personas sólo tienen encendido el piloto del Espíritu Santo en sus vidas. Sin embargo, cuando la gente se llena del Espíritu Santo, el calentador empieza a funcionar a todo gas. La diferencia entre ambos casos se puede percibir a simple vista.

El libro de los Hechos de los Apóstoles se ha descrito como el primer volumen de la historia de la iglesia. En él, vemos varios ejemplos de personas que experimentan el Espíritu Santo. Idealmente, todo cristiano debería estar lleno del Espíritu Santo desde el momento de su conversión. A veces ocurre así (tanto en el Nuevo Testamento como ahora), pero no siempre —incluso en el Nuevo Testamento—. Ya hemos analizado la primera ocasión en la que tuvo lugar la efusión del Espíritu Santo, el día de Pentecostés, que se describe en el capítulo segundo de los Hechos de los Apóstoles. A medida que avanzamos en el libro de los Hechos de los Apóstoles, nos encontramos con otros ejemplos.

Cuando Pedro y Juan oraron por los creyentes samaritanos y el Espíritu Santo descendió sobre ellos, Simón el hechicero quedó tan impresionado por lo que había visto que ofreció dinero para poder hacer lo mismo (Hechos 8,14-18). Pedro le advirtió de que intentar comprar con dinero el don de Dios era algo depravado. El relato nos muestra que lo que ocurrió debió de ser algo maravilloso.

En el capítulo siguiente (Hechos 9) vemos una de las conversiones más extraordinarias de todos los tiempos. Cuando Esteban, el primer mártir cristiano, fue apedreado, Saulo aprobó su muerte (Hechos 8,1) y, posteriormente, empezó a destruir la iglesia. «Entrando de casa en casa, arrastraba a hombres y mujeres y los metía en la cárcel» (v. 3). Al principio del capítulo nueve, lo vemos «respirando aún amenazas de muerte contra los discípulos del Señor». Pocos días después, Saulo aparece predicando en las sinagogas que «Jesús es el Hijo de Dios» (v. 20). «Todos los que le oían se quedaban asombrados, y preguntaban: "¿No es éste el que en Jerusalén perseguía a muerte a los que invocan el nombre [de Jesús]?"» (v. 21).

¿Qué le ocurrió en esos pocos días para que cambiara tan radicalmente? En primer lugar, se encontró con Jesús en el camino a Damasco. En segundo lugar, quedó lleno del Espíritu (v. 17). En aquel momento, «cayó de los ojos de Saulo algo como escamas, y recobró la vista» (v. 18). A veces ocurre que personas que no son cristianas, o que incluso se oponen con fuerza al cristianismo, experimentan un vuelco completo en sus vidas cuando se encuentran con Cristo y se llenan del Espíritu. Pueden convertirse, incluso, en defensores enérgicos de la fe cristiana.

En Éfeso, Pablo se encontró con un grupo de discípulos que «creían», pero que ni siquiera habían oído hablar del Espíritu Santo. Les impuso las manos, el Espíritu Santo vino sobre ellos, y empezaron a hablar en lenguas y a profetizar (Hechos 19,1-7). Hoy hay gente que se encuentra en la misma situación. Han podido ser «creyentes» durante algún tiempo o, incluso, durante toda su vida. Puede ser que hayan recibido el bautismo y la confirmación, y que vayan a la iglesia de vez en cuando o con regularidad. Sin embargo, es posible que sepan poco o nada del Espíritu Santo.

Otro pasaje situado al principio del libro de los Hechos de los Apóstoles, y en el que quiero que nos fijemos con más detalle, es el que narra la primera ocasión en la que los gentiles quedaron llenos del Espíritu. Dios hizo algo extraordinario. Todo comenzó con una visión que le fue concedida a un hombre llamado Cornelio. Dios también habló a Pedro mediante una visión y le dijo que quería que fuera a casa de ese hombre, Cornelio, y que hablara a los gentiles. Cuando Pedro estaba todavía en la mitad de su discurso, sucedió algo extraordinario: «El Espíritu Santo descendió sobre todos los que escuchaban el mensaje. Los defensores de la circuncisión [es decir, los judíos] que habían llegado con Pedro se quedaron asombrados de que el don del Espíritu Santo se hubiera derramado también sobre los gentiles, pues los oían hablar en lenguas y alabar a Dios» (Hechos 10,44-46). En el resto del presente capítulo quiero examinar tres aspectos de lo que ocurrió.

Experimentaron el poder del Espíritu Santo

Pedro tuvo que detener su plática porque era obvio que algo estaba ocurriendo. La efusión del Espíritu raramente ocurre de manera imperceptible, aunque la experiencia es diferente para cada persona.

En la descripción del día de Pentecostés (Hechos 2), Lucas usa términos correspondientes a una fuerte tormenta tropical. Es una imagen del poder del Espíritu que inunda a los discípulos. Hubo manifestaciones físicas: oyeron una violenta ráfaga de viento (v. 2), que no era tal, pero que se le parecía. Era el poder inmenso e invisible del *ruaj* de Dios, palabra utilizada en el Antiguo Testamento, como ya hemos visto, para designar el viento, el aliento y el espíritu. A veces, cuando la gente se llena del Espíritu, tiembla como una hoja agitada por el viento. Otros empiezan a respirar profundamente, casi como si estuvieran respirando físicamente en el Espíritu.

También vieron lo que parecían lenguas de fuego que se esparcieron y se posaron sobre cada uno de ellos (v. 3). En la Biblia, el fuego significa algo poderoso que purifica. Naturalmente, también hace que las cosas ardan. El calor físico a veces acompaña la efusión del Espíritu y la gente lo experimenta en las manos o en otras partes del cuerpo. Una persona describió su experiencia afirmando que se había sentido como si estuviera «al rojo vivo». Otra afirmó que sintió «un calor líquido», y otra que sintió sus «brazos arder, aunque no tenía calor». Quizá el fuego simbolice el poder, la pasión y la pureza que el Espíritu de Dios trae a nuestras vidas.

Para muchos, la experiencia del Espíritu puede ser una experiencia arrolladora del amor de Dios. Pablo ora por los cristianos de Éfeso para que «puedan comprender, junto con todos los santos, cuán ancho y largo, alto y profundo es el amor de Cristo» (Efesios 3,18). El amor de Cristo es lo suficientemente amplio para llegar a todas las personas del mundo. Alcanza, atravesando todos los continentes, a personas de toda raza, color, tribu y formación intelectual. Es lo suficientemente largo para durar toda una vida y prolongarse hasta la eternidad. Es lo suficientemente profundo para llegar hasta nosotros, independientemente de lo bajo que hayamos caído. Es lo suficientemente alto para elevarnos a los cielos. Vemos este amor, de manera suprema, en la cruz de Cristo. Sabemos que Cristo nos ama porque estuvo dispuesto a morir por nosotros. Pablo oró para que pudiéramos entender el alcance de ese amor.

Pero no contento con eso, Pablo continúa orando para que «*conozcan* ese amor que *sobrepasa todo conocimiento*» y para que «sean llenos de la plenitud de Dios» (Efesios 3,19, cursiva del autor). No es suficiente comprender su amor: necesitamos experimentar ese amor que «sobrepasa nuestro conocimiento». A menudo, cuando la gente se llena del Espíritu —se llena «de la plenitud de Dios» (v. 19)—, es cuando experimenta en su corazón el amor transformador de Cristo.

Thomas Goodwin, uno de los puritanos[2] de hace trescientos años, ilustró esta experiencia con el siguiente ejemplo: un hombre y su hijo caminan por una senda tomados de la mano. El niño sabe que ese hombre es su padre y que su padre le ama. De repente, el padre se detiene, toma al niño, lo levanta en sus brazos, lo abraza, lo besa y lo aprieta contra su pecho. Luego, lo vuelve a bajar y continúan caminando. Es algo maravilloso caminar con tu padre tomado de la mano, pero es algo incomparablemente mejor sentir cómo sus brazos te rodean.

«Nos ha abrazado» —dice Spurgeon—, derrama su amor sobre nosotros y nos aprieta contra su pecho. Martyn Lloyd-Jones cita estos ejemplos, entre otros muchos, en su libro sobre la carta a los Romanos, y hace el siguiente comentario sobre la experiencia del Espíritu:

> Démonos cuenta, por tanto, del carácter profundo de la experiencia. Esto no es algo ligero, superficial y ordinario; no es algo de lo que puedas decir: «No te preocupes de tus sentimientos». ¿Preocuparte de tus sentimientos? Vas a tener tal profundidad de sentimientos que, por un momento, te podrá parecer que nunca antes habías «sentido» nada en tu vida. Es la experiencia más profunda que el hombre puede tener.[3]

Fueron liberados para alabar

Cuando estos gentiles se llenaron del Espíritu, empezaron a «alabar a Dios». La alabanza espontánea es el lenguaje de la gente que se entusiasma con la experiencia de Dios.

A menudo me preguntan: «¿Es correcto expresar emociones en la iglesia? ¿No se podría caer en el peligro del emocionalismo?». El peligro para la mayoría de nosotros en nuestra relación con Dios no es precisamente el exceso de emoción, sino la falta de ésta. Nuestra relación con Dios a veces se hace demasiado fría. Toda relación de amor incluye nuestras emociones. Por supuesto, tiene que haber algo más que emociones. Tiene que haber amistad, comunicación, comprensión y servicio. Pero si nunca mostrara ningún tipo de emociones hacia mi esposa, faltaría algo en mi amor por ella. Si no experimentamos ninguna emoción en nuestra relación con Dios, quiere decir que nuestra personalidad no está implicada en su totalidad en esa relación.

Dirigiéndose a Dios, S. Agustín escribió: «El hombre, parte de tu creación, quiere alabarte. Tú lo inspiras para que se deleite en alabarte; porque nos hiciste para ti, y nuestro corazón anda desasosegado hasta que descanse en ti».[4] La alabanza es el fin para el que fuimos creados. Como señala el *Catecismo de Westminster*: «El fin principal del hombre es el de glorificar a Dios y gozar de él para siempre». Esta alabanza debería implicar a toda nuestra personalidad, incluidas nuestras emociones. Estamos llamados a amar, alabar y glorificar a Dios con *todo* nuestro ser.

Se podría objetar que, aunque está bien exteriorizar las emociones en privado, no está tan bien hacerlo en público. Hace algunos años hubo una conferencia a la que asistió el entonces arzobispo de Canterbury, George Carey, y que suscitó un debate en la sección de cartas al director del periódico *The Times* sobre el lugar que deben ocupar las emociones en la iglesia. Un hombre escribió:

> ¿Por qué si una comedia de cine es capaz de provocar carcajadas en el público, la película se considera un éxito; si una tragedia de teatro consigue mover al llanto, la producción se considera conmovedora; si un partido de fútbol tiene en ascuas a los espectadores, el juego se considera emocionante; pero si una asamblea se entrega a la glorificación de Dios en la alabanza, se la acusa de emocionalismo?

Ciertamente, el emocionalismo existe y tiene lugar cuando las emociones adquieren prioridad sobre el sólido cimiento de las enseñanzas de la Biblia. Pero, como Cuthbert Bardsley —antiguo obispo de Coventry— dijo en una ocasión, «el peligro principal en la iglesia anglicana no es el emocionalismo delirante». Nuestra alabanza es la expresión de nuestro amor a Dios, y ésta debería implicar a todo nuestro ser: mente, corazón, voluntad y emociones.

Recibieron una nueva lengua

Como ocurrió en Pentecostés y con los cristianos de Éfeso (Hechos 19), cuando los gentiles quedaron llenos del Espíritu Santo recibieron el don de lenguas. La palabra «lenguas» significa la capacidad de hablar en una lengua que no se ha aprendido. Puede ser una lengua angelical (1 Corintios 13,1), que supuestamente es irreconocible, o una lengua humana reconocible (como ocurrió en Pentecostés). Una joven de nuestra iglesia, llamada Penny, estaba orando con otra chica. Se quedó sin palabras en inglés y empezó a orar en lenguas. La chica sonrió, abrió los ojos, empezó a reírse y le dijo: «Acabas de hablarme en ruso». Esta chica, aunque era inglesa, hablaba ruso con soltura y tenía mucho interés en esa lengua. Penny preguntó: «¿Y qué he dicho?». Su amiga respondió que había estado repitiendo «mi querida hija» una y otra vez. Penny no habla ni una palabra de ruso. Esas tres palabras significaron muchísimo para ella: fueron la confirmación de que era importante para Dios.

El don de lenguas ha supuesto una bendición enorme para mucha gente. Como ya hemos visto, se trata de uno de los dones del Espíritu. No es el único don, ni siquiera el más importante. No todos los cristianos hablan en lenguas, ni son éstas el único signo que indica que una persona está llena del Espíritu. Es posible estar lleno del Espíritu y no hablar en lenguas. Sin embargo, para muchos, tanto en el Nuevo Testamento como en la vida cristiana en general, el don de lenguas acompaña a la experiencia del Espíritu Santo y puede ser el primer acercamiento a una actividad del Espíritu más expresamente sobrenatural. Hoy en día son muchos los desconcertados por este don. Por eso he dedicado bastante espacio del presente capítulo a este tema. En 1 Corintios 14, Pablo se ocupa de las preguntas más frecuentes relacionadas con este aspecto.

¿Qué es exactamente hablar en lenguas?

Es una forma de oración —una de las muchas formas de oración que aparecen en el Nuevo Testamento—. Según Pablo, «el que habla en lenguas no habla a los demás sino *a Dios*» (1 Corintios 14,2, cursiva del autor). Es una forma de oración que edifica al cristiano como individuo (v. 4). Los dones que edifican a la iglesia son, obviamente, más importantes todavía, pero eso no le resta importancia al don de lenguas. La ventaja de hablar en lenguas es que es una forma de oración que trasciende las limitaciones del lenguaje humano. Eso es lo que Pablo parece querer decir al afirmar: «Porque si yo oro en lenguas, mi espíritu ora, pero mi entendimiento no se beneficia en nada» (1 Corintios 14,14).

Todos, en mayor o menor medida, estamos limitados por el lenguaje. Parece ser que el hablante nativo medio de inglés tiene un vocabulario que comprende entre 10.000 y 20.000 palabras. Winston Churchill, un caso excepcional, contaba con un vocabulario de unas 50.000 palabras, pero también él estaba limitado en ese aspecto. A menudo, experimentamos frustración por no poder expresar lo que en realidad sentimos, incluso en las relaciones humanas. Tenemos sentimientos que no sabemos bien cómo verbalizar. Esto también ocurre con bastante frecuencia en nuestra relación con Dios.

Aquí es donde el don de lenguas puede resultar enormemente útil. Nos permite expresar a Dios lo que en realidad estamos sintiendo en nuestro espíritu sin tener que pasar por el proceso de traducirlo a nuestro idioma (por eso Pablo dice: «Mi entendimiento no se beneficia en nada»). No es un don que prescinda del entendimiento, puesto que el hablante sigue teniendo el control y puede empezar y parar cuando quiera. Aun así, el entendimiento «no se beneficia» porque no tiene que hacer el proceso de traducción a otra lengua inteligible.

¿En qué ámbitos nos ayuda?

Hay tres ámbitos en los que muchas personas se han visto especialmente beneficiadas por este don.

El primero es el ámbito de la *alabanza y adoración*. Somos muy limitados en lo que respecta a nuestro lenguaje. Cuando los niños (o incluso los adultos) escriben cartas de agradecimiento, enseguida el lenguaje se les queda corto y se dan cuenta de que palabras como «precioso», «maravilloso» o «genial» se repiten una y otra vez. Es posible que en nuestra alabanza y adoración a Dios descubramos que el lenguaje nos limita.

El deseo de expresar nuestro amor, alabanza y adoración a Dios surge, sobre todo, cuando estamos llenos del Espíritu. El don de lenguas nos permite hacerlo sin las limitaciones del lenguaje humano.

El segundo ámbito es la *oración en situaciones de crisis*. Hay momentos en nuestras vidas en los que no sabemos muy bien cómo orar. Puede ser que nos encontremos oprimidos por el estrés, la ansiedad o el dolor. Recuerdo que una vez oré por un viudo de veintiséis años cuya mujer había muerto de cáncer cuando sólo llevaban un año de casados. Pidió el don de lenguas y enseguida lo recibió mientras orábamos. Todo el dolor, toda la tristeza y toda la emoción que había reprimido hasta entonces empezaron a fluir con su oración. Después, me habló del gran alivio que había sentido al poder descargarse de esas emociones.

Yo también he experimentado algo parecido en mi propia piel. En 1987, durante una reunión de empleados en nuestra iglesia, recibí un mensaje en el que se me comunicaba que mi madre había sufrido un ataque al corazón y que estaba ingresada en el hospital. Salí corriendo a la calle y tomé un taxi para ir al hospital. Nunca he agradecido tanto el don de lenguas como en aquel momento. Quería orar a toda costa, pero estaba demasiado conmocionado como para construir oraciones en inglés. El don de lenguas me permitió orar durante todo el trayecto hasta el hospital y ofrecer la situación a Dios en un momento de crisis como ése.

Por último, mucha gente ha descubierto en este don una ayuda para *orar por los demás*. No es fácil orar por los demás, sobre todo si no los hemos visto o no hemos sabido de ellos durante largo tiempo. Al cabo de un rato en oración, un «bendícelos, Señor» sea, probablemente, nuestra plegaria más elaborada. Puede ser muy útil empezar a orar en lenguas por ellos. Es bastante común que, al hacerlo, Dios nos inspire las palabras adecuadas para orar por ellos en nuestro propio idioma.

Querer orar en lenguas no es una actitud egoísta. Aunque «el que habla en lenguas se edifica a sí mismo» (1 Corintios 14,4), los efectos indirectos de este don pueden ser enormes. Jackie Pullinger describió así la transformación de su ministerio cuando empezó a usar el don de lenguas:

> Oraba quince minutos de reloj cada día en el lenguaje del Espíritu. Aun así, seguía sin sentir nada cuando le pedía al Espíritu que me ayudara a interceder por aquéllos a los que él quería llegar. Después de unas seis semanas en esta actitud, empecé a guiar a la gente hacia Jesús sin ni siquiera intentarlo. Los pandilleros caían de rodillas en la calle sollozando, las mujeres eran sanadas, y los drogadictos, liberados milagrosamente de su adicción. Yo sabía que todo eso no tenía nada que ver conmigo.

El don de lenguas también supuso el acceso a otros dones del Espíritu:

> Empecé a conocer los otros dones del Espíritu con mis amigos y experimentamos unos años de ministerio extraordinarios. Decenas de pandilleros y personas acomodadas, estudiantes y cristianos practicantes, se convirtieron y recibieron nuevas lenguas para orar en privado, así como otros dones para poner al servicio de la comunidad. Abrimos varios hogares para acoger a los drogadictos, los cuales se desengancharon de la heroína sin dolor alguno gracias al poder del Espíritu Santo.[5]

¿Aprueba el apóstol Pablo el uso del don de lenguas?

El capítulo catorce de la primera carta a los Corintios está enmarcado en un contexto en el que se hacía un uso excesivo del don de lenguas en público. Pablo dice: «*En la iglesia* prefiero emplear cinco palabras comprensibles y que me sirvan para instruir a los demás, que diez mil palabras en lenguas» (v. 19, cursiva del autor). No tendría mucho sentido que Pablo llegara a Corinto y se pusiera a predicar en lenguas. Su audiencia no sería capaz de entenderle a no ser que hubiera alguien que interpretara sus palabras. Pablo establece, así, una serie de directrices sobre el uso de las lenguas en público (v. 27).

No obstante, Pablo deja claro que no se debe prohibir hablar en lenguas (v. 39). En lo que se refiere al uso privado de este don (a solas con Dios), él lo recomienda vivamente. Dice: «Yo quisiera que todos ustedes hablaran en lenguas» (v. 5), y: «Doy gracias a Dios porque hablo en lenguas más que todos ustedes» (v. 18). Eso no quiere decir que todos los cristianos tengan que hablar en lenguas o que si no hablamos en lenguas somos cristianos de segunda clase, pues no hay cristianos de primera o segunda clase. Tampoco significa que Dios nos ame menos si todavía no hablamos en lenguas. Pero, ciertamente, el don de lenguas es una bendición de Dios.

¿Cómo se recibe el don de lenguas?

Algunos dicen: «Yo no quiero el don de lenguas». Dios nunca te va a obligar a recibir un don. El don de lenguas es simplemente uno de entre todos los dones del Espíritu y no es, en absoluto, el único —como ya hemos señalado en el capítulo anterior—. Al igual que todos los dones, el don de lenguas tiene que recibirse por fe.

No todos los cristianos hablan en lenguas, pero no hay ninguna razón por la que quienquiera que desee este don no pueda recibirlo. Pablo no está diciendo que hablar en lenguas sea lo más importante en la vida cristiana; lo que está diciendo es que es un don muy útil. Si tú quieres recibirlo, no hay razón para que no puedas hacerlo.

Como ocurre con todos los dones de Dios, tenemos que cooperar con su Espíritu. Dios no nos impone sus dones. Cuando me hice cristiano, leí en algún sitio que los dones del Espíritu se extinguieron al final de la era apostólica, es decir, en el siglo primero. No eran para hoy. Cuando oí hablar del don de lenguas, decidí comprobar por mí mismo si, realmente, los dones no eran para hoy. Así que oré por ese don, ¡pero mantuve la boca cerrada con fuerza! Obviamente, no oré en lenguas y concluí que, ciertamente, los dones se habían extinguido con los apóstoles.

Un día, dos de mis amigos, que acababan de llenarse del Espíritu y de recibir el don de lenguas, me hicieron una visita. Les dije con todo convencimiento que los dones del Espíritu se habían extinguido al final de la era apostólica. Sin embargo, también pude constatar el cambio que la recepción del don de lenguas había supuesto para mis amigos. Había un nuevo resplandor en sus rostros —resplandor que todavía hoy, años después, se mantiene—. Decidí, entonces, pedir a la gente que había orado por ellos que orara también por mí, para que quedara lleno del Espíritu y recibiera el don de lenguas. Al hacerlo, experimenté el poder del Espíritu Santo. Me explicaron que si quería recibir el don de lenguas, tenía que cooperar con el Espíritu de Dios, abrir mi boca y empezar a hablar a Dios en una lengua que no fuera ni mi lengua materna, ni cualquier otra que yo conociera. Cuando lo hice, las palabras empezaron a fluir y recibí, entonces, el don de lenguas.

¿Cuáles son los obstáculos más comunes que impiden que nos llenemos del Espíritu?

En Lucas 11,9-13, Jesús aparece hablando a sus discípulos sobre la oración y el Espíritu Santo. En ese pasaje también se ocupa de algunas de las dificultades principales que podemos tener a la hora de recibir dones o gracias de Dios.

La duda

La gente suele tener muchas dudas relacionadas con este tema. La duda principal es: «¿Si pido, recibiré?». Jesús simplemente afirma: «Yo les digo: pidan, y se les dará» (Lucas 11,9). Jesús debió notar que sus discípulos eran un tanto escépticos, porque repite lo mismo con otras palabras: «Busquen, y encontrarán».

Vuelve a repetir, por tercera vez: «Llamen, y se les abrirá la puerta».

Conoce la naturaleza humana, así que asegura por cuarta vez: «Porque todo el que pide, recibe».

Como todavía no parecen estar convencidos, dice una quinta vez: «El que busca, encuentra».

Y de nuevo, por sexta vez: «Al que llama, se le abre».

¿A qué se debe esta insistencia? A que nos conoce a la perfección y sabe que nos resulta muy difícil creer que Dios nos puede dar algo —por no hablar de algo tan extraordinario y maravilloso como su Espíritu Santo y los dones que lo acompañan—.

El miedo

Aunque hayamos superado el primer obstáculo —el de la duda—, algunos de nosotros tropezamos en el segundo: el del miedo. Éste es un miedo a lo que vamos a recibir. «¿Será algo bueno?».

Jesús se sirve de la analogía del padre humano: «¿Quién de ustedes que sea padre, si su hijo le pide un pescado, le dará en cambio una serpiente?

¿O si le pide un huevo, le dará un escorpión?» (Lucas 11,11-12). Tratar así a nuestros hijos es algo totalmente impensable. Jesús va más allá y dice que comparados con Dios, ¡somos malos! Si nosotros nunca trataríamos así a nuestros hijos, es inconcebible que Dios lo haga. No nos va a defraudar. Si le pedimos el Espíritu Santo y todos los dones maravillosos que éste concede, eso es exactamente lo que recibiremos (Lucas 11,13).

La indignidad

Ciertamente, es importante que no haya rencor u otros pecados en nuestras vidas y que hayamos dado la espalda a todo lo que sabemos que está mal. A pesar de todo, incluso después de haberlo hecho, a menudo experimentamos un sentimiento vago de indignidad e ineptitud. Nos cuesta creer que Dios nos pueda conceder algo. Quizá creemos que él concede dones a los cristianos que están muy «adelantados», pero no a nosotros. Sin embargo, Jesús no dice: «¡Cuánto más el Padre celestial dará el Espíritu Santo a los cristianos que estén muy "adelantados"!», sino que dice: «¡Cuánto más el Padre celestial dará el Espíritu Santo *a quienes se lo pidan*!» (Lucas 11,13, cursiva del autor).

Si quieres llenarte del Espíritu, te recomiendo encontrar a alguien que ore por ti. Si no conoces a nadie que pueda orar por ti, no hay nada que te impida orar tú solo. Algunos reciben el Espíritu sin recibir el don de lenguas. Ambos acontecimientos no van forzosamente unidos. No obstante, en el Nuevo Testamento y en la experiencia de la mayoría, sí que aparecen unidos. No hay razón por la que no podamos orar para recibir ambos.

Si estás orando a solas, puedes hacer lo siguiente:

1. Pídele a Dios que te perdone por todo lo que pueda impedir la recepción de sus dones.
2. Renuncia a los aspectos de tu vida que sabes que están mal.
3. Pídele a Dios que te llene con su Espíritu. Continúa buscando hasta que encuentres. Continúa llamando hasta que se te abra. Busca a Dios con todo tu corazón.
4. Si quieres recibir el don de lenguas, pídelo. Luego, abre la boca y empieza a alabar a Dios en cualquier lengua, excepto en tu lengua materna o en otra que conozcas.
5. Cree que lo que has recibido es de Dios. No permitas que nadie te diga que te lo estás inventando (es muy poco probable que lo hagas).

6. Persevera. El don de lenguas es algo que lleva tiempo. La mayoría empezamos con un vocabulario muy limitado que se va desarrollando progresivamente. El don de lenguas es así: necesita tiempo para cultivarse. Así que no te rindas.
7. Si has orado para recibir cualquier otro don, busca oportunidades para ejercitarlo. Recuerda que todos los dones se desarrollan siendo usados.

Llenarse del Espíritu no es una experiencia que ocurra una sola vez en la vida. El apóstol Pedro, por ejemplo, quedó lleno del Espíritu tres veces entre los capítulos segundo y cuarto del libro de los Hechos de los Apóstoles (Hechos 2,4; 4,8.31). Cuando Pablo dice: «Llénense del Espíritu» (Efesios 5,18), usa el presente continuo con el fin de exhortar a los cristianos de Éfeso, y a nosotros, a que nos llenemos continuamente del Espíritu.

Notas

1. Ha habido mucho debate, en los últimos años, sobre los términos en los que debería describirse la experiencia del Espíritu: «bautismo en el Espíritu», «llenarse del Espíritu», «efusión», «atribución de poder» y algunos otros términos. Lo que está claro es que necesitamos la experiencia del poder del Espíritu Santo en nuestras vidas. Personalmente, creo que «llenarse del Espíritu Santo» es el término más fiel al Nuevo Testamento y por eso he usado esta expresión en el presente capítulo. N. del T.: En la presente traducción también se ha usado el término «efusión» por tratarse de una palabra que se utiliza frecuentemente en español para referirse al descenso del Espíritu Santo y a la comunicación de sus dones.
2. N. del T.: El puritanismo fue un movimiento religioso que surgió en algunos sectores importantes de la Iglesia de Inglaterra durante el siglo XVI y que abogaba por una mayor pureza de culto y de doctrina.
3. Martyn Lloyd-Jones, *Romans*, Vol. VIII (Banner of Truth, 1974).
4. San Agustín, *Confesiones*, libro primero, capítulo primero, invocación.
5. John Wimber and Kevin Springer (eds), *Riding the Third Wave* (Marshall Pickering, 1987).

CAPÍTULO 11

¿CÓMO PUEDO RESISTIR AL MAL?

Hay una relación muy estrecha entre el bien y Dios, y entre el mal y el diablo.[1] Tras el poder del bien subyace la Bondad misma. Directa o indirectamente, tras nuestros malos deseos y tras las tentaciones del mundo subyace la personificación del mal —el diablo—.

Dado que hay tanto mal en el mundo, para algunos resulta más fácil creer en el diablo que en Dios. «En lo que se refiere a Dios, no soy creyente [...], pero en cuanto al diablo, la cosa cambia [...]. El diablo se está anunciando continuamente [...], hace muchísima propaganda», declaró William Peter Blatty, el escritor y productor de *El Exorcista*.[2]

Por otro lado, para muchos en el mundo occidental resulta más difícil creer en el diablo que en Dios. Eso es debido, en parte, a una falsa imagen del diablo. Si la imagen de Dios como un anciano de blancas barbas sentado en una nube es absurda y fantasiosa, también lo es la imagen del diablo con cuernos, pezuñas hendidas y cola bifurcada.

Una vez que hemos llegado a creer en un Dios trascendente, es lógico, en cierto modo, aceptar la existencia del diablo.

> La creencia en un gran poder trascendente del mal no añade nada en absoluto a las dificultades impuestas por la creencia en un poder trascendente del bien. De hecho las atenúa ligeramente. Porque si Satanás no existiera, sería difícil resistirse a la conclusión de que Dios es un desalmado, tanto por lo que hace en la naturaleza, como por lo que permite en la debilidad humana.[3]

Según la visión bíblica del mundo, tras el mal en el mundo está el diablo. *Diábolos*, en griego, significa 'diablo', y es la traducción que se utilizó para la palabra hebrea *satán*. No se nos dice mucho en la Biblia sobre los orígenes de Satanás. Se insinúa que puede ser un ángel caído de los cielos (Isaías 14,12-23). Aparece, en algunas ocasiones, en los libros del Antiguo Testamento (Job 1; 1 Crónicas 21,1). No es sólo una fuerza, sino que está personificado.

El Nuevo Testamento nos ofrece una imagen más clara de sus acciones. Ahí vemos que el diablo es un ser personal y espiritual en rebelión activa contra Dios, y que está al frente de otros muchos demonios como él. Pablo nos aconseja que hagamos «frente a las artimañas del diablo. Porque nuestra lucha no es contra seres humanos, sino contra poderes, contra autoridades, contra potestades que dominan este mundo de tinieblas, contra fuerzas espirituales malignas en las regiones celestiales» (Efesios 6,11-12).

El diablo y sus ángeles, según Pablo, no se deben subestimar. Son astutos («artimañas del diablo», v. 11). Son poderosos («poderes», «autoridades», «potestades», v. 12). Son malvados («fuerzas malignas», v. 12). No deberíamos, por tanto, sorprendernos cuando somos hostigados por el enemigo.

¿Por qué debemos creer en el diablo?

¿Por qué debemos creer en la existencia del diablo?

En primer lugar, porque es algo bíblico. Eso no quiere decir que la Biblia se centre en el diablo. En el Antiguo Testamento, de hecho, Satanás apenas es mencionado. Es en el Nuevo Testamento donde se desarrolla más completamente la doctrina sobre Satanás. Jesús creía claramente en la existencia de Satanás y fue tentado por él. Expulsaba demonios con frecuencia, liberando a la gente de las fuerzas del mal y del pecado en sus vidas, y dió autoridad a sus discípulos para que hicieran lo mismo. En la oración del Padrenuestro, Jesús nos enseñó a orar: «Líbranos del maligno». El resto del Nuevo Testamento también hace muchas referencias a la acción del diablo (1 Pedro 5,8-11; Efesios 6,1-12).

En segundo lugar, los cristianos a lo largo de los siglos han creído, casi constantemente, en la existencia del diablo. Los teólogos de la iglesia primitiva, los reformadores y los grandes evangelistas, como Wesley y Whitefield, así como una mayoría abrumadora de hombres y mujeres de Dios, siempre fueron conscientes de la presencia real y cercana de las fuerzas espirituales del mal. En el momento en que empezamos a servir al Señor, se despierta el interés del diablo. Los nuevos creyentes pueden sorprenderse al verse tentados con más fuerza después de haber depositado su fe en Cristo.

En tercer lugar, si observamos el mundo que nos rodea, es razonable creer en la existencia del diablo. Cualquier visión del mundo que ignore la existencia de un diablo personificado tiene mucho que explicar: regímenes malignos, tortura y violencia institucional, asesinatos masivos, violaciones brutales, tráfico de drogas a gran escala, atrocidades terroristas, abuso sexual y físico de menores, ocultismo y ritos satánicos.

El 13 de marzo de 1996, Thomas Hamilton, de cuarenta y cuatro años, entró en el gimnasio de la escuela primaria de Dunblane, Escocia, y abrió fuego sobre una clase en la que había niños de entre cinco y seis años. Ésta es sólo una de las muchas masacres escolares que han ocurrido en el mundo en los últimos años. En esta ocasión, una maestra y dieciséis niños murieron, y otros diecisiete niños resultaron heridos. El director del centro declaró: «El mal ha visitado nuestra escuela».

Así pues, la Escritura, la tradición y la razón coinciden en indicar que el diablo existe. Sin embargo, eso no quiere decir que tengamos que obsesionarnos con el tema. Como C. S. Lewis señaló:

> En lo que se refiere a los demonios, la raza humana puede caer en dos errores iguales y de signo opuesto. Uno consiste en no creer en su existencia. El otro, en creer en los demonios y sentir por ellos un interés excesivo y malsano. Los demonios se sienten igualmente halagados por ambos errores, y acogen con idéntico entusiasmo a un materialista que a un hechicero.[4]

En nuestra sociedad actual hay un interés notable por lo demoníaco, llámese espiritismo, adivinación, güija, comunicación con los muertos, astrología, horóscopo, brujería u ocultismo. La participación en estas actividades está expresamente prohibida por las Escrituras (Deuteronomio 18,10; Levítico 19,20ss.; Gálatas 5,19ss.; Apocalipsis 21,8; 22,15). Naturalmente, muchos de nosotros podemos haber participado en algunas de estas actividades en el pasado. Antes de ser cristiano, no creía que hubiera nada malo en el juego de la güija; me parecía algo divertido. Mucha gente también explora estas prácticas porque anda buscando una experiencia espiritual que no sabe dónde encontrar. Sin embargo, afortunadamente, esos pecados no son imperdonables. Si alguna vez nos hemos visto involucrados en cualquiera de esas prácticas, podemos ser perdonados. Necesitamos arrepentirnos y librarnos de todo lo que esté asociado a ese tipo de actividades, como libros, amuletos, DVD o revistas (Hechos 19,19).

Los cristianos también pueden mostrar un interés malsano por estas prácticas. Un cristiano recientemente convertido me mostró, en una ocasión, un par de libros, supuestamente cristianos, en los que todo el énfasis recaía en las acciones del diablo —había mucho espacio dedicado a la especulación sobre el número de la bestia en el Apocalipsis y... ¡su vinculación con las tarjetas de crédito!—. Estoy seguro de que la intención del autor era buena, pero el enfoque que se le daba a la acción del enemigo no me pareció saludable. La Biblia nunca adopta ese enfoque. El centro de atención es siempre Dios.

¿Qué tácticas utiliza el diablo?

El fin último de Satanás es destruir al ser humano. Jesús dijo: «El ladrón no viene más que a robar, matar y destruir [...]» (Juan 10,10). El diablo quiere que sigamos un camino que lleva a la destrucción. Con ese fin, intenta impedir que los hombres depositen su fe en Jesucristo. Pablo nos dice: «El dios de este mundo [el diablo] ha cegado la mente de estos incrédulos, para que no vean la luz del glorioso evangelio de Cristo, el cual es la imagen de Dios» (2 Corintios 4,4).

Mientras vayamos por el camino de Satanás y nuestros ojos estén cegados, seremos casi totalmente inconscientes de sus tácticas. Cuando empezamos a caminar por el camino que lleva a la vida y nuestros ojos se abren a la verdad, nos damos cuenta de que estamos siendo atacados. El primer frente de ataque tiene lugar, generalmente, en el área de la duda. Lo vemos en los capítulos iniciales del Génesis, donde el enemigo, bajo la apariencia de una serpiente, le dice a Eva: «*¿De veras* les ha dicho Dios [...]?». Su primer movimiento es incitar a la duda.

Vemos la misma táctica en las tentaciones de Jesús. El diablo se le aproxima y le dice: «*Si de veras* eres el Hijo de Dios [...]» (Mateo 4,3, cursiva del autor). En primer lugar provoca dudas, después tienta. Su táctica no ha cambiado. Aún hoy sigue incitándonos a la duda: «*¿De veras* Dios ha dicho que tal o cual conducta sea mala?», o: «*Si de veras* eres cristiano [...]». El diablo intenta minar nuestra confianza en lo que Dios ha dicho y en nuestra relación con Dios. Tenemos que identificar este origen en muchas de nuestras dudas.

La incitación a la duda fue la acción precursora del ataque principal sobre Eva, en el jardín del Edén, y sobre Jesús, en el desierto. Satanás es descrito, en ocasiones, como «el tentador» (Mateo 4,3), y en el capítulo tercero del Génesis se nos revela cómo actúa.

En Génesis 2,16-17, Dios permitió a Adán un margen de movimiento muy amplio («Puedes comer de todos los árboles del jardín») y sólo le hizo una prohibición («pero del árbol del conocimiento del bien y del mal no deberás comer»). Le advirtió, además, de la pena resultante en caso de desobediencia («el día que de él comas, ciertamente morirás»). Satanás ignora la amplitud del permiso otorgado por Dios y se centra en la única prohibición, que luego exagerará (Génesis 3,1). Su táctica no ha cambiado. Aún hoy ignora el permiso divino. Ignora el hecho de que Dios nos haya proveído de todo en abundancia para que lo disfrutemos (1 Timoteo 6,17). Ignora el privilegio tan extraordinario de una relación con Dios y lo que ésta implica: la transformación de nuestras relaciones, el enriquecimiento de nuestras vidas y las innumerables posibilidades que Dios ofrece a los que lo conocen y lo aman. También ignora todas las cosas maravillosas que Dios concede a todo el mundo: las relaciones humanas, la familia, la creación en su totalidad, la asombrosa belleza de nuestro mundo, el arte, la música, la literatura, el deporte, la comida y la bebida, todos los placeres inocuos, etc. Satanás no nos habla de esas cosas. Se centra, por el contrario, en una lista de prohibiciones minúscula y poco original sobre lo que no está permitido hacer a los cristianos, y nos recuerda, una y otra vez, que no podemos consumir drogas, falsificar nuestras cuentas o ser promiscuos. Hay, relativamente, pocas cosas que Dios no nos permite hacer, y hay muy buenas razones por las que lo prohíbe.

Por último, Satanás niega el castigo. Afirma: «¡No es cierto, no van a morir!» (Génesis 3,4). Sostiene, efectivamente, que desobedecer a Dios no nos hará ningún daño. Nos insinúa que Dios, en realidad, es un aguafiestas, que Dios no quiere lo mejor para nuestras vidas y que, si le obedecemos, nos vamos a perder algo bueno. Sin embargo, lo cierto es todo lo contrario, tal y como Adán y Eva descubrieron. Es la desobediencia la que hace que nos perdamos tantas cosas buenas que Dios había deseado para nosotros.

En los siguientes versículos de la escena del Génesis, vemos las consecuencias de la desobediencia a Dios. En primer lugar, surgen el embarazo y la vergüenza. Adán y Eva se dieron cuenta de que estaban desnudos y comienzan a cubrirse (v. 7). ¿Con qué rapidez querríamos abandonar una sala en la que todas las acciones que hemos hecho fueran proyectadas en una pantalla, y a las que se les añadiera una lista con todos los pensamientos que hemos albergado? En el fondo todos nos avergonzamos de nuestros pecados. No queremos que la gente nos descubra. Una vez, Sir Arthur Conan Doyle, el creador de las historias de Sherlock Holmes, les gastó a doce hombres importantes una broma pesada. Todos eran hombres muy conocidos, respetados y apreciados, y eran considerados como los pilares de la clase dirigente de aquel momento. Sir Arthur envió a cada uno de ellos un telegrama con el mismo mensaje: «Huye inmediatamente. Se ha descubierto todo». En veinticuatro horas, ¡todos habían dejado el país! Prácticamente todos tenemos algo en nuestras vidas de lo que avergonzarnos; algo que no nos gustaría que todo el mundo supiera. Con frecuencia levantamos barreras a nuestro alrededor para evitar la posibilidad de ser descubiertos.

Inmediatamente después del pecado, la amistad de Adán y Eva con Dios se rompió. Cuando vieron que Dios venía hacia ellos, se escondieron (v. 8). Mucha gente en la actualidad huye de Dios. No quiere afrontar la posibilidad de su existencia. Como Adán, tienen miedo (v. 10). Algunos tienen verdadero pavor a ir a la iglesia o a relacionarse con cristianos. Recuerdo que una pareja de nuestra iglesia me habló, una vez, de un jugador de rugby de Australia que pesaba 100 kg y al que habían invitado a su iglesia. Él aguantó durante el viaje, pero poco antes de llegar a la iglesia, empezó a temblar dentro del automóvil. Dijo: «No puedo ir. Tengo demasiado miedo a entrar en la iglesia». No podía mirar a Dios a la cara. Había una separación entre él y Dios, tal y como ocurrió con Adán y Eva. Pero Dios intentó, inmediatamente, atraerlos a una nueva relación. Llamó a Adán: «¿Dónde estás?» (v. 9). Algo que continúa haciendo hoy.

Además, se crea una separación entre Adán y Eva. Adán culpa a Eva, la cual culpa al diablo. Pero, tanto ellos como nosotros, somos responsables de nuestro propio pecado. No podemos culpar a Dios o a los demás; ni tan siquiera al diablo (Santiago 1,13-15). Lo vemos en nuestra sociedad actual. Cuando la gente rechaza a Dios, empieza a luchar entre sí. Miremos a donde miremos somos testigos de las rupturas en las relaciones: matrimonios rotos, hogares divididos, relaciones laborales tensas, guerra civil y conflictos globales.

Por último, observamos, en la descripción del castigo de Dios a Adán y a Eva (v. 14ss.), que habían sido engañados por Satanás. Vemos también cómo este engaño separó a Adán y a Eva de Dios, y les condujo por un camino que, como Satanás sabía desde un principio, les llevaba a la destrucción.

Hemos visto que Satanás es un tentador, alguien que incita a la duda, un embustero y un destructor. Él es también un acusador. En hebreo, la palabra Satanás significa 'acusador' o 'difamador'. Acusa a Dios ante la gente. Dios es culpado por todo. Según Satanás, no se puede confiar en Dios. Además, acusa a los cristianos delante de Dios (Apocalipsis 12,10). Niega el poder de la muerte de Jesús. Nos condena y nos hace sentirnos culpables —no por ningún pecado en particular, sino con un sentimiento de culpabilidad general e impreciso—. Por el contrario, cuando el Espíritu Santo atrae la atención sobre un pecado, lo identifica para que nos apartemos de él.

La tentación no es lo mismo que el pecado. A veces, el diablo nos mete una idea en la cabeza que sabemos que es mala. En ese momento tenemos la opción de aceptarla o de rechazarla. Si la aceptamos, nos situamos en el camino hacia el pecado. Si la rechazamos, hacemos lo que hizo Jesús. Él también «ha sido tentado en todo de la misma manera que nosotros, aunque jamás pecó» (Hebreos 4,15). Cuando Satanás suscitó en la mente de Jesús malos pensamientos, él los rechazó. Pero, con bastante frecuencia, antes de que tengamos la posibilidad de escoger de uno u otro modo, Satanás nos acusa. En un fragmento de segundo, dice: «¡Mírate! ¿Te consideras cristiano? ¿En qué estabas pensando? Tú no puedes ser cristiano. ¡Fíjate qué cosa tan horrible has pensado!». Quiere que asintamos y digamos: «¡Oh, no! Claro que no puedo ser cristiano», o bien: «¡Oh, no! ¡Ya he metido la pata, así que no importa si la meto un poco más!». Llegados a ese punto, empezamos a deslizarnos por una pendiente cuesta abajo; ése es su objetivo. Sus tácticas son las de condena y acusación. Si puede provocar culpabilidad en nosotros, sabe que podemos pensar: «Ya no importa si lo hago o no lo hago. Ya he fracasado». Así que lo hacemos, y la tentación se convierte en pecado.

El diablo quiere que el fracaso sea una constante en nuestras vidas. La primera inyección de heroína puede no ser suficiente para engancharse, pero si uno se la inyecta un día tras otro, un mes tras otro y un año tras otro, acaba volviéndose adicto y dependiente de ella. La heroína se adueña, entonces, de nosotros. Si caemos en un patrón de comportamiento por el que hacemos cosas que sabemos que están mal, estas cosas acaban apoderándose de nuestras vidas. Nos volvemos adictos y acabamos en el camino que quiere Satanás —en el camino que lleva a la destrucción (Mateo 7,13)—.

¿Cuál es nuestra situación?

Como cristianos, Dios nos libró del «dominio de la oscuridad y nos trasladó al reino de su amado Hijo» (Colosenses 1,13). Antes de que fuéramos cristianos, Pablo afirma que estábamos en el dominio de la oscuridad. Satanás nos gobernaba y estábamos subyugados al pecado, a la esclavitud, a la muerte y a la destrucción. Así es el dominio de la oscuridad.

Ahora bien, Pablo asegura que hemos sido trasladados al reino de la luz. En el momento en que nos acercamos a Cristo, somos transferidos de las tinieblas a la luz, y, en el reino de la luz, Jesús es Rey. Hay perdón, libertad, vida y salvación. En el mismo instante en que somos traspasados, pertenecemos a otra persona: a Jesucristo y, por lo tanto, a su reino.

En el año 2003, el club de fútbol español Real Madrid pagó treinta y cinco millones de euros por el traspaso de David Beckham del Manchester United al Real Madrid. Imaginemos que Beckham, ya como jugador del Real Madrid, hubiera recibido un día una llamada de Alex Ferguson —su antiguo director técnico en el Manchester United— en la que le dijera: «¿Por qué no estabas en el entrenamiento de esta mañana?». Él habría respondido: «Ya no trabajo para usted. He sido traspasado. Ahora trabajo para otro club».

De un modo mucho más grandioso, hemos sido transferidos del reino de las tinieblas, bajo la autoridad de Satanás, al reino de Dios, bajo la autoridad de Jesús. Cuando Satanás nos pide que hagamos su trabajo, nuestra respuesta es: «Ya no te pertenezco».

Satanás es un enemigo vencido (Lucas 10,17-20). En la cruz, Jesús «desarmó a los poderes y a las potestades y los humilló en público al exhibirlos en su desfile triunfal» (Colosenses 2,15). Satanás y todos sus secuaces fueron derrotados en la cruz, y por eso Satanás y sus demonios temen tanto el nombre de Jesús (Hechos 16,18): les recuerda su derrota.

La cruz fue la gran victoria contra Satanás, y nosotros vivimos en el tiempo de las «operaciones de limpieza». Aunque el enemigo aún no ha sido destruido y es todavía capaz de causar bajas, sí que ha sido derrotado y está desarmado y desmoralizado. Llegará el día en que Jesús regrese y Satanás sea finalmente destruido.

La situación en la que nos encontramos es similar a la que se vivió, al final de la Segunda Guerra Mundial, entre el día D y el día de la victoria. El día D, 6 de junio de 1944, fue el día de la batalla decisiva que determinó el resultado de la guerra. Después del día D no había dudas reales sobre la victoria que se avecinaba —sin embargo, la guerra todavía no había acabado—. Las operaciones de limpieza continuaron hasta el día de la victoria, el 8 de mayo de 1945. En cierto modo, los cristianos vivimos entre el día D (la cruz) y el día de la victoria (el regreso de Jesús). Satanás es un enemigo derrotado, pero aún anda suelto.

Jesús nos ha liberado de la culpa para que no tengamos que sufrir la condena. También nos ha liberado de nuestras adicciones. Jesús ha roto el poder de esos elementos y nos ha liberado. Acabó con el miedo a la muerte cuando derrotó a la misma muerte y, así, nos ha liberado, en potencia, de todo miedo. Todas estas cosas —culpa, adicción y miedo— pertenecen al reino de las tinieblas. Jesús nos ha transferido a un nuevo reino.

Cuando me hice cristiano, descubrí que fui liberado, casi inmediatamente, de algunas cosas. Sin embargo, hay otras contra las que sigo luchando. Mi batalla no acabará hasta que Jesús regrese. De hecho, ésta es nuestra situación, y es vital que nos demos cuenta de la solidez de la posición en la que nos encontramos, gracias a la victoria obtenida para nosotros por Jesús en la cruz.

¿Cómo nos podemos defender?

Puesto que la guerra aún no ha acabado y dado que Satanás aún no ha sido destruido, tenemos que asegurarnos de que nuestras defensas están listas y en funcionamiento. Pablo nos exhorta a protegernos con «la armadura de Dios para que [podamos] hacer frente a las artimañas del diablo» (Efesios 6,11). Después menciona las seis partes que necesitamos de la armadura. A veces se dice: «El secreto de la vida cristiana es...», pero la verdad es que no hay un único secreto; necesitamos *toda* la armadura.

En primer lugar, necesitamos el «cinturón de la verdad» (v. 14). Esto probablemente se refiera al fundamento de la doctrina y verdad cristianas. Significa asimilar la verdad cristiana en su totalidad (o en la mayor medida posible) al sistema de valores de cada uno. Eso lo conseguimos leyendo la Biblia, escuchando homilías y predicaciones, leyendo libros cristianos y escuchando música cristiana. Eso nos permitirá distinguir lo que es verdadero de lo que son los engaños de Satanás, puesto que Satanás es un «mentiroso y es el padre de la mentira» (Juan 8,44).

En segundo lugar, necesitamos la coraza de la justicia (v. 14). Ésta es la justicia que viene de Dios gracias a lo que Jesús ha hecho por nosotros en la cruz, y la que nos permite relacionarnos con Dios y vivir una vida justa. Tenemos que resistir al diablo. El apóstol Santiago dice: «Resistan al diablo, y él huirá de ustedes. Acérquense a Dios, y él se acercará a ustedes» (Santiago 4,7-8). Todos caemos de vez en cuando. Cuando eso ocurre, tenemos que levantarnos rápidamente. Lo hacemos diciéndole a Dios lo arrepentidos que estamos por lo que hemos hecho, con el mayor detalle posible (1 Juan 1,9). Él promete, entonces, restaurar su amistad con nosotros.

En tercer lugar, también necesitamos calzarnos con la disposición de proclamar el evangelio de la paz (v. 15). Entiendo que eso significa estar disponible para hablar sobre el evangelio de Jesucristo. Como John Wimber comentó a menudo: «Es difícil estar ocioso y ser bueno al mismo tiempo». Si estamos buscando continuamente ocasiones para transmitir la buena noticia, ya contamos con una defensa eficaz contra el enemigo. No es fácil, porque sabemos que se nos observa para ver si vivimos a la altura de nuestra fe. Pero es, al mismo tiempo, un gran estímulo para hacerlo.

La cuarta pieza de la armadura es el escudo de la fe (v. 16). Con éste podemos apagar «las flechas encendidas del maligno». La fe es lo contrario a la desconfianza y al escepticismo, los cuales causan estragos en muchas vidas. Uno de los aspectos de la fe se ha definido como «aceptar una promesa de Dios y atreverse a creer en ella». Satanás disparará sus flechas envenenadas con la duda para debilitarnos, pero, con el escudo de la fe, le resistiremos.

En quinto lugar, Pablo nos anima a ponernos el casco de la salvación (v.17). Como el obispo Westcott —antiguo Catedrático de Teología en la Universidad de Cambridge— señaló, hay tres tiempos de salvación.

Hemos sido salvados del castigo del pecado. Estamos siendo salvados del poder del pecado. Seremos salvados de la presencia del pecado. Necesitamos asimilar y comprender estos conceptos tan importantes para que podamos responder a las dudas y a las acusaciones que plantea el enemigo.

Por último, debemos tomar la «espada del Espíritu, que es la palabra de Dios» (v. 17). En este punto, Pablo se refiere a las Escrituras. Jesús se apoyaba en las Escrituras cuando Satanás le atacaba. A cada ataque, Jesús replicó con la palabra de Dios y, al final, Satanás tuvo que dejarle. Vale la pena aprenderse de memoria versículos de la Biblia con el fin de utilizarlos para vencer al enemigo, y para mantener frescas las promesas de Dios en nuestras mentes.

¿Cómo atacamos?

Como ya hemos visto, Satanás fue derrotado en la cruz y nosotros participamos ahora en las operaciones de limpieza antes del regreso de Jesús. Como cristianos, no tenemos que temer a Satanás; es él quien debe temer enormemente la actividad de los cristianos.

Se nos invita a orar: «Oren en el Espíritu en todo momento, con peticiones y ruegos» (v. 18). Participamos en una guerra espiritual, aunque «Las armas con que luchamos no son del mundo, sino que tienen el poder divino para derribar fortalezas» (2 Corintios 10,4). La oración era una de las mayores prioridades para Jesús, y lo debería ser también para nosotros. Como dice un himno conocido: «Satanás tiembla cuando ve de rodillas al más débil de los cristianos».

También se nos llama a la acción. Volviendo a la vida de Jesús, la oración y la acción estaban estrechamente relacionadas. Jesús proclamó el Reino de Dios, curó a los enfermos y expulsó demonios. Encargó a sus discípulos que hicieran lo mismo. Más adelante, estudiaremos detenidamente lo que eso significa.

Es importante, por el momento, destacar la grandeza de Dios y la relativa impotencia del enemigo. Como cristianos, no creemos que haya dos poderes iguales y contrapuestos —Dios y Satanás—. Ésa no es la imagen que la Biblia nos ofrece. Dios es el creador del universo. Satanás es parte de su creación —una parte que ha caído—. Es una parte pequeña. Además, es un enemigo derrotado y está a punto de ser aniquilado del todo cuando regrese Jesús (Apocalipsis 12,12).

En una imagen espléndida del libro de C. S. Lewis *El gran divorcio* —en la que se describe el infierno como el lugar en el que operan Satanás y sus demonios—, se narra la llegada al cielo de un hombre y cómo éste es presentado, por su «maestro», a la nueva realidad circundante. El maestro, de repente, se arrodilla, toma una brizna de hierba y, utilizando su extremo afilado como puntero, le muestra, al recién llegado, una grieta minúscula en el suelo, en la que se oculta todo el infierno:

> —¿Me está diciendo que el infierno, toda esa ciudad infinita y vacía, está confinado en una pequeña grieta como ésta?
>
> —Sí. Todo el infierno es más pequeño que una piedrecilla de tu mundo terrestre, e incluso más pequeño que un átomo de *este* mundo, el Mundo Real. Mira esa mariposa. Si se tragara todo el infierno, el infierno no sería lo suficientemente grande para hacerle el menor daño, ni siquiera para que alcanzara a saborearlo.
>
> —Pero, maestro, cuando uno está en él, parece bastante grande.
>
> —Sin embargo, si toda la soledad, iras, odios, envidias y soberbias que contiene fueran concentradas en una sola experiencia y contrapesadas en una balanza con el momento de alegría más

pequeño sentido por la persona más insignificante del cielo, no tendrían peso alguno que pudiera medirse. El mal nunca logra ser tan malo como bueno es el bien. Si todas las miserias del infierno entraran en la consciencia de aquel pájaro pequeñito de color amarillo que está posado en aquel arbusto, desaparecerían sin dejar rastro, tal y como ocurriría si arrojáramos una gota de tinta en el Gran Océano, comparado con el cual, el océano Pacífico de la tierra es sólo una molécula.[5]

Notas

1. N. del T.: En inglés, la única diferencia entre la escritura de las palabras «bien» (*good*) y «Dios» (*God*) es una letra. Lo mismo ocurre con las palabras «mal» (*evil*) y «diablo» (*devil*).
2. Alan MacDonald, *Films in Close Up* (Frameworks, 1991).
3. Michael Green, *I Believe in Satan's Downfall* (Hodder & Stoughton, 1981).
4. C. S. Lewis, *Cartas del diablo a su sobrino* (5ª edición. Ediciones Rialp, 1995), p. 21.
5. C. S. Lewis, *The Great Divorce* (Fontana, 1974), p. 113. Hay traducción española: C. S. Lewis, *El gran divorcio* (Editorial Andrés Bello, 1995).

CAPÍTULO 12

¿POR QUÉ Y CÓMO CONTÁRSELO A LOS DEMÁS?

Solía irritarme bastante con los cristianos que me intentaban hablar de su fe. Mi reacción era: «Yo soy ateo, pero no voy por ahí intentando convencer a los demás para que también lo sean». Me parecía que eso era meterse donde a uno no le llaman. ¿Por qué tienen que hablar los cristianos de su fe? ¿Acaso no es un asunto privado? ¿No es el mejor tipo de cristiano aquel que simplemente vive su fe? A veces la gente me dice: «Tengo un buen amigo que es un cristiano fervoroso. Es un hombre de una fe inquebrantable, pero no habla sobre ella. ¿No es ésa la forma más elevada del cristianismo?».

La respuesta más breve a esa pregunta es que alguien ha debido de hablar a *ese* amigo, en algún momento de su vida, sobre la fe cristiana; si no, no sería cristiano. Si los primeros cristianos no hubieran hablado a la gente sobre Jesús, ninguno de nosotros conocería a Jesús en la actualidad. La respuesta más larga a esa pregunta es que hay buenas razones para hablar a los demás sobre Jesús. En primer lugar, es un mandato del mismo Jesús. Tom Forrest —el sacerdote católico que fue el primero en sugerir al Papa la idea de llamar a la década de los noventa «la década de la evangelización»— señala que el verbo «ir», en la mayoría de sus formas verbales, aparece 1.514 veces en la Biblia[1], 233 veces en el Nuevo Testamento y 54 veces en el evangelio de Mateo. Jesús nos dice: «Vayan»:

> «Vayan a las ovejas descarriadas...».
> «Vayan y prediquen...».
> «Vayan e inviten a todos los que encuentren...».
> «Vayan y hagan discípulos...».

De hecho, éstas son las últimas palabras de Jesús registradas en el Evangelio de Mateo:

> Jesús se acercó entonces a ellos y les dijo:
>
> —Se me ha dado toda autoridad en el cielo y en la tierra. Por tanto, vayan y hagan discípulos de todas las naciones, bautizándolos en el nombre del Padre y del Hijo y del Espíritu Santo, enseñándoles a obedecer todo lo que les he mandado a ustedes. Y les aseguro que estaré con ustedes siempre, hasta el fin del mundo (Mateo 28,18-20).

En segundo lugar, se lo decimos a los demás por el amor que les tenemos. Si estuviéramos en el desierto del Sáhara y descubriéramos un oasis, sería extremadamente egoísta de nuestra parte no indicar a la gente de nuestro alrededor dónde podrían saciar su sed. Jesús es el único que puede saciar los corazones sedientos de hombres y mujeres. A menudo, el reconocimiento de esta sed viene de fuentes sorprendentes. La cantante Sinéad O'Connor dijo en una entrevista: «Como raza, nos sentimos vacíos. Eso es porque nuestra espiritualidad ha sido arrasada y no sabemos cómo expresarnos. Por consiguiente, se nos anima a llenar ese vacío con alcohol, drogas, sexo o dinero. La gente ahí fuera está pidiendo a gritos la verdad».

«Sé que sólo eres un buzón, pero necesitas conocer a Jesús».

En tercer lugar, se lo contamos a los demás porque después de haber descubierto la buena nueva, sentimos un deseo urgente de comunicarla. Si recibimos buenas noticias, queremos compartirlas con los demás. Cuando nació nuestro primer hijo, teníamos una lista de las diez personas a quienes llamar primero, que comenzaba por la madre de Pippa. Le dije que habíamos tenido un niño y que tanto él como Pippa estaban bien. Después intenté llamar a mi madre, pero su teléfono estaba comunicando. La tercera persona en la lista era la hermana de Pippa. Cuando hablé con ella, la madre de Pippa ya le había dado la noticia y lo mismo ocurrió con el resto de las personas de la lista. El teléfono de mi madre estaba ocupado porque la madre de Pippa le estaba llamando para darle la noticia. Las buenas noticias viajan volando. No necesité rogar a la madre de Pippa que transmitiera el mensaje, pues reventaba de ganas de comunicarlo. Cuando estamos entusiasmados con nuestra relación con Jesús, la cosa más natural del mundo es querer contárselo a los demás.

Pero, ¿cómo lo hacemos? Personalmente, creo que hay dos peligros opuestos. Uno de ellos es el peligro de la insensibilidad. Cuando me hice cristiano caí en ese peligro. Estaba tan entusiasmado con lo que me había ocurrido que deseaba que todo el mundo siguiera el mismo camino. A los pocos días de mi conversión, fui a una fiesta con la determinación de decírselo a todos. Vi a una amiga bailando y decidí que el primer paso sería lograr que se diera cuenta de su necesidad de Dios. Así que me aproximé a ella y le dije: «Te ves muy mal. Necesitas a Jesús en tu vida». Ella creyó que me había vuelto loco. ¡No fue la mejor manera de transmitirle a alguien la buena nueva! (Sin embargo, más tarde, ella también se hizo cristiana —gracias a otras personas— y ¡ahora es mi mujer!).

Me aseguré de ir bien equipado a la siguiente fiesta. Metí en todos mis bolsillos varios folletos, algunos libros cristianos de temática variada y un Nuevo Testamento. Conseguí encontrar a una chica que accedió a bailar conmigo. Como tenía tantos libros en los bolsillos, le pregunté si nos podíamos sentar. Poco después, saqué a relucir el tema del cristianismo. A cada pregunta que me hacía, yo sacaba del bolsillo un libro sobre ese tema en concreto. Al final, se fue de la fiesta con una buena cantidad de libros. Al día siguiente tenía que irse a Francia; mientras iba en el barco, se puso a leer uno de los libros que yo le había dado. De repente, comprendió la verdad de lo que Jesús había hecho por ella y, dirigiéndose a su compañera de viaje le dijo: «Me acabo de hacer cristiana». No mucho después, desgraciadamente, murió en un accidente de equitación a la edad de veintiún años. Aunque yo no le había presentado la buena nueva de la mejor manera, fue un gran consuelo saber que había aceptado a Cristo antes de morir.

Si actuamos sin la delicadeza necesaria, tarde o temprano saldremos lastimados. Incluso aunque abordemos el tema con sensibilidad, puede que nos sintamos ofendidos. Cuando nos ocurre algo así, tendemos a retirarnos. Ésa fue, ciertamente, mi experiencia. Después de algunos años, me alejé del peligro de la insensibilidad y caí en el peligro opuesto: el miedo. Hubo un tiempo (que irónicamente coincidió con mi formación teológica) en que tenía miedo hasta de mencionar a Jesús delante de quienes no eran cristianos. En una ocasión, algunos de nosotros fuimos desde la facultad a una misión que se había organizado en una parroquia de las afueras de Liverpool con el objetivo de hablar a la gente sobre la buena nueva. Cada noche íbamos a cenar con una familia diferente de la parroquia. Una noche, a un amigo mío llamado Rupert y a mí, nos tocó ir a cenar a casa de una pareja poco practicante (para ser más exacto, la esposa era poco practicante y el esposo no iba a la iglesia en absoluto). Cuando estábamos comiendo el plato principal el esposo me preguntó sobre la razón de nuestra visita. Yo empecé a titubear, a tartamudear, a dudar y a prolongar mi respuesta. Él siguió repitiendo la pregunta. Al final, Rupert dijo claramente: «Hemos venido aquí para hablar a la gente de Jesús». Sentí una vergüenza enorme y ¡deseé que nos tragara la tierra! Entonces, me di cuenta de lo paralizado que estaba por el miedo: me daba miedo hasta pronunciar la palabra «Jesús».

Para evitar estos peligros de la insensibilidad y del miedo, necesitamos darnos cuenta de que hablar a los demás sobre Jesús es algo que surge de nuestra relación con Dios. Es parte natural de esa relación. Al reflexionar sobre este tema, suelo basarme en cinco puntos, cuyos títulos empiezan todos por «p»: presencia, persuasión, proclamación, poder y plegaria (u oración).

Presencia

Jesús dijo a sus discípulos:

> Ustedes son la sal de la tierra. Pero si la sal se vuelve insípida, ¿cómo recobrará su sabor? Ya no sirve para nada, sino para que la gente la deseche y la pisotee. Ustedes son la luz del mundo. Una ciudad en lo alto de una colina no puede esconderse. Ni se enciende una lámpara para cubrirla con un cajón. Por el contrario, se pone en la repisa para que alumbre a todos los que están en la casa. Hagan brillar su luz delante de todos, para que ellos puedan ver las buenas obras de ustedes y alaben al Padre que está en el cielo. (Mateo 5,13-16).

Jesús nos llama para que lleguemos a todos los rincones («sal de la *tierra*» y «luz del *mundo*»). Para ello, necesitamos estar «en el mundo» (en el trabajo, donde vivimos y entre nuestra familia y amigos) y no aislados de éste. No obstante, estamos llamados a ser diferentes, es decir, a vivir como seguidores de Cristo en el mundo, para que podamos ser eficaces en él como sal y luz.

En el pasado, antes de que se inventaran los sistemas de refrigeración, la sal se usaba para conservar la carne y evitar que se pudriera. Como cristianos, estamos llamados a evitar que la sociedad se degenere. Lo hacemos, por ejemplo, cuando hablamos públicamente de temas morales y sociales y cuando actuamos para aliviar la pobreza y combatir las injusticias.

En segundo lugar, Jesús nos llama a que seamos luz y nos recuerda que no es bueno cubrir una lámpara. ¿De qué manera damos luz al mundo? Según Jesús, a través de nuestras buenas obras, es decir, de todo lo que hacemos como cristianos.

Vivir la vida cristiana es la manera más adecuada de transmitir la buena nueva a los que viven a nuestro alrededor, entre los que se incluyen nuestra familia, nuestros compañeros de trabajo y aquéllos con los que convivimos.

Cuando me hice cristiano, intenté convertir a mis padres de inmediato, pero, poco después, me di cuenta de que eso era contraproducente. Un amigo mío me ayudó a ver que declarar a mis padres que me había hecho cristiano, era una crítica implícita a la manera en la que me habían educado. Hablar continuamente de nuestra fe puede producir efectos contraproducentes. Es más fácil llegar a las personas mediante un amor e interés sincero, que no es otra cosa que poner en práctica la fe cristiana. Asimismo, en el trabajo, la gente debería darse cuenta de nuestra constancia, honestidad, sinceridad, empeño, seriedad, rechazo del chismorreo, y deseo de alentar a los compañeros.

Esto es especialmente importante si el cónyuge no es cristiano. Pedro alienta a las esposas cristianas a que, si algunos de sus esposos «no creen en la palabra, puedan ser ganados *más por el comportamiento* de ustedes que por sus palabras» (1 Pedro 3,1, cursiva del autor).

Bruce y Geraldine Streather se casaron en diciembre de 1973. Cuando Geraldine se hizo cristiana, en 1981, Bruce no mostró el más mínimo interés en su conversión. Él era un abogado muy ocupado, y la mayoría de los fines de semana solía ir a jugar al golf, en vez de ir a la iglesia.

Durante diez años, Geraldine estuvo orando por él y llevando, lo mejor que pudo, una vida cristiana. Jamás presionó a su esposo. Con los años, él empezó a apreciar su amabilidad y atención, sobre todo hacia su madre —la de Bruce—, cuyo cáncer y otras enfermedades asociadas les estaban haciendo la vida cada vez más difícil. Finalmente, en 1991, Geraldine le invitó a ir a una fiesta de presentación de Alpha. Bruce fue y se animó a hacer Alpha.

Poco después, Geraldine me escribió una carta en la que decía: «Ese día, me pasé todo el camino de regreso a casa llorando y orando. Le dije a Dios que una vez que yo había conseguido llevar a Bruce a Alpha, él debía hacer el resto. Cuando Bruce volvió de la primera sesión, lo único que le pregunté fue si se lo había pasado bien. En la séptima semana, Bruce entregó su vida a Cristo y, al acabar Alpha, se había convertido en uno de los cristianos más entusiastas que he conocido». Y añadió: «Siempre que vamos a cenar fuera, Bruce habla a la gente sobre Dios, y yo, sentada al otro lado de la mesa, escucho con alegría sus palabras. Parece que todas mis oraciones han sido respondidas».

Estamos llamados a ser sal y luz, no sólo para nuestras familias y nuestros amigos más cercanos, sino también para toda la gente que nos rodea. A veces, nos cuesta ver «más allá de los estrechos confines de nuestro pequeño mundo». A pesar de eso, estamos llamados a ser compasivos hacia los que sufren. Podemos hacerlo comprometiéndonos en proyectos cuyo objetivo sea el alivio de los padecimientos humanos: el hambre, la indigencia, la pobreza, etc. También estamos llamados a luchar por la justicia social. Podemos hacerlo apoyando campañas que se opongan a la explotación, a la desigualdad y a todo tipo de atrocidades.

William Wilberforce tenía veintisiete años cuando sintió que Dios le llamaba para luchar contra el inhumano y degradante comercio de esclavos. En 1787 diez millones de esclavos ya habían sido forzados a abandonar África como mano de obra para las plantaciones. Ese mismo año, Wilberforce presentó una moción en la Cámara de los Comunes sobre el comercio de esclavos. Aunque no era una causa popular, él declaró lo siguiente en su discurso abolicionista: «[La] crueldad [del comercio de esclavos] me pareció tan enorme y tan espantosa que mi mente tomó la firme determinación de luchar por su abolición. Sean cuales fueren las consecuencias, desde ese momento resolví que no descansaría hasta haber conseguido la abolición [de la esclavitud]».

Se debatieron proyectos de ley en 1789, 1791, 1792, 1794, 1796, 1798 y 1799, pero todos fueron rechazados. En 1831, Wilberforce envió un mensaje a la Sociedad Contra la Esclavitud en el que decía: «Nuestro lema debe seguir siendo la perseverancia. Y confío en que, al final, el Todopoderoso coronará de éxito nuestros esfuerzos». En julio de 1833, la Ley de la Abolición de la Esclavitud fue aprobada por las dos Cámaras Parlamentarias. Tres días después, Wilberforce falleció. Lo enterraron en la abadía de Westminster como reconocimiento nacional a sus cuarenta y cinco años de lucha continua a favor de los esclavos africanos.

Hay situaciones actuales que son muy similares a la anterior. Más de mil doscientos millones de personas están atrapadas en la pobreza absoluta, que se caracteriza por la malnutrición, las enfermedades, la miseria, la mortalidad infantil y una esperanza de vida muy baja. Al menos mil millones de personas viven con menos de un dólar diario y se acuestan todas las noches con el estómago vacío. Cada cuatro segundos, la pobreza arrebata la vida a un niño. Cada día, treinta mil niños mueren de enfermedades curables. En 2014, 790.000 personas murieron de sida en África subsahariana, lo que supuso el 66% de las muertes de sida en aquel año. Hay quince millones de muertes que se podrían prevenir cada año y la esclavitud sigue siendo una realidad en muchas partes del mundo.

Bono, el vocalista de la banda de rock irlandesa U2, fue invitado a dirigir unas palabras a la Conferencia del Partido Laborista celebrada en 2004. En su discurso, habló de su experiencia como voluntario en un orfanato de Etiopía.

> La gente del lugar me conocía por «Dr. Buenos Días» y los niños me llamaban «la chica con barba», ¡no me pregunten por qué! Fue una experiencia que me marcó y que me abrió muchísimo la mente. El último día que pasamos en el orfanato, un hombre me entregó a su bebé y me dijo: «Llévatelo». Sabía que en Irlanda su hijo viviría, pero que en Etiopía, moriría. No lo acepté. Fue entonces cuando comencé esta empresa. En aquel momento me convertí en la peor pesadilla: una estrella de rock con una causa. Con la diferencia de que esto no es una causa: seis mil quinientos africanos mueren al día de enfermedades prevenibles y curables; mueren por falta de acceso a medicamentos que ustedes y yo podemos conseguir en la farmacia más cercana; eso no es una causa, es una emergencia.[2]

Es fácil sentirse desbordado por la magnitud de estos problemas y decir: «¿De veras vale la pena nuestro esfuerzo?». ¿Hay algo que podamos hacer como individuos?

Un día, un hombre estaba dando un paseo por la playa a la hora de la bajamar. Vio decenas de miles de estrellas de mar que habían quedado atrapadas en la playa y que se estaban secando y muriendo lentamente. Se percató, además, de que un niño estaba recogiendo las estrellas de mar, una a una, para devolverlas al mar. Se acercó al niño y le dijo: «Con las miles de estrellas de mar que debe de haber sobre la playa, seguramente sientas que tus esfuerzos no cambian para nada la situación». El niño arrojó otra estrella de mar al agua, volvió a donde estaba el hombre y le dijo: «Para ésa que volvió al mar, seguro que la situación sí ha cambiado».

Del mismo modo, puede que no seamos capaces de resolver todos los problemas del mundo, pero sí que podemos hacer algo. Nelson Mandela afirmó: «No son los reyes ni los generales quienes hacen la historia, sino las masas populares».

Después de haber señalado la importancia del testimonio de vida, hay que decir que ser «luz del mundo» no sólo se refiere a nuestro estilo de vida, sino también a nuestros labios. Nuestra familia, amigos y compañeros de trabajo acabarán haciendo preguntas sobre nuestra fe. Pedro escribe: «Estén siempre preparados para responder a todo el que les pida razón de la esperanza que hay en ustedes. Pero háganlo con gentileza y respeto». (1 Pedro 3,15).

Cuando se nos ofrecen oportunidades para hablar sobre nuestra fe, ¿cómo podemos hacerlo?

Persuasión

Hoy en día, mucha gente tiene objeciones respecto a la fe cristiana o, por lo menos, preguntas que quieren tener respondidas antes de abrazar la fe cristiana. Necesitan que se les persuada sobre la verdad. Pablo quería intentar persuadir a la gente, porque les amaba: «Por tanto, como sabemos lo que es temer al Señor, tratamos de *persuadir* a todos» (2 Corintios 5,11, cursiva del autor).

Hay una gran diferencia entre persuasión y presión. Yo soy el primero que sale corriendo cuando alguien me intenta presionar para hacer algo. El efecto de la presión es el opuesto al de la persuasión. Cuando Pablo fue a Tesalónica, él «discutía», «explicaba» y «demostraba» que, según las Escrituras, «era necesario que el Mesías padeciera y resucitara. [...] Algunos de los judíos se convencieron» (Hechos 17,2-4). En Corinto, durante la semana trabajaba haciendo tiendas, y «los sábados discutía en la sinagoga, tratando de persuadir a judíos y a griegos» (Hechos 18,4).

Durante nuestras conversaciones sobre la fe cristiana, a menudo se pondrán objeciones para las que tenemos que estar bien preparados. En una ocasión, Jesús estaba hablando a una mujer sobre el desorden en el que ésta vivía (Juan 4). Entonces le ofreció la vida eterna. En ese momento, la mujer planteó a Jesús una pregunta teológica sobre los lugares de adoración. Él respondió a la pregunta, pero rápidamente recondujo la conversación al tema inicial, que era el fundamental. Éste es un buen ejemplo para nosotros.

Del mismo modo que tenemos que estar bien preparados para dar una respuesta, también tenemos que estarlo para escuchar a la gente y comprender su realidad. Cuando estaba considerando seriamente hacerme cristiano, tenía algunas objeciones intelectuales. Sin embargo, también me estaba empezando a dar cuenta de las implicaciones que ser cristiano tendría para mi estilo de vida. Como siempre había opinado públicamente en la universidad en contra del cristianismo, me preocupaba que pudiera perder el respeto de los demás si, de repente, anunciaba que me había hecho cristiano. Puede haber, por lo tanto, otros factores menos evidentes que provoquen resistencia en nuestro interlocutor y a los que tenemos que ser sensibles.

Estoy muy agradecido a la gente que me ayudó a superar mis objeciones. Cuando la tripulación del Titanic se dio cuenta de que el buque estaba naufragando, enseguida fueron por toda la nave intentando persuadir a la gente para que se subiera a los botes salvavidas, pero muchos pasajeros no les creyeron y no se subieron. Algunos de esos primeros botes salvavidas partieron medio vacíos. Con todo, la tripulación estaba intentando persuadir a los pasajeros para que se subieran a los botes por su propio bien. Del mismo modo, intentar persuadir a la gente sobre el cristianismo es un acto de amor por el bien de las personas.

Proclamación

La parte central de cómo contárselo a los demás es la proclamación de la buena nueva de Jesucristo. Hay muchas maneras de hacerlo.

1. Vengan a ver

Una de las maneras más sencillas y eficaces es invitar a la gente a que escuche el evangelio explicado por otra persona. Esto es, a menudo, más aconsejable que intentar explicar el evangelio uno mismo —sobre todo en las primeras etapas de nuestra vida cristiana—.

Muchos de los que acaban de aceptar a Cristo en sus vidas conocen a un montón de amigos que tienen muy poca relación con la iglesia o ninguna en absoluto. Esto les proporciona una oportunidad excelente para decir a esos amigos, como Jesús hizo en una ocasión: «Vengan a ver» (Juan 1,39). Una joven de unos veinte años se hizo cristiana y empezó a ir a la iglesia en Londres. Los fines de semana, sin embargo, los pasaba con sus padres en Wiltshire, un condado de Inglaterra situado a unos 150 km de Londres. Los domingos insistía en que se tenía que marchar a las tres de la tarde para poder llegar a tiempo a la iglesia. Un domingo por la tarde, mientras regresaba a Londres, se encontró con un tráfico terrible y no pudo llegar al servicio religioso de la tarde. Estaba tan disgustada que rompió a llorar. Aprovechó el resto de la tarde para ver a algunos amigos que ni siquiera sabían que se había hecho cristiana. Ellos le preguntaron qué le pasaba y ella respondió entre sollozos: «¡Me he perdido el servicio religioso!». Sus amigos quedaron desconcertados. El domingo siguiente, ¡todos fueron a ver lo que se estaban perdiendo! Uno de ellos se hizo cristiano poco tiempo después.

No hay mayor privilegio ni alegría más grande que ayudar a alguien a que conozca a Jesucristo. El antiguo arzobispo de Canterbury, William Temple, escribió un comentario del Evangelio de Juan. Cuando llegó a las palabras: «Luego [Andrés] llevó [a Simón] a Jesús» (Juan 1,42), escribió una frase breve pero de gran trascendencia: «Ése es el mayor servicio que un hombre puede prestar a otro».

No se dice mucho más de Andrés, excepto que siempre estaba llevando gente a Jesús (Juan 6,8; 12,22). En cambio, Simón Pedro, su hermano, llegó a ser uno de los personajes con mayor influencia en la historia del cristianismo. No todos podemos ser como Pedro, pero, ciertamente, todos podemos hacer lo que hizo Andrés —podemos llevar a alguien a Jesús—.

Albert McMakin era un campesino de veinticuatro años que se había convertido no hacía mucho tiempo a la fe cristiana. Estaba tan entusiasmado con su fe que llenó una furgoneta de gente a la que llevó a una reunión para que oyera hablar de Jesús. Estaba especialmente interesado en conseguir que el hijo de uno de los campesinos, un joven apuesto, también asistiera a alguna reunión, pero éste estaba demasiado ocupado enamorándose y desenamorándose de las chicas y no parecía sentirse atraído por el cristianismo. Al final, Albert McMakin consiguió persuadirlo de que fuera, pidiéndole que condujera la furgoneta. Cuando llegaron, el invitado de Albert decidió entrar a la reunión con los demás.

Estando allí, se quedó fascinado y empezó a tener pensamientos hasta entonces desconocidos para él. Regresó a las reuniones una y otra vez hasta que, una noche, dio un paso al frente y entregó su vida a Jesucristo. Ese hombre, el conductor de la furgoneta, era Billy Graham. Corría entonces el año 1934. Desde entonces, Billy Graham ha hablado en vivo sobre la fe cristiana a 215 millones de personas y ha sido amigo y confidente de diez presidentes de los Estados Unidos. No todos podemos ser como Billy Graham, pero todos podemos hacer lo que hizo Albert McMakin —todos podemos llevar a nuestros amigos a Jesús—.

2. Cuenta tu propia historia

Una manera poderosa de comunicar el evangelio es contar nuestra propia historia. Tenemos un modelo bíblico de cómo hacerlo en el testimonio de Pablo, que aparece en Hechos 26,9-23. Tiene tres partes: Pablo habla de cómo era antes (vv. 9-11), de cómo se encontró con Jesús (vv. 12-15) y de lo que ese encuentro significó para su vida (vv. 19-23).

Uno de los ciegos que fueron sanados por Jesús fue objeto de numerosas preguntas por parte de mucha gente, incluidos los fariseos, quienes lo interrogaron e intentaron ponerlo a prueba. El ciego sanado no sabía cómo responder a todas esas preguntas, pero sí sabía lo que Dios había hecho: «Lo único que sé es que yo era ciego y ahora veo» (Juan 9,25). Es difícil argumentar contra eso.

3. Explica tú mismo el evangelio

Para explicar los pasos que hay que dar para hacerse cristiano, es útil contar con un modelo de referencia. Hay muchas maneras diferentes de presentar el evangelio. Aquí he expuesto el método que utilizo en un librito llamado *¿Por qué Jesús?* Después, invito a la gente a que haga la oración que se encuentra al final del capítulo 4 de este libro.

Un hombre de nuestra iglesia me contó cómo se había encontrado con Cristo. Estaba atravesando dificultades en su negocio y tuvo que marcharse a Estados Unidos por motivos de trabajo. Se sentía apesadumbrado cuando tomó un taxi para que lo llevara al aeropuerto. En el taxi se dio cuenta de que, junto al volante, había varias fotos de los hijos del taxista, así que le preguntó por su familia. Mientras hablaban, el hombre sintió que el taxista transmitía amor. Más adelante, el taxista le dijo: «Me parece que usted no es feliz. Si creyera en Cristo, todo sería diferente».

El hombre de negocios me dijo: «Ése era un hombre que hablaba con autoridad. Yo creía que el que tenía la autoridad era yo. Después de todo, yo era el que pagaba». Al rato, el taxista dijo: «¿No cree que ya es hora de poner todo en orden y aceptar a Cristo?». Al llegar al aeropuerto, el taxista le preguntó: «¿Por qué no oramos? Si quiere que Cristo entre en su vida, pídaselo». Oraron juntos. En ese momento, el curso entero de la vida de un hombre cambió.

Poder

En el Nuevo Testamento, la proclamación del evangelio a menudo aparece acompañada de la demostración del poder de Dios. Jesús comenzó proclamando: «El reino de Dios está cerca. ¡Arrepiéntanse y crean la buena nueva!» (Marcos 1,15). Pero, además, Jesús también demostró el poder del evangelio mediante la expulsión del mal (Marcos 1,21-28) y la sanación de los enfermos (Marcos 1,29-34.40-45).

Jesús encomendó a sus discípulos que hicieran lo que él había estado haciendo. Les dijo que hicieran las obras propias del reino —«Sanen a los enfermos que encuentren allí»— y que proclamaran la buena nueva —«y díganles: "El reino de Dios ya está cerca de ustedes"» (Lucas 10,9)—. Al leer los evangelios y los Hechos de los Apóstoles, vemos que eso es lo que hicieron. Pablo escribió a los cristianos de Tesalónica: «Nuestro evangelio les llegó no sólo con palabras sino también con poder» (1 Tesalonicenses 1,5). Ése fue exactamente mi caso; cuando recibí por primera vez el poder del Espíritu Santo, experimenté lo que Pablo describe en Romanos 5,5: «Dios ha derramado su amor en nuestro corazón por el Espíritu Santo que nos ha dado». Otras personas dan testimonio de la experiencia de ser desbordados por el poder del Espíritu Santo en lo que se refiere a la toma de conciencia de su pecado. Cuando escuchan la buena nueva sobre Jesús, algo muy profundo empieza a ocurrir en sus corazones.

Proclamación y demostración van de la mano. Una lleva con frecuencia a la otra. Un día, Pedro y Juan subieron al Templo. Junto a una de las puertas de acceso había un hombre lisiado de nacimiento que llevaba años pidiendo limosna en ese lugar. Cuando vio que Pedro y Juan estaban por entrar, les pidió limosna. Pedro, mirándolo fijamente, le dijo: «"No tengo plata ni oro [...], pero lo que tengo te doy. En el nombre de Jesucristo de Nazaret, ¡levántate y anda!". Y, tomándolo por la mano derecha, lo levantó. Al instante, los pies y los tobillos del hombre cobraron fuerza. De un salto se puso en pie y comenzó a caminar. Luego entró con ellos en el Templo con sus propios pies, saltando y alabando a Dios» (Hechos 3,1-10).

Todo el mundo sabía que ese hombre había estado lisiado desde su nacimiento, así que, enseguida, la muchedumbre se agolpó a su alrededor. Después de la demostración del poder de Dios, tuvo lugar la proclamación del evangelio. La gente se preguntaba: «¿Cómo ha ocurrido?». Pedro aprovechó ese momento para hablarles de Jesús: «Por la fe en el nombre de Jesús, [se] ha restablecido a este hombre a quien ustedes ven y conocen. Esta fe que viene por medio de Jesús lo ha sanado por completo, como les consta a ustedes» (Hechos 3,16). En el capítulo siguiente, nos detendremos más en el tema de la sanación analizando la naturaleza del reino de Dios y el lugar que ocupa la sanación dentro de éste.

Plegaria (oración)

Ya hemos visto la importancia de la oración en la vida de Jesús. Mientras proclamaba y demostraba el evangelio, también dedicaba tiempo a la oración (Marcos 1,35-37). La oración es fundamental a la hora de contar a los demás la buena nueva. Como Jesús, Pablo amaba a la gente y de ese amor brotaba el deseo de orar por ellos: «El deseo de mi corazón y mi oración [...] es que lleguen a ser salvos» (Romanos 10,1).

Tenemos que orar para que los ojos que no ven se abran. Mucha gente está ciega al evangelio (2 Corintios 4,4). Pueden ver físicamente, pero no pueden ver el mundo espiritual. Tenemos que orar para que el Espíritu de Dios abra los ojos que no ven, de manera que puedan entender la verdad sobre Jesús.

La mayoría de nosotros se da cuenta, cuando aceptamos a Cristo en nuestras vidas, de que ha habido alguien que ha estado orando por nosotros. Puede ser alguien de nuestra familia, un padrino o un amigo. Cuando un amigo mío, Ric, se hizo cristiano, llamó por teléfono a otro amigo, que también era cristiano, y le contó lo que le había ocurrido. El amigo respondió: «He estado orando por ti durante cuatro años». Ric empezó a orar entonces por otro amigo suyo y, en diez semanas, éste también se hizo cristiano.

Tenemos que orar por nuestros amigos. También necesitamos orar por nosotros mismos. Cuando hablamos a la gente sobre Jesús, puede que a veces obtengamos reacciones negativas. La tentación en tales circunstancias es rendirse. Cuando Pedro y Juan curaron al lisiado y proclamaron el evangelio, fueron arrestados y se les amenazó con terribles consecuencias si continuaban predicando en el nombre de Jesús. Pero no se rindieron, sino que oraron pidiéndole a Dios que les concediera valor para proclamar el evangelio y que extendiera su mano para hacer señales y prodigios mediante el nombre de Jesús (Hechos 4,29-31).

Es vital para todos nosotros, como cristianos, que perseveremos en el anuncio de la buena nueva de Jesús —a través de la presencia, la persuasión, la proclamación, el poder y la plegaria—. Si lo hacemos, veremos muchas vidas transformadas a lo largo de nuestra vida.

En plena guerra, un hombre que había recibido un disparo yacía moribundo en una trinchera. Un amigo se inclinó sobre él y le dijo:

—¿Puedo hacer algo por ti?

—No —contestó—, me estoy muriendo.

—¿Quieres que le envíe a alguien un mensaje en tu nombre?

—Sí. Puedes enviar un mensaje a esta dirección para este hombre. Dile que en mis últimos minutos, lo que me enseñó cuando era niño me está ayudando a morir.

Ese hombre había sido su profesor en la escuela dominical. Cuando éste recibió el mensaje, dijo:

—Que Dios me perdone. Dejé de enseñar en la escuela dominical hace años porque pensé que todo caía en saco roto. Creí que era algo inútil.

Cuando hablamos a la gente sobre Jesús, nunca es «algo inútil», puesto que el evangelio es «poder de Dios para la salvación de todos los que creen» (Romanos 1,16).

Notas

1. N. del T.: Estos datos corresponden a la búsqueda de la palabra inglesa «*go*» ('ir') en la traducción de la Biblia *Revised Standard Version*. Es necesario señalar que la palabra «*go*» aparece, en inglés, en todas las formas posibles del verbo «ir» excepto en las correspondientes al presente simple para la tercera persona del singular, en afirmativo, «*goes*»; al pasado simple para todas las personas, en afirmativo, «*went*»; al participio pasado, «*gone*», y al gerundio, «*going*». Todas las demás formas verbales de «ir» contienen, en inglés, la palabra «*go*». De ahí que si hiciéramos el mismo recuento de la palabra «ir» en una versión española de la Biblia, el resultado estaría muy por debajo de las 1.514 veces que, según Tom Forrest, la palabra «*go*» ('ir') aparece en la Biblia.
2. Discurso de Bono en la Conferencia del Partido Laborista del 30 de septiembre de 2004; transcripción tomada de <http://news.sky.com/story/294648/bonos-speech-to-labour-full-text>

CAPÍTULO 13

¿SANA DIOS HOY EN DÍA?

Hace algunos años, una chica japonesa nos pidió a Pippa y a mí que oráramos para que se le sanara la espalda. Le impusimos las manos y pedimos a Dios que la sanara. Después de eso, intenté esquivarla a toda costa porque no sabía cómo explicarle por qué no se había sanado. Un día coincidí con ella al doblar una esquina y no pude evitar el encuentro. Pensé que, por educación, tenía que hacerle la temida pregunta: «¿Cómo va tu espalda?».

—Oh —contestó—, se sanó completamente después de que oraran por ella.

No sé por qué estaba tan sorprendido, pero lo estaba.

En 1982, John Wimber vino a predicar a nuestra iglesia. En aquel momento, yo ejercía como abogado. Recibí su visita con recelo no sólo porque él venía de California a hablar sobre la sanación, sino también porque quería que «practicáramos la sanación». Aunque ya había oído algunas charlas sobre la sanación, nadie nos había sugerido que la pusiéramos en práctica. Eso era un terreno totalmente desconocido. Después de haber hablado a un grupo de sesenta líderes de la iglesia, anunció que tendríamos un descanso para tomar un café, tras el cual proseguiríamos con un taller práctico.

Estábamos bastante nerviosos por lo que se nos avecinaba y prolongamos el descanso del café todo lo que pudimos. Cuando regresamos, los que habían ocupado hasta entonces las primeras filas pensaron que sería demasiado egoísta por su parte acaparar los mejores sitios, ¡así que se apresuraron a sentarse en las últimas filas! John dijo entonces que su equipo había recibido doce «palabras de conocimiento» sobre las personas que estaban en la sala. Nos explicó que por «palabra de conocimiento» (1 Corintios 12,8) se refería a una revelación sobrenatural de hechos relacionados con una persona o situación, que no se adquiere mediante el esfuerzo de la mente natural, sino que la da a conocer el Espíritu de Dios. Ésta podía percibirse en forma de imagen, de palabra vista u oída en la mente o de un sentimiento físico. Después de eso, leyó la lista de las palabras de conocimiento y añadió que iba a invitar a algunas personas a que se adelantaran para recibir oración.

Una a una, las personas fueron respondiendo a lo que resultaron ser descripciones bastante detalladas. Una palabra, por ejemplo, era para un hombre que se había lesionado la espalda cortando leña cuando tenía catorce años. El nivel de fe en la sala empezó a aumentar. Todas las palabras de conocimiento tuvieron respuesta. Una de ellas estaba relacionada con la esterilidad. Los ingleses no hablamos abiertamente de esos temas y mucho menos respondemos a «palabras de conocimiento» sobre ellos. Sin embargo, una joven que había sido incapaz de concebir, se adelantó valientemente. Oraron por ella y tuvo su primer hijo, de un total de cinco, ¡exactamente nueve meses más tarde!

La actitud con la que viví esa tarde refleja el miedo y el escepticismo que muchos sienten hoy en día respecto al tema de la sanación. Decidí profundizar en la Biblia para intentar comprender lo que se dice sobre la sanación. Naturalmente, Dios sana con la cooperación de médicos, enfermeras y otros profesionales de la salud, pero, cuanto más investigo, más convencido estoy de que también hoy deberíamos esperar que Dios sane milagrosamente.

La sanación en la Biblia

En el Antiguo Testamento descubrimos que sanar es algo propio de Dios: «Yo soy el Señor, que les devuelve la salud» (Éxodo 15,26). También descubrimos que las promesas de Dios anuncian la sanación de los que le escuchan y le adoran (ej. Éxodo 23,25-26; Salmo 41). Encontramos, además, varios ejemplos de sanaciones milagrosas (ej. 1 Reyes 13,6; 2 Reyes 4,8-37; Isaías 38).

Uno de los ejemplos más llamativos es la sanación de Naamán, jefe del ejército del rey de Siria, que estaba enfermo de lepra. Dios le sanó después de haberse bañado, a regañadientes, siete veces en el río Jordán. «Su piel se volvió como la de un niño, y quedó limpio» (2 Reyes 5,14), y reconoció que el Dios de Israel era el único Dios verdadero. Eliseo, quien le había dado las instrucciones a Naamán, rechazó el pago que

Naamán le quería hacer (aunque su criado Guiezi cometió el terrible error de mentir para intentar conseguir dinero para sí como resultado de la sanación). A raíz de esta historia vemos, por un lado, que la sanación puede tener un efecto extraordinario en la vida de la persona sanada —no sólo físicamente, sino también en su relación con Dios—. La sanación y la fe van de la mano. Por otro lado, si Dios actuó de ese modo en el Antiguo Testamento, cuando sólo había destellos del reino de Dios y del derramamiento del Espíritu, podemos esperar con confianza que lo hará con más intensidad ahora que Jesús ha inaugurado el reino de Dios y la era del Espíritu.

Las primeras palabras de Jesús registradas en el evangelio de San Marcos son: «Se ha cumplido el tiempo [...]. El reino de Dios está cerca. ¡Arrepiéntanse y crean la buena nueva!» (Marcos 1,15). El tema del reino de Dios es central en el ministerio de Jesús. Las expresiones «el reino de Dios» y «el reino de los cielos» aparecen más de ochenta y dos veces, aunque la última es exclusiva del evangelio de Mateo[1]. En griego, la palabra «reino» no sólo significa 'reino' como dominio político o extensión geográfica, sino que también se refiere a la acción de gobernar.

En la enseñanza de Jesús, el reino de Dios posee una dimensión futura que sólo se cumplirá con un acontecimiento decisivo que tendrá lugar «al final del mundo» (Mateo 13,49). El final del mundo llegará cuando Jesús regrese. Cuando vino por primera vez, lo hizo en debilidad; cuando regrese, lo hará «con poder y gran gloria» (Mateo 24,30). La historia progresa hacia ese clímax (Mateo 25,31). En total, hay más de trescientas referencias a la segunda venida de Cristo en el Nuevo Testamento. Su regreso será obvio para todos. La historia, tal y como la conocemos, acabará. Habrá una resurrección universal y un día de juicio (2 Tesalonicenses 1,8-9; Mateo 25,32). Para algunos (los que rechazan a Cristo), será un día de destrucción (2 Tesalonicenses 1,8-9); para otros, será el día en el que recibirán como herencia el reino de Dios (Mateo 25,34).

Habrá un cielo nuevo y una tierra nueva (2 Pedro 3,13; Apocalipsis 21,1). El mismo Jesús estará allí (Apocalipsis 21,22-23) con todos los que le aman y le obedecen. Será un lugar de gozo intenso y permanente (1 Corintios 2,9). Tendremos nuevos cuerpos que serán incorruptibles y gloriosos (1 Corintios 15,42-43). Ya no habrá muerte, ni llanto, ni lamento, ni dolor (Apocalipsis 21,4). Todos los que creen serán completamente sanados ese día.

Hasta la llegada de ese día, vivimos en una actitud de espera. En palabras de Pablo: «Nosotros [...] gemimos interiormente, mientras aguardamos [...] la redención de nuestro cuerpo» (Romanos 8,23). Es decir, esperamos con impaciencia la nueva era, en la que Dios será «todo en todos» (1 Corintios 15,28). Es importante tener presente esta perspectiva eterna cuando reflexionamos sobre el tema de la sanación, porque, en el tiempo presente, no todas las personas se sanan.

Un buen amigo mío, Patrick Pearson-Miles, no se ha sanado. Sufre de insuficiencia renal y ha estado sometido a la diálisis durante más de veinticinco años. Es un hombre extraordinariamente valiente y de mucha fe. Ha estado orando por su sanación durante muchos años y nosotros también hemos orado por él muchas veces, pero, hasta ahora, no ha sido sanado. Patrick compartió con nosotros lo mucho que le ayudó una conversación que mantuvo con John Wimber, quien sufrió de cáncer durante muchos años. John le dijo: «El auténtico don es el de la salvación, la vida eterna, todo lo que Jesús nos concede. Si somos sanados físicamente en esta vida, eso es un añadido, si es que podemos llamarlo así». Es fundamental, pues, tener siempre presente esta dimensión futura del reino de Dios.

No obstante, como se desprende de la enseñanza y de la vida de Jesús, el reino también posee una dimensión presente. Jesús dijo a los fariseos: «El reino de Dios está entre ustedes» (Lucas 17,20-21). El reino es, pues, para el aquí y el ahora; los signos de su llegada son evidentes para nosotros. En las parábolas del tesoro escondido y de la perla de gran valor (Mateo 13,44-46) Jesús enseñó que el reino es algo que puede descubrirse y experimentarse en el presente. Se dispuso, además, a demostrar esta realidad presente del reino a través de todo lo que hizo durante su ministerio, como el perdón de los pecados, la eliminación del mal y la sanación de los enfermos.

El reino es, al mismo tiempo, un «ya pero todavía no». La expectativa judía era que el Mesías inauguraría inmediatamente el reino final como se muestra en el siguiente esquema:

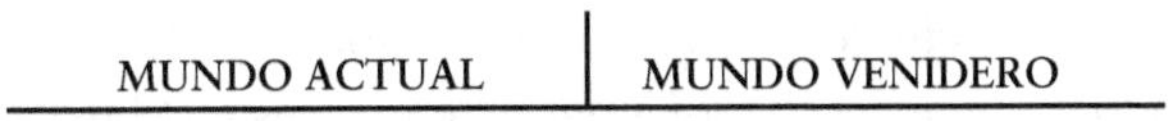

La enseñanza de Jesús fue una modificación de esa concepción del reino y puede sintetizarse en el siguiente diagrama:

Vivimos entre dos mundos, es decir, en el momento en el que el mundo venidero ha irrumpido en la historia. Somos testigos de sanaciones físicas en las personas y de liberaciones de las adicciones. El mundo antiguo continúa, pero los poderes del nuevo mundo han irrumpido en el actual.

Una cuarta parte de los evangelios habla sobre la sanación. Aunque Jesús no sanó a todos los enfermos de Judea, a menudo aparece sanando a individuos o a grupos de personas (ej. Mateo 4,23; 9,35; Marcos 6,56; Lucas 4,40; 6,19; 9,11). Era algo que formaba parte de la actividad normal del reino.

Jesús predicó la buena nueva del reino y sanó a los enfermos. Luego envió a los doce apóstoles a que hicieran exactamente lo mismo. Jesús les dijo: «Prediquen este mensaje: "El reino de los cielos está cerca". Sanen a los enfermos, resuciten a los muertos, limpien de su enfermedad a los que tienen lepra, expulsen a los demonios [...]» (Mateo 10,7-8).

Jesús no sólo envió con esas palabras a los doce. Había, además, otro grupo de setenta y dos discípulos a los que escogió para que hicieran lo mismo. Les dijo: «Sanen a los enfermos [...] y díganles: "El reino de Dios ya está cerca de ustedes"» (Lucas 10,9). Ellos regresaron llenos de alegría y dijeron: «Señor, hasta los demonios se nos someten en tu nombre» (v. 17).

Jesús tampoco se limitó a los doce ni a los setenta y dos apóstoles. Él esperaba que *todos* sus discípulos hicieran lo mismo. Dijo a sus discípulos:

«Vayan y hagan discípulos de todas las naciones [...], enseñándoles a obedecer *todo* lo que les he mandado a ustedes» (Mateo 28,18-20, cursiva del autor). Jesús no dijo: «Todo excepto, naturalmente, la parte de la sanación».

Además, si nos fijamos en el desarrollo de la iglesia en el Nuevo Testamento, vemos que eso es lo que hicieron. En el libro de los Hechos de los Apóstoles observamos la puesta en práctica de lo que Jesús encomendó a sus discípulos. Los discípulos continuaron predicando y enseñando, pero también sanaron a los enfermos, resucitaron a los muertos y expulsaron a los demonios. No sólo hablaron sobre ello: ¡lo hicieron! (Hechos 3,1-10; 4,9-12; 5,12-16; 8,5-13; 9,32-43; 14,3.8-10; 19,11-12; 20,9-12; 28,8-9). Es evidente, por 1 Corintios 12-14, que Pablo no creía que esos dones estuvieran limitados a los apóstoles. Asimismo, el autor de la carta a los Hebreos afirma que Dios ratificó su testimonio «con señales, prodigios, diversos milagros y dones distribuidos por el Espíritu Santo» (Hebreos 2,4).

En ningún lugar de la Biblia se sugiere que la sanación esté limitada a un periodo determinado de la historia. Por el contrario, la sanación es una de las señales del reino, que fue inaugurado por Jesucristo y que continúa hoy en día. Así pues, deberíamos esperar que Dios continuara sanando milagrosamente en la actualidad como algo propio de la actividad de su reino.

La sanación en la historia de la iglesia

Los escritores de la iglesia primitiva, como Cuadrado de Grecia, Justino Mártir, Teófilo de Antioquía, Tertuliano y Orígenes, revelan que la sanación formaba parte de la actividad de la iglesia primitiva.

Ireneo (130 aprox.-202) fue obispo de Lyon y uno de los teólogos de la iglesia primitiva. Escribió: «Otros, incluso, sanan a los enfermos imponiéndoles las manos, y éstos recuperan la salud».

Aproximadamente en la misma época, Orígenes (185-254), otro teólogo y escritor de la iglesia primitiva, afirmó de los cristianos lo siguiente: «Expulsan a los espíritus malignos, practican muchas sanaciones, prevén algunos acontecimientos [...]. El nombre de Jesús [...] puede acabar con las enfermedades».

Doscientos años después, todavía se esperaba que Dios curase a la gente directamente. S. Agustín escribió en *La Ciudad de Dios*: «Todavía hoy se realizan milagros en [el nombre de Cristo]»[2], y menciona el ejemplo de la sanación de un ciego en Milán. Después, describe la sanación de un hombre con quien vivía, llamado Inocencio:

> Estaba sometido a tratamiento médico; ya le habían sajado unas cuantas fístulas complicadas que tuvo en el recto [...]. En esas sajadas había soportado prolongados y terribles dolores. Se estimaba que no sería capaz de sobrevivir otra operación. A continuación nos pusimos a orar [...], se arrojó al suelo tan impetuosamente como si hubiera sido postrado a impulso de un fuerte empujón, y comenzó a orar [...] con sollozos y gemidos que sacudían todos sus miembros y casi le paralizaban el espíritu [...].
>
> Amaneció el día temido [de la segunda operación] [...]. Entran los médicos, [...] se aprestan los temibles instrumentos, [...] se descubre el lugar, examina el médico y, atento y equipado [bisturí en mano], busca la fístula que hay que sajar. Mira con afán, palpa con los dedos, emplea todos los recursos; sólo encuentra la cicatriz bien cerrada. No serán mis palabras las que expresen la alegría, la alabanza y acción de gracias al Dios omnipotente y misericordioso que fluyeron de la boca de todos con lágrimas de gozo: es mejor dejarlo a la imaginación que tratar de expresarlo con palabras.[3]

Seguidamente, describe la sanación de «una mujer muy piadosa, Inocencia, de las primeras damas de la ciudad», que fue sanada de «un cáncer en un pecho, enfermedad incurable según los médicos [...]. El médico [...] le preguntó intrigado de qué remedio se había servido». Cuando ella le contó que había sido Jesús quien la había sanado, él se enfureció y dijo: «¡Pensaba que ibas a revelarme un gran descubrimiento!». Ella, revolviéndose contra su indiferencia, replicó: «¿Acaso sanar un cáncer es algo tan grande para Cristo, que resucitó un muerto de cuatro días?».[4]

Agustín narra, a continuación, el caso de un médico que sufría de gota y que fue sanado «en el mismo bautismo», y el de un comediante que también fue sanado al recibir el bautismo, no sólo de una parálisis, sino también de una hernia. Agustín afirma saber de tantas sanaciones milagrosas que, en un momento dado, llega a decir: «¿Qué he de hacer? Urge la promesa de terminar [esta] obra y no puedo consignar aquí cuanto sé. [...] Se realizan todavía hoy muchos prodigios; los realiza el mismo Dios a través de quienes le place y como le place».[5]

Edward Gibbon —racionalista, historiador y erudito inglés—, conocido, sobre todo, como autor de la *Historia de la decadencia y caída del Imperio Romano* (1776-1788), enumera cinco causas del rápido y espectacular crecimiento del cristianismo. Una de ellas se refiere a «los poderes milagrosos de la iglesia primitiva», que Gibbon explica de la siguiente manera: «La iglesia cristiana, desde la época apostólica y de sus primeros discípulos, ha reivindicado una sucesión ininterrumpida de poderes milagrosos: el don de lenguas, el don de visiones, el don de la profecía, el poder de expulsar demonios, de sanar a los enfermos y de resucitar a los muertos». Gibbon pone de manifiesto la inconsistencia de su época, en la que «hay un escepticismo latente, e incluso involuntario adherido a las diposiciones religiosas más pías». A diferencia de lo que ocurría en la iglesia primitiva, Gibbon afirma que en la iglesia de su época «la admisión de verdades sobrenaturales, más que un consentimiento activo, es una fría y plácida aquiesciencia. Acostumbrada desde hace tiempo a observar y a respetar el orden invariable de la naturaleza, nuestra razón, o por lo menos nuestra imaginación, no está lo suficientemente preparada para afirmar la acción visible de la Divinidad». Se podría decir lo mismo, o incluso mucho más, de nuestra época. Con todo, a lo largo de la historia de la iglesia, Dios ha continuado sanando directamente a la gente.

La sanación hoy en día

Algunas personas creen que Dios escogió limitar las sanaciones milagrosas a la época de la iglesia primitiva. Pero Dios continúa sanando a la gente hoy en día. De hecho, hay tantas historias maravillosas sobre sanaciones realizadas por Dios que es difícil saber cuál escoger como ejemplo.

Una vez conocí a una mujer llamada Jean Smith, que entonces tenía unos sesenta años. Dieciséis años y medio antes, había tenido una infección que había destruido, de manera irreversible, parte de la retina y del nervio óptico de sus ojos y que le causó una ceguera total. Además de tener que depender de un perro guía, sufría dolores terribles. Bastantes años después, participó en Alpha en su iglesia local, en Gales. En el fin de semana Alpha, experimentó el poder del Espíritu Santo como nunca antes lo había hecho. Sorprendentemente, el dolor que había sufrido durante tantos años sencillamente desapareció. Fue a la iglesia esa misma tarde, para dar gracias a Dios. El ministro de su iglesia se ofreció para ungirla con aceite como símbolo de la sanación que se había producido en ella durante el fin de semana (de acuerdo con la práctica bíblica). Al secarse el aceite del rostro, miró hacia delante y pudo ver el altar de la iglesia, que tenía justo enfrente. Regresó a casa por la noche y vio a su marido por primera vez en dieciséis años y medio. ¡No se podía creer lo blanco que se le había puesto el pelo!

Raniero Cantalamessa señala que los cristianos tienen dos medios para afrontar sus problemas y, muy especialmente, el problema de la enfermedad: la naturaleza y la gracia.

> La *naturaleza,* en este caso, indica la ciencia, la técnica, la medicina: en definitiva, todos los recursos que el hombre ha recibido de Dios en la creación y que ha desarrollado con su inteligencia; la *gracia* indica la fe y la oración, mediante la cual se consigue, a veces, si es voluntad de Dios, la curación, más allá de los medios humanos [...].
>
> El cristiano, ante la enfermedad, no puede limitarse a utilizar la «naturaleza», es decir, a fundar hospitales, uniéndose al Estado para proveer asistencia y consuelo, pues tiene un poder propio, que le ha sido dado por Cristo: «Les dio *poder* para curar toda clase de enfermedades y dolencias» (Mateo 10,1). No puede pecar de omisión, dejando de recurrir a este poder; tiene que dar una esperanza a quienes la ciencia niega toda esperanza.[6]

Evidentemente, no todas las personas por las que oramos son necesariamente sanadas, y ningún ser humano puede evitar, en última instancia, la muerte. Nuestros cuerpos son corruptibles. A un cierto punto, lo más adecuado puede ser preparar a una persona para la muerte, en vez de orar por su sanación. Ciertamente, el amor y el cuidado demostrados a los moribundos en el «movimiento hospicio»[7], por ejemplo, confieren dignidad a los enfermos terminales y es otra manera de poner en práctica el mandato de Jesús de cuidar a los enfermos. En estos casos, tenemos que ser sensibles a la guía del Espíritu Santo.

Aún así, debemos estar abiertos a orar por la sanación de la gente[8]. Cuanto mayor sea el número de las personas por las que oremos, mayor número de sanaciones podremos presenciar. Los que no son sanados hablan, a menudo, de la bendición de haber recibido la oración de los demás —siempre que se ore por ellos con amor y sensibilidad—. Recuerdo que en una ocasión, siendo estudiante en la facultad de Teología, algunos de nosotros oramos por un hombre que tenía mal la espalda. No creo que se sanara, pero, poco después, me dijo: «Es la primera vez, desde que estoy en la facultad de Teología, que he sentido que alguien se preocupaba por mí».

Algunos reciben dones especiales para sanar enfermos (1 Corintios 12,9). En la actualidad, encontramos ejemplos de personas, dispersas por todo el mundo, que tienen un don extraordinario de sanación. Eso no quiere decir que se lo dejemos todo a ellas. El mandato de sanar es para todos nosotros. Del mismo modo que no todos tenemos el don de ser evangelizadores o evangelistas, pero estamos llamados a compartir con los demás la buena nueva, tampoco todos tenemos el don de sanación, pero estamos llamados a orar por los enfermos.

¿Cómo podemos orar, en la práctica, por los enfermos? Es fundamental recordar que Dios es el que sana, no nosotros. No se requiere ninguna técnica. Oramos con amor y sencillez. Lo que motivaba a Jesús era su compasión por la gente (Marcos 1,41; Mateo 9,36). Si amamos a la gente, siempre la trataremos con respeto y dignidad. Si creemos que es Jesús quien sana, siempre oraremos con sencillez, puesto que no es nuestra oración la que produce la sanación, sino el poder de Dios.

He aquí un modelo sencillo:

¿Dónde le duele?

Preguntamos a la persona que nos ha pedido nuestra oración cuál es el problema y por qué le gustaría que oráramos.

¿Por qué tiene la persona la enfermedad?

Naturalmente, una pierna rota o un accidente de tráfico puede ser algo obvio, pero, en otras ocasiones, es posible que necesitemos pedir a Dios que nos muestre si hay alguna raíz que esté causando el problema. A una mujer de nuestra iglesia, por ejemplo, le dolía la espalda y la parte izquierda de la cadera, por lo que no podía dormir bien ni moverse con libertad en el trabajo. El médico le recetó un tratamiento para la artritis. Una tarde pidió que oraran por ella. La joven que estaba orando por ella dijo que le había venido la palabra «perdón» a la mente. No sin dificultad, la mujer fue capaz de perdonar a alguien que la había ofendido y, así, fue parcialmente sanada. Más adelante, mientras esta misma mujer oraba con otra persona diferente, sintió que debía escribir una carta a la persona a la que había perdonado informándole de su perdón. Cuando echó la carta al correo, se sanó completamente.

¿De qué manera puedo orar?

Hay varios modelos del Nuevo Testamento que solemos seguir. Son muy sencillos. Por lo general, oramos a Dios para que sane a la persona en el nombre de Jesús y pedimos al Espíritu Santo que descienda sobre ella. La oración puede, además, acompañarse de la unción con aceite (Santiago 5,14) o, más frecuentemente, de la imposición de manos (Lucas 4,40).

¿Cómo se siente?

Después de la oración, normalmente preguntamos a las personas cómo se sienten. En algunas ocasiones no sienten nada —en cuyo caso continuamos orando—. En otras, sienten que están sanadas, aunque sólo el tiempo lo determinará. Y en otras ocasiones, se sienten mejor pero no están completamente sanadas, en cuyo caso, procedemos como lo hizo Jesús con el ciego (Marcos 8,22-25): seguimos orando hasta que creamos que es conveniente parar.

¿Qué sigue a continuación?

Después de haber orado por la sanación, es importante asegurar a las personas que Dios les ama independientemente de si se han sanado o no, y darles la libertad de regresar para recibir de nuevo oración. Debemos evitar cargar pesos sobre las personas, como el de sugerir que su falta de fe es la que ha impedido la sanación. Siempre les alentamos a que continúen orando y a que se aseguren de que sus vidas estén enraizadas en la comunidad sanadora de la iglesia —que es el lugar en el que ocurre, con bastante frecuencia, la sanación a largo plazo—.

Por último, es importante perseverar en la oración por la sanación de las personas. Es muy fácil desanimarse, sobre todo si no vemos resultados inmediatos y espectaculares. Por eso, debemos continuar orando por obediencia al mandato de Jesús de predicar el reino y de sanar a los enfermos. Si perseveramos, veremos, a lo largo de los años, el poder sanador de Dios en funcionamiento.

Un día, me pidieron que visitara a una mujer que estaba ingresada en el Hospital de Brompton. Tenía alrededor de 30 años, era madre de tres hijos y además estaba embarazada. Su compañero la había dejado y estaba sola. A su tercer hijo, un niño con el síndrome de Down, le habían diagnosticado un soplo cardiaco que tuvieron que operar. La operación no había tenido éxito y, por tanto, el equipo médico quería apagar las máquinas que mantenían al niño con vida. Preguntaron en tres ocasiones a la madre si podían apagar las máquinas y dejar que el niño muriera. Ella se negó porque quería acudir a un último recurso. Quería que alguien orara por él. Así que, cuando llegué, la mujer me dijo que no creía en Dios, pero me mostró a su hijo. Estaba rodeado de tubos y su cuerpo estaba magullado e hinchado. También me dijo que los médicos le habían dicho que, aunque se recuperara, tendría daños en el cerebro porque su corazón se había detenido durante demasiado tiempo. Me preguntó: «¿Puede orar por él?». Así que oré, en el nombre de Jesús, para que Dios lo sanara. Luego, expliqué a la madre cómo podía entregar su vida a Jesucristo, y lo hizo. Me fui y regresé dos días después. La mujer vino corriendo hacia mí en cuanto me vio y me dijo: «He estado intentando localizarle; ha ocurrido algo maravilloso. La noche del día en que oró por él, su situación mejoró. ¡Se ha recuperado!». En pocos días, el niño ya estaba en casa. Intenté seguir en contacto con la madre, pero no sabía dónde vivía, aunque ella seguía dejándome mensajes en el teléfono. Después de unos seis meses, estaba en el ascensor de otro hospital y vi a una madre y a un niño que no reconocí a primera vista. La mujer me dijo: «¿Es usted Nicky?». «Sí», respondí. Continuó: «Éste es el niño por el que oró. Es increíble. No sólo se ha recuperado de la operación, sino que su capacidad auditiva, que antes era defectuosa, ha mejorado».

Desde entonces, he participado en dos funerales de otros miembros de esa familia. En cada uno de ellos, la gente, no practicante, se me ha aproximado y me ha dicho: «Usted es la persona que oró para que Craig se sanara y Dios le sanó». Todos creen que Dios le sanó, porque saben que se estaba muriendo. La transformación que se produjo en Vivienne, la madre del niño, también les impresionó muchísimo. Cambió tanto al encontrarse con Cristo que decidió casarse con su compañero, quien había vuelto a casa después de ver el cambio tan grande que se había producido en ella. Ahora están casados y ella ha sido transformada por completo. Durante el segundo funeral, Vivienne se acercó a todos sus familiares y amigos diciéndoles: «Yo no creía, pero ahora creo». No mucho tiempo después, el tío y la tía de Craig vinieron a la iglesia, se sentaron en la primera fila y entregaron sus vidas a Jesucristo. Lo hicieron porque sabían que habían visto el poder de Dios en la sanación.

Notas

1. Los dos términos son sinónimos. «Los cielos» era una expresión judía común para referirse a Dios sin mencionar el nombre divino. El contexto judío en el que se compuso el Evangelio de Mateo —a diferencia del carácter gentil de los evangelios de Lucas y de Marcos— es, probablemente, la razón que mejor explica esa diferencia.
2. Agustín de Hipona, *La Ciudad de Dios* (Bibliotheca Homo Legens, 2006), libro XXII, capítulo VIII, § 1, tercer párrafo.
3. Ibíd., libro XXII, capítulo VIII, § 3.
4. Ibíd., libro XXII, capítulo VIII, § 3a. N. del T.: Las intervenciones del médico y de la mujer aparecen intercambiadas en la edición española de *La Ciudad de Dios* aquí citada. El texto propuesto en la traducción, sin embargo, intenta ser fiel a la versión inglesa que ofrece el autor.
5. Ibíd., libro XXII, capítulo VIII, § 20-21.
6. Raniero Cantalamessa, *Ven, Espíritu Creador* (Monte Carmelo, 2007), pp. 328-329.
7. N. del T.: El «movimiento hospicio» —de origen anglosajón— tiene sus raíces en la obra de las doctoras Saunders y Kubler-Ross, quienes buscaron maneras de mejorar el proceso de la muerte en los pacientes terminales y de descubrir cuáles eran sus necesidades en ese momento. Lo más importante de su trabajo es que despertaron conciencias sobre la importancia de los pacientes terminales como seres humanos únicos, dignos de todo respeto y con necesidades individuales que atender.
8. Hace algunos años, el Dr. Rex Gardner, miembro del Colegio Real de Obstetras y Ginecólogos llevó a cabo una investigación sobre algunos casos de sanaciones milagrosas. Su conclusión fue la siguiente: «La honestidad intelectual me exige afirmar que, después

de descartar casos con diagnósticos dudosos, casos de características psicosomáticas significativas y casos en los que la sanación pudo atribuirse a terapias médicas complementarias o a una remisión espontánea, hubo casos en los que la medicina no logra explicar las sanaciones que ocurrieron. [...] En estos casos no se puede ignorar la oración constante a Dios que los caracterizó. Tampoco puede descartarse esa explicación y afirmar que simplemente hubo un estímulo psicológico, puesto que algunas de las sanaciones no tienen explicación psicosomática. [...] En términos absolutos, el número [de sanaciones milagrosas] parece estar aumentando considerablemente a medida que más iglesias se abren a esta acción de Dios. El porcentaje de sanaciones aumenta en la medida en que se permite al Espíritu Santo desarrollar ministerios en comunidades locales». R. F. R. Gardner, *Healing Miracles: A Doctor Investigates*, (Darton, Longman and Todd, 1986), pp. 205-206.

CAPÍTULO 14

¿QUÉ HAY ACERCA DE LA IGLESIA?

Abraham Lincoln dijo en una ocasión: «Si toda la gente que se duerme en la iglesia los domingos se recostara en los bancos [...], estaría mucho más cómoda». Antes de que me convirtiera al cristianismo, se me solía caer el alma a los pies cada vez que oía la palabra «iglesia». La primera cosa que se me venía a la mente eran los servicios religiosos, que identificaba con bancos duros, canciones imposibles de seguir, un silencio forzado y un aburrimiento insoportable. Un día, un párroco le estaba enseñando su iglesia a un niño y, cuando llegaron al monumento conmemorativo de los soldados caídos en la guerra, le dijo: «Éstos son los nombres de los que murieron fieles a su servicio». El muchacho preguntó: «¿Murieron en el servicio de la mañana o en el de la tarde?».

Algunos asocian la palabra «iglesia» con el clero o con los ministros. De alguien que se incorpora al ministerio ordenado se suele decir que se ha «metido en la iglesia». Con frecuencia se mira con recelo a los que abrazan esa vocación y se tiende a asumir que son completamente incapaces de hacer otra cosa. En un anuncio recientemente publicado en la prensa religiosa se decía: «¿Tienes cuarenta y cinco años y no sabes adónde vas? ¿Por qué no consideras la posibilidad de ejercer el ministerio cristiano?». A veces se percibe a los clérigos como si fueran «seis días a la semana invisibles, y uno, incomprensibles».

Otros asocian la palabra «iglesia» a las diferentes denominaciones. Mi madre, por ejemplo, antes de ser cristiana, rellenó un impreso en el que se le preguntaba cuál era su religión. Ella respondió: «Ninguna (Anglicana)». Hay gente, por otro lado, que asocia la palabra «iglesia» a los edificios. Creen que por ser miembro del clero uno tiene que estar interesado en la arquitectura religiosa, y, cuando se van de vacaciones, siempre envían a su párroco una fotografía del edificio de la iglesia local.

Puede que haya algún elemento de verdad en algunas de estas percepciones. Sin embargo, tales asociaciones no captan la esencia de la iglesia. Es algo así como preguntar: «¿Qué es el matrimonio?», y recibir como respuesta que el matrimonio es un anillo, un certificado matrimonial, una boda o las leyes sobre el matrimonio. El matrimonio puede incluir todos esos aspectos, pero ellos no constituyen su esencia. En el núcleo del matrimonio hay algo mucho más profundo —una relación de confianza basada en el amor y el compromiso—. Del mismo modo, hay algo muy hermoso en el núcleo de la iglesia —la relación entre Dios y su pueblo—. A lo largo de los años, desde que soy cristiano, no sólo me siento a gusto en la iglesia, sino que he llegado a amarla.

En el Nuevo Testamento hay más de de cien imágenes o analogías de la iglesia. En este capítulo, me fijaré en cinco que son fundamentales para comprender la iglesia.

El pueblo de Dios

En primer lugar, la iglesia es un grupo de gente. «Iglesia» viene de la palabra griega *ekklesia*, que significa 'asamblea' o 'reunión de personas'. La fe cristiana implica una relación vertical (nuestra relación con Dios), pero también una relación horizontal (nuestra relación con los demás). Somos parte de una comunidad cuyo origen se remonta al llamado que Dios hizo a Abraham; el pueblo de Israel prefiguró la iglesia. La iglesia universal está formada por todos los que, en todo el mundo y a lo largo de todas las épocas, profesan o han profesado el nombre de Cristo.

El bautismo es una marca visible de la pertenencia a la iglesia. Es también un signo visible de lo que significa ser cristiano: la purificación del pecado (1 Corintios 6,11), morir y resucitar con Cristo a una vida nueva (Romanos 6,3-5; Colosenses 2,12)y el agua viva que el Espíritu Santo trae a nuestras vidas (1 Corintios 12,13). El mismo Jesús envió a sus seguidores para que hicieran discípulos y los bautizaran (Mateo 28,19).

La iglesia universal cristiana es enorme. Según la *Encyclopaedia Britannica*, en la actualidad hay más de 2.000 millones de cristianos en el mundo, es decir, aproximadamente un tercio de la población mundial. Decenas de miles de personas se convierten al cristianismo cada día. Al vivir en Europa Occidental, donde la iglesia ha ido disminuyendo en los últimos años, es fácil creer que la iglesia se está muriendo. Hubo una época en la que Occidente enviaba misioneros a otras partes del mundo. Sin embargo, recuerdo que cuando estudiaba en Cambridge, llegaron allí tres misioneros ugandeses para predicar el evangelio. En ese entonces, me sorprendió lo que había cambiado el mundo en los últimos ciento cincuenta años, y cómo en Inglaterra había tanta necesidad de misioneros como en cualquier otro lugar.

La iglesia está creciendo, a nivel global, más rápido que nunca. En 1900 había 10 millones de cristianos en África. Cien años más tarde, había 360 millones. La misma evolución es patente en Sudamérica, China y en otras partes del mundo. En Estados Unidos, alrededor del 50 por ciento de la población va a la iglesia los domingos, en comparación con el 7 por ciento de la población que lo hace en el Reino Unido.

La iglesia es perseguida en más de sesenta países del mundo. Más de 200 millones de cristianos son acosados, maltratados, torturados o ejecutados por su fe, y viven en un estado continuo de miedo a la policía secreta, a las milicias urbanas o a la represión y discriminación estatal.[1] A pesar de todo, la iglesia, en esas partes del mundo, se mantiene muy firme.

En el Nuevo Testamento, Pablo habla de las iglesias locales como, por ejemplo, de las «iglesias de la provincia de Galacia» (1 Corintios 16,1), «las iglesias de la provincia de Asia» (1 Corintios 16,19) y «todas las iglesias de Cristo» (Romanos 16,16). Hasta las mismas iglesias locales parecen haberse subdividido, en algunos casos, en grupos de gente más pequeños que se reunían en casas (Romanos 16,5; 1 Corintios 16,19).

Efectivamente, según se describe en la Biblia, parece que existieron tres tipos de reuniones en el seno de la iglesia primitiva: la grande, la mediana y la pequeña. Éstas se denominaron, respectivamente, «celebración», «congregación» y «célula». En nuestra experiencia como iglesia local, los tres tipos de agrupaciones son importantes y se complementan entre sí.

La celebración es un encuentro numeroso de cristianos. Suele ocurrir cada domingo en las grandes iglesias, o cuando un número de pequeñas iglesias se junta para orar. En el Antiguo Testamento, el pueblo de Dios se reunía, en un ambiente festivo, con ocasión de celebraciones especiales como la Pascua, Pentecostés o el Año Nuevo. En la actualidad, las reuniones numerosas de cristianos son fuente de inspiración. A través de ellas, muchos pueden vislumbrar la grandeza de Dios y el sentido profundo de la alabanza. Estos encuentros de cientos de cristianos pueden restablecer la confianza de los que se sienten aislados y ofrecer una presencia visible de la iglesia en medio de la sociedad. No obstante, estos encuentros no son suficientes por sí solos. No son lugares en los que se puedan forjar amistades.

La congregación es, en relación con lo anterior, una reunión de tamaño medio, lo cual hace posible que casi toda la gente se conozca entre sí. Es un lugar en el que se pueden hacer amistades cristianas duraderas. Un lugar en el que sus miembros pueden aprender a dar charlas, a participar en la alabanza, a interceder por los enfermos, a participar en la liturgia y a orar en alto. Es también un lugar en el que los dones y los ministerios propios del Espíritu, como la profecía, pueden ejercerse en un ambiente de amor y aceptación en el que la gente se sienta lo suficientemente libre como para no tener miedo de cometer errores. Es, por último, a este nivel donde, como grupo, podemos ponernos al servicio de nuestra comunidad, a través de actividades como la visita a enfermos o ancianos, la reparación de la casa de algún necesitado, o el voluntariado en grupos de jóvenes o en centros de acogida para personas sin techo.

El tercer tipo de reunión es la célula o el grupo pequeño. Estos grupos pueden estar formados por un número de entre dos y doce personas que se reúnen para estudiar la Biblia y orar juntos. En estos grupos es donde se forjan las amistades más estrechas dentro de la iglesia. Los miembros se sienten con la libertad para hablar sobre sus dudas, sus miedos y sus fracasos. Pueden animarse mutuamente, comer juntos y celebrar las bendiciones de la vida. Pueden apoyarse entre sí en los momentos difíciles y orar unos por otros. Debería ser un espacio de confidencialidad, responsabilidad y respeto.

La familia de Dios

En segundo lugar, la iglesia es la familia de Dios. Cuando recibimos a Cristo en nuestras vidas, pasamos a ser hijos de Dios (Juan 1,12). Esa realidad es la que proporciona unidad a la iglesia. Tenemos a Dios como nuestro Padre, a Jesucristo como nuestro Salvador y al Espíritu Santo como el que habita dentro de nosotros. Todos pertenecemos a la misma familia. Aunque pueda haber riñas y peleas entre hermanos, y dejen de verse durante largo tiempo, siempre serán hermanos. Nada puede poner fin a esa relación. La iglesia es una, aunque a veces parezca estar dividida.

Eso no quiere decir que nos conformemos con la falta de unidad. Jesús oró por sus seguidores «para que [fueran] uno» (Juan 17,11). Pablo dice: «Esfuércense por mantener la unidad del Espíritu» (Efesios 4,3). Como una familia dividida, deberíamos esforzarnos por alcanzar la reconciliación; nuestras divisiones son desalentadoras para los que están alejados de la iglesia. Ciertamente, la unidad no debería alcanzarse a expensas de la verdad, pero, como el escritor medieval Rupertus Meldenius expresó: «En lo esencial, unidad; en lo dudoso, libertad; y en todo, amor».

Debemos buscar la unidad a todos los niveles —en el grupo pequeño, en la congregación, en la celebración, dentro de la denominación a la que pertenecemos y entre denominaciones—. Esta unidad se consigue, poco a poco, cuando los teólogos y los líderes de las iglesias se reúnen para debatir y tratar diferencias teológicas. Pero también se logra, y a menudo con mayor eficacia, cuando cristianos ordinarios se reúnen para orar, alabar y trabajar juntos. Cuanto más nos acercamos a Cristo, más nos acercamos los unos a los otros. David Watson, escritor y líder eclesial, se sirvió de un ejemplo muy ilustrativo para expresar esta realidad:

> Cuando se viaja en avión y el aparato despega, los muros y los setos, que a nivel del suelo parecen enormes e infranqueables, pierden su importancia al momento. Ocurre algo parecido cuando el poder del Espíritu Santo nos eleva juntos en la percepción consciente de la presencia de Jesús, y las barreras que nos separan se vuelven insignificantes. Sentados con Cristo en las alturas, las diferencias entre cristianos pueden parecer, a menudo, triviales y marginales.[2]

Puesto que tenemos el mismo Padre, somos hermanos y estamos llamados a amarnos los unos a los otros. El apóstol Juan lo formula con claridad:

> Si alguien afirma: «Yo amo a Dios», pero odia a su hermano, es un mentiroso; pues el que no ama a su hermano, a quien ha visto, no puede amar a Dios, a quien no ha visto. Y él nos ha dado este mandamiento: el que ama a Dios, ame también a su hermano. Todo el que cree que Jesús es el Cristo, ha nacido de Dios, y todo el que ama al padre, ama también a sus hijos (1 Juan 4,20-5,1).

Raniero Cantalamessa, dirigiéndose a millares de cristianos de diferentes denominaciones reunidos en un encuentro, dijo: «Cuando los cristianos nos peleamos, le decimos a Dios: "Escoge entre nosotros o ellos". Pero el Padre ama a todos sus hijos. Deberíamos, más bien, decir: "Aceptamos como nuestros hermanos a todos los que recibes como tus hijos"».

Estamos llamados a la comunión unos con otros. La palabra griega *koinonía* significa 'tener en común' o 'compartir'. Es la palabra utlizada para hablar de la relación matrimonial, la relación más íntima entre seres humanos. Nuestra comunión es con Dios (Padre, Hijo y Espíritu Santo —1 Juan 1,3; 2 Corintios 13,14—) y con los demás (1 Juan 1,7). La comunión cristiana supera toda barrera racial, intelectual, personal o cultural. Hay un nivel de amistad en la iglesia que, ciertamente, nunca he experimentado fuera de ella.

John Wesley afirmó: «El Nuevo Testamento no concibe la religión solitaria». Estamos llamados a la comunión unos con otros. No es algo opcional. Hay dos cosas que, simplemente, no podemos hacer solos. No podemos casarnos solos y no podemos ser cristianos solos. El profesor C.E.B. Cranfield describió esta idea de la siguiente manera: «Un cristiano independiente que se considerara cristiano, pero a la vez demasiado superior para pertenecer a la iglesia terrenal en alguna de sus formas, es simplemente una contradicción en sí mismo».

El autor de la carta a los Hebreos insiste: «Preocupémonos los unos por los otros, a fin de estimularnos al amor y a las buenas obras. No dejemos de congregarnos, como acostumbran a hacer algunos, sino animémonos unos a otros, y con mayor razón ahora que vemos que aquel día se acerca» (Hebreos 10,24-25). A lo largo de mi vida como cristiano, me he dado cuenta de que la gente que se convierte al cristianismo tiene dificultades en mantener viva su fe, a no ser que se reúna con otros cristianos.

Un hombre que se encontraba en esta situación recibió la visita de un sabio cristiano de avanzada edad. Se sentaron frente a la estufa de carbón que calentaba la habitación. El anciano permaneció en silencio y, a cierto punto, se acercó a la estufa, tomó una brasa con unas tenazas, y la sacó de la estufa. Continuó en silencio. En pocos minutos, la brasa perdió su incandescencia. Entonces, la volvió a poner en el fuego y, poco después, la brasa volvió a ponerse al rojo vivo. El anciano seguía sin decir ni media palabra, pero, cuando se levantó para irse, el otro hombre comprendió perfectamente por qué había perdido su fervor: un cristiano sin comunidad es como una brasa fuera del fuego.

Una pareja joven que no hacía mucho tiempo había puesto su fe en Cristo escribió:

> Llevamos viniendo a la iglesia un año y ya nos sentimos como en casa. Este ambiente de amor, amistad y entusiasmo es imposible de encontrar en cualquier otro lugar. La alegría que aquí se respira supera con creces la de cualquier noche en un bar, en una fiesta o en un restaurante [...] (Me sorprende lo que acabo de escribir, ¡sobre todo cuando sigo disfrutando de esas tres actividades!). Para nosotros dos, los servicios dominicales y las reuniones del miércoles son los dos puntos culminantes de la semana. A veces, nos da la sensación de que venimos a respirar aire puro, especialmente los miércoles, porque a esa altura de la semana estamos sumergidos en las profundidades de la vida laboral... Si nos perdemos cualquiera de esas ocasiones, nos sentimos algo así como «diluidos». Ciertamente, podemos continuar hablando con Dios, juntos o por separado, pero me parece que el hecho de reunirnos es el fuelle que mantiene viva la llama de nuestra fe.

El cuerpo de Cristo

En tercer lugar, la iglesia es el cuerpo de Cristo. Pablo estaba persiguiendo a los cristianos cuando se encontró con Jesucristo en el camino hacia Damasco. Jesús le dijo: «Saulo, Saulo, ¿por qué *me* persigues?»

(Hechos 9,4, cursiva del autor). Pablo jamás se había encontrado con Jesús, así que debió de darse cuenta de que Jesús le estaba diciendo que al perseguir a los cristianos, estaba persiguiendo al mismo Jesús. También es más que probable que, a partir de ese encuentro, Pablo reconociera que la iglesia era el cuerpo de Cristo. «Él llama a la iglesia Cristo», escribió Calvino, el reformador del siglo dieciséis. Los cristianos somos Cristo para el mundo. Como dice el antiguo himno:

> Cristo no tiene manos;
> tiene sólo nuestras manos
> para realizar hoy su trabajo.
> Cristo no tiene pies;
> tiene sólo nuestros pies
> para guiar a todos por su camino.
> Cristo no tiene labios;
> tiene sólo nuestros labios
> para hablar de su muerte a los hombres.
> Cristo no tiene medios;
> tiene sólo nuestros medios
> para conducir a los hombres hacia Él.

Pablo desarrolla la analogía del cuerpo en 1 Corintios 12. El cuerpo es una unidad (v. 12), pero esa unidad no quiere decir uniformidad. En el cuerpo hay una casi infinita variedad de órganos. Las personas tienen dones diferentes y sirven de maneras diferentes, pero todos tienen su propio lugar. Dios nos da a cada uno un papel en la iglesia, no para vanagloriarnos, sino para el bien común (v. 7). Si no hacemos nuestra parte, todo el cuerpo sufre. En este sentido, se ha comparado a la iglesia con un partido de fútbol: veintidós personas que tienen gran necesidad de tomarse un descanso, son observadas por veintidós mil personas que tienen gran necesidad de hacer ejercicio. Cada uno de nosotros representa a Jesús y puede imitar sus buenas obras dondequiera que vaya: en nuestras familias, en el trabajo, en donde vivimos y con nuestros amigos.

Una vez, se aproximó a John Wimber un miembro de su iglesia que había encontrado a alguien en gran necesidad. Después del servicio dominical, este hombre compartió con John Wimber la frustración que había sentido al intentar ayudarle: «Ese hombre necesitaba un lugar donde dormir, comida y apoyo mientras recuperaba las fuerzas necesarias para empezar a buscar trabajo. Me siento extremadamente frustrado. Llamé al despacho de la iglesia, pero nadie me pudo atender y fueron incapaces de ayudarme. Al final, ¡tuve que acogerlo en *mi* casa toda la semana! ¿No cree que la iglesia debería atender a este tipo de personas?». John Wimber lo miró pensativo y le dijo: «Parece ser que *la iglesia* lo ha hecho».

¿Cuál debe ser nuestra actitud respecto a otros miembros del cuerpo de Cristo? Pablo combate dos actitudes erróneas.

Antes de nada, se dirige a los que se sienten inferiores y creen que no tienen nada que ofrecer. Dice, por ejemplo, que el pie puede sentirse inferior a la mano, o la oreja inferior al ojo (vv. 14-19). Sentir envidia de los demás es una tendencia humana.

En la iglesia, es fácil compararse con los demás, sentirse inferior y, por lo tanto, innecesario. Como consecuencia, no hacemos nada. Pero, la verdad es que todos somos necesarios. Dios ha concedido dones «a cada uno» (v. 7). La expresión «a cada uno» se va repitiendo a lo largo de todo el capítulo y actúa como hilo conductor de éste. Todas las personas tienen, por lo menos, un don que es absolutamente necesario para el buen funcionamiento del cuerpo. Mientras no desempeñemos el papel que Dios nos ha designado, la iglesia no podrá funcionar como debería.

En los versículos siguientes, Pablo se dirige a los que se sienten superiores (vv. 21-25) y dicen a los demás: «No los necesito». De nuevo, Pablo señala el desatino de esta postura. Un cuerpo sin un pie no es tan eficaz como podría parecer (ver v. 21). A menudo, los órganos que no se ven son aún más importantes que los que destacan a la vista.

Debemos recordar que todos formamos parte de un mismo cuerpo, que hay una dependencia mutua entre las partes y que cada parte afecta a la totalidad del cuerpo: «Si uno de los miembros sufre, los demás comparten su sufrimiento; y si uno de ellos recibe honor, los demás se alegran con él» (v. 26). Cuando todos desempeñan su papel, ocurre algo maravilloso, muy similar a lo que sucede en una orquesta cuando hay muchos músicos tocando en armonía. Esto también es verdad a nivel global: en vez de rechazar otras partes de la iglesia porque son diferentes a nosotros, es apasionante darse cuenta de que nos pueden enriquecer.

Un templo santo

En cuarto lugar, en la iglesia experimentamos la presencia de Dios. La única iglesia física de la que habla el Nuevo Testamento es un edificio hecho de personas. Pablo afirma que los cristianos «son edificados juntamente para ser morada de Dios por su Espíritu» (Efesios 2,22). Jesús es la piedra maestra angular. Él es quien fundó la iglesia y alrededor de quien se construye la iglesia. Los cimientos son «los apóstoles y los profetas» y el resultado es un templo santo hecho de «piedras vivas».

En el Antiguo Testamento, el tabernáculo —y más tarde el Templo— era el elemento central en el culto de Israel. Ése era el lugar al que la gente acudía para encontrarse con Dios. A veces, su presencia llenaba el Templo (1 Reyes 8,11) y, especialmente, el Lugar Santísimo. El acceso a su presencia estaba estrictamente restringido (ver Hebreos 9).

A través de su muerte en la cruz por nosotros, Jesús abrió, para todos los creyentes y para siempre, el acceso al Padre. Su presencia ya no está limitada a un templo físico; está presente, por su Espíritu, en medio de todos los creyentes. Su presencia se siente de una manera especial cuando los cristianos se reúnen (Mateo 18,20). La iglesia es su nuevo templo, «en el cual Dios vive por medio de su Espíritu».

El catedrático Gordon Fee escribe que «presencia» «es una palabra deliciosa». Cuando uno ama a alguien, lo que más desea es la presencia de esa persona. Las cartas están bien, las fotos también, y las llamadas telefónicas ciertamente se agradecen. Pero lo que uno anhela en realidad es la presencia de la persona amada.[3] La presencia de Dios es lo que Adán y Eva perdieron en el jardín del Edén. Pero Dios prometió que restituiría su presencia. Primero lo hizo en el Templo —en el Antiguo Testamento—, y después en Pentecostés, cuando el Espíritu de Dios fue derramado y la presencia de Dios vino a morar entre su pueblo.

Pablo se dirige personalmente a los cristianos con estas palabras: «¿Acaso no saben que su cuerpo es templo del Espíritu Santo, quien está en ustedes y al que han recibido de parte de Dios?» (1 Corintios 6,19). También escribe, con más frecuencia, que la iglesia, la asamblea congregada de los cristianos, es el templo del Espíritu Santo. Ahí es donde Dios vive por su Espíritu. Durante la Antigua Alianza o el Antiguo Pacto (antes de Jesús) era necesario, para acceder al Padre, contar con la intercesión de un sacerdote que ofreciera sacrificios en nombre de los creyentes (Hebreos 4,14). Ahora, Jesús, nuestro gran sumo sacerdote, ha ofrecido el sacrificio supremo de su propia vida en nuestro nombre. Jesús «se ha presentado una sola vez y para siempre a fin de acabar con el pecado mediante el sacrificio de sí mismo» (Hebreos 9,26). No necesitamos ofrecer más sacrificios por nuestros pecados. Más bien, debemos mantener vivo el recuerdo de su sacrificio por nosotros. En el servicio de la Santa Comunión, también llamado la Cena del Señor o la Eucaristía, rememoramos su sacrificio con agradecimiento y participamos de sus beneficios.

Cuando recibimos el pan y el vino, miramos en cuatro direcciones:

Miramos hacia atrás con agradecimiento

El pan y el vino nos recuerdan el cuerpo quebrado y la sangre derramada de Jesucristo en la cruz. Cuando recibimos la comunión miramos hacia atrás en el tiempo para contemplar la cruz con agradecimiento porque, en ella, Jesús murió por nosotros para que nuestros pecados fueran perdonados y nuestra culpa eliminada (Mateo 26,26-28).

Miramos hacia delante con anticipación

Jesús nos podría haber dejado otra forma para recordar su muerte, pero decide dejarnos una comida. Una comida es una manera de celebrar las grandes ocasiones. Un día, en el cielo, vamos a celebrar, para toda la eternidad, el «banquete de bodas» de Jesucristo (Apocalipsis 19,9). El pan y el vino son un anticipo de éste (Lucas 22,16; 1 Corintios 11,26).

Miramos a la familia cristiana que nos rodea

Beber de la misma copa y comer del mismo pan simboliza nuestra unidad en Cristo. «Hay un solo pan del cual todos participamos; por eso, aunque somos muchos, formamos un solo cuerpo» (1 Corintios 10,17). Es por eso que no recibimos el pan y el vino a solas e individualmente. Comer y beber juntos de este modo no sólo debería recordarnos nuestra unidad, sino que debería fortalecer esa unidad con los hermanos que vemos a nuestro alrededor en el momento de la comunión, por quienes Cristo también murió.

Miramos hacia arriba con esperanza

El pan y el vino representan el cuerpo y la sangre de Jesús. Jesús prometió estar con nosotros a través de su Espíritu después de su muerte y, especialmente, cuando los cristianos se reunieran: «Porque donde dos o tres se reúnen en mi nombre, allí estoy yo en medio de ellos» (Mateo 18,20). Así que, cuando recibimos la comunión, elevamos nuestra mirada hacia Jesús con esperanza. En nuestra experiencia, hemos visto que en ese momento se dan conversiones, sanaciones y profundos encuentros con la presencia de Cristo.

La esposa de Cristo

En quinto lugar, Jesús ama a la iglesia. Ella es la esposa de Cristo. Ésta es una de las analogías más hermosas sobre la iglesia en el Nuevo Testamento. Pablo declara, hablando de la relación entre marido y mujer: «Esto es un misterio profundo; yo me refiero a Cristo y a la iglesia» (Efesios 5,32).

Para describir la relación que hay entre Dios y los seres humanos, el Nuevo Testamento se sirve de analogías sobre las relaciones humanas más estrechas que existen. Una analogía común es, por ejemplo, la del padre y el hijo. Sin embargo, en este caso, Pablo sugiere que, quizá, la mejor analogía sea la del amor entre marido y mujer. Éste es el amor que Jesús te tiene. S. Agustín afirma que «Dios nos ama a cada uno de nosotros como si sólo hubiera uno de nosotros al cual amar».

Así como en el Antiguo Testamento se presenta a Dios como el esposo de Israel (Isaías 54,1-8), en el Nuevo Testamento, Pablo presenta a Cristo como el esposo de la iglesia y como el modelo de toda relación marital humana. De este modo, exhorta a los maridos a amar a sus mujeres «como Cristo amó a la iglesia y se entregó por ella[2] para hacerla santa. Él la purificó, lavándola con agua mediante la palabra, para presentársela a sí mismo como una iglesia radiante, sin mancha ni arruga ni ninguna otra imperfección, sino santa e intachable» (Efesios 5,25-27).

Esta imagen de la iglesia santa y radiante puede no corresponder del todo con su estado actual, pero, a través de ella, podemos vislumbrar lo que Jesús quiere para su iglesia. Un día Jesús regresará en gloria. En el libro del Apocalipsis, Juan tiene una visión de la iglesia, «la nueva Jerusalén, que bajaba del cielo, procedente de Dios, preparada como una novia hermosamente vestida para su prometido» (Apocalipsis 21,2). Hoy la iglesia es pequeña y débil. Un día veremos a la iglesia como Jesús quiere que sea. Mientras tanto, debemos tratar que nuestras experiencias se asemejen lo máximo posible a la imagen de la iglesia del Nuevo Testamento.

Nuestra respuesta al amor que Cristo nos tiene debería ser de amor hacia él. La manera en la que demostramos ese amor es viviendo en santidad y pureza, es decir, siendo una esposa adecuada para él y cumpliendo lo que quiere de nosotros. Ése es su designio para nosotros. Así es como se llevará a efecto el plan que tiene para nosotros. Tenemos que ser transformados y engalanados hasta que estemos listos para ser su esposa.

Jackie Pullinger, a quien ya he mencionado anteriormente, trabaja, sobre todo, con drogadictos y con prostitutas en Hong Kong. Jackie conoció a una mujer de setenta y dos años llamada Alfreda que había sido drogadicta y prostituta durante sesenta años. Cuando Jackie la conoció, solía pasarse todo el día sentada a la entrada de un burdel en una zona muy pobre de la ciudad. Se inyectaba heroína tres veces al día en la espalda porque tenía las venas de los brazos y de las piernas completamente destrozadas. Como no tenía documento de identidad, ni siquiera existía para el gobierno de Hong Kong. Entregó su vida a Cristo y fue perdonada. Se fue a vivir a una de las casas de Jackie y, desde el momento en que Dios la sanó, empezó a cambiar.

Poco después, conoció a un hombre llamado Little Wa, de setenta y cinco años, con el que se casó. Jackie describió esa boda como «la boda de la década», porque Alfreda —ex prostituta y ex drogadicta— se aproximó al altar, por el pasillo central de la iglesia, vestida de blanco, purificada, perdonada y transformada por el amor de Jesucristo. Para mí, ésta es una imagen de la iglesia. Sólo hay un camino para entrar en la iglesia, y es decir: «Dios mío, ten piedad de mí, que soy pecador». Cuando decimos eso, Dios, en su amor, responde: «Eres parte de mi pueblo. Eres mi familia. Eres mi representante; eres mi cuerpo en la tierra. Eres un templo santo; mi Espíritu vive en ti. Eres mi esposa».

Notas

1. El grado y la localización de las persecuciones a los cristianos en el mundo están cambiando continuamente. Para obtener más información sobre cómo apoyar y orar por esta parte de la iglesia se puede visitar, por ejemplo, www.opendoorsuk.org
2. David Watson, *I Believe in the Church* (Hodder & Stoughton, 1978).
3. Gordon Fee, *Paul, the Spirit and the People of God* (Hodder & Stoughton, 1997).

CAPÍTULO 15

¿CÓMO APROVECHAR AL MÁXIMO EL RESTO DE MI VIDA?

Aunque quisiéramos vivir más veces, sólo vivimos una vez. D. H. Lawrence dijo: «Ojalá tuviéramos dos vidas: la primera para cometer errores [...] y la segunda para sacar provecho de ellos».[1] Pero en la vida no hay ensayos generales, nos encontramos sobre el escenario desde el principio.

Aunque hayamos cometido errores en el pasado, es posible, con la ayuda de Dios, sacarle partido al futuro. ¿Cómo podemos aprovechar al máximo el resto de nuestras vidas? Pablo nos dice cómo hacerlo en Romanos 12,1-2:

> Por lo tanto, hermanos, tomando en cuenta la misericordia de Dios, les ruego que cada uno de ustedes, en adoración espiritual, ofrezca su cuerpo como sacrificio vivo, santo y agradable a Dios. No se amolden al mundo actual, sino sean transformados mediante la renovación de su mente. Así podrán comprobar cuál es la voluntad de Dios, buena, agradable y perfecta.

¿Qué debemos hacer?

Romper con el pasado

Como cristianos, estamos llamados a ser diferentes del mundo que nos rodea. Pablo escribe: «No se amolden al mundo actual» (se refiere al mundo que excluye a Dios) o, como J. B. Phillips traduce este mismo versículo: «No dejen que el mundo que les rodea les aprisione en su propio molde». No es fácil resistir la presión que se ejerce sobre todos nosotros para que nos conformemos al mundo que nos rodea. Es muy difícil ser diferente.

Un joven agente de policía estaba haciendo el examen final en la Academia de Policía de Hendon, en el norte de Londres, y se encontró con la siguiente pregunta:

> Imagínese que está usted patrullando en las afueras de Londres cuando tiene lugar una explosión en una cañería principal de gas a su paso por una calle cercana a donde usted se encuentra. Al llegar al lugar de la explosión, descubre que se ha abierto un cráter en la acera y que, a pocos metros de éste, hay una camioneta volcada. Dentro de la camioneta, hay un olor muy fuerte a alcohol. Los dos ocupantes —un hombre y una mujer— están heridos. Usted reconoce que la mujer es la esposa de su inspector de división, que se encuentra en ese momento en los Estados Unidos. Un conductor se detiene para prestarle ayuda y usted se da cuenta de que se trata de un delincuente buscado por atraco a mano armada. De repente, un hombre sale de una casa cercana gritando que la explosión ha provocado el parto a su mujer, que está embarazada. Otro hombre pide ayuda mientras lucha por mantenerse a flote en un canal adyacente, en el que ha caído impulsado por la explosión.
>
> Teniendo en cuenta las disposiciones de la Ley de Salud Mental, describa en pocas palabras qué medidas tomaría.

El agente reflexionó un poco, tomó su bolígrafo y escribió: «Me quitaría el uniforme y desaparecería entre el gentío».

Podemos vernos reflejados en esta respuesta. Como cristianos, a menudo es más fácil quitarnos el uniforme y «desaparecer entre el gentío». Pero hemos sido llamados a permanecer inconfundibles, a

mantener nuestra identidad cristiana, independientemente de dónde estemos y de las circunstancias que nos rodeen.

El cristiano está llamado a ser una crisálida más que un camaleón. La crisálida es la forma que adopta una oruga durante la metamorfosis, antes de transformarse en una hermosa mariposa. Un camaleón es un reptil que tiene la capacidad de cambiar de color; muchos pueden adquirir tonos verdosos, amarillentos y castaños claros u oscuros. El camaleón cambia de color para camuflarse. Asimismo, los cristianos camaleón se ajustan a su entorno: se sienten bien como cristianos entre otros cristianos, pero están dispuestos a cambiar sus criterios en un entorno que no sea cristiano. Cuenta la leyenda que se hizo un experimento con un camaleón colocándolo sobre un tejido multicolor. El camaleón no pudo resistir la tensión y ¡explotó! Igualmente, los cristianos camaleón experimentan una tensión casi insoportable en sus vidas y, a diferencia de los cristianos crisálida, no llegan a alcanzar todo su potencial.

Los cristianos no están llamados a camuflarse en su entorno, sino a marcar la diferencia. Ser diferente no significa ser raro. No tenemos que empezar a ponernos ropa extraña o a hablar con un lenguaje religioso peculiar. ¡Podemos ser normales! Una relación de amistad con Dios, a través de Jesucristo, nos debería ayudar a todos nosotros a ser plenamente humanos —exactamente lo que Dios quiso que fuéramos—. En este sentido, cuanto más nos asemejemos a Jesús, más normales seremos. Cuando el filósofo del siglo diecinueve Søren Kierkegaard se hizo cristiano, declaró: «Ahora, con la ayuda de Dios, seré yo mismo».[2]

Cuando seguimos a Cristo, nos liberamos para despojarnos de

modelos de conducta y de hábitos que nos perjudican a nosotros y a los demás. Eso significa, por ejemplo, que ya no deberíamos permitirnos criticar a los demás a sus espaldas. Significa que no necesitamos pasar el tiempo gruñendo y quejándonos (si es que antes éramos así). También significa que somos libres para no ajustarnos a los criterios del mundo sobre la moral sexual. Es posible que todo esto suene bastante negativo, pero, en realidad, es todo lo contrario. En vez de criticar a los demás a sus espaldas, deberíamos alentarlos, procurando edificar a los demás continuamente por amor a ellos. En vez de gruñir y quejarnos, deberíamos estar llenos de gratitud y alegría. En vez de incurrir en la inmoralidad sexual, deberíamos demostrar la bendición que supone ajustarse a los criterios de Dios.

Este último ejemplo es un ámbito en el que los cristianos estamos llamados a ser diferentes —algo que muchos encuentran difícil—. En mi experiencia como alguien que habla con frecuencia sobre la fe cristiana, hay un tema que aparece continuamente en las conversaciones sobre el cristianismo: la moral sexual y todo lo que ésta implica. Las preguntas que más se hacen sobre este tema son: «¿Qué pasa con las relaciones sexuales fuera del matrimonio? ¿Tienen algo de malo? ¿En qué parte de la Biblia está eso escrito? ¿Por qué son perjudiciales?».

El criterio de Dios en este ámbito es, como siempre, mucho mejor que cualquier otro. Dios inventó el matrimonio. Él también inventó el sexo. A diferencia de lo que algunos puedan pensar, Dios no baja la vista, escandalizado, diciendo: «Cielo santo, ¿qué se les ocurrirá a continuación?». C. S. Lewis señaló que el placer es una idea de Dios, no del diablo. La Biblia confirma nuestra sexualidad y celebra la intimidad sexual: en el Cantar de los Cantares vemos la alegría, el gozo y la satisfacción que proporciona.

El inventor del sexo también nos dice cómo puede disfrutarse al máximo. El contexto bíblico de la relación sexual es el compromiso de por vida que se da en el matrimonio entre un hombre y una mujer. La doctrina cristiana queda expuesta en Génesis 2,24, y Jesús la cita en Marcos 10,7: «Por eso dejará el hombre a su padre y a su madre, y se unirá a su esposa y los dos llegarán a ser un solo cuerpo». El matrimonio implica el acto público de dejar a los padres y de comprometerse para toda la vida. Implica «unirse» con la otra persona —la palabra hebrea significa, literalmente, 'pegarse'—, no sólo física y biológicamente, sino también emocionalmente, psicológicamente, espiritualmente y socialmente. Éste es el contexto cristiano de la unión en «un solo cuerpo». Además, es designio de Dios que los hijos se críen en un contexto de amor y, por tanto, de compromiso auténtico e inquebrantable. La doctrina bíblica sobre el matrimonio constituye la postura más entusiasta, apasionante y positiva que existe sobre el matrimonio —y probablemente la más romántica—. Es una doctrina que nos presenta el plan perfecto de Dios.

Dios nos advierte de los peligros que hay al salirse de las fronteras que él ha establecido o al ignorar sus instrucciones. El «sexo casual» no existe. Cada acto sexual efectúa una unión en «un solo cuerpo» (1 Corintios 6,13-20). Cuando esta unión se rompe, las personas sufren. Si se pegan dos trozos de cartulina y después se separan, se puede oír cómo se desgarran y se pueden ver pedacitos de uno de los trozos de cartulina adheridos al otro. Igualmente, llegar a ser un solo cuerpo para después separarse, deja cicatrices. Vamos dejando pedacitos de nosotros mismos en relaciones rotas. Si miramos a nuestro alrededor, podemos ver lo que ocurre cuando se ignoran los criterios de Dios. Vemos matrimonios rotos, corazones partidos, hijos que sufren, enfermedades sexuales y vidas que están sumidas en el caos. Por otro lado, en tantos matrimonios cristianos en los que los criterios de Dios se cumplen, vemos la bendición que Dios quiso conceder a la unión sexual y al matrimonio.

Ciertamente, nunca es demasiado tarde. El amor de Dios, a través de Jesús, nos ofrece el perdón, cura las heridas y devuelve la salud a aquellas vidas que habían sido desgarradas. Jesús quiere restablecer la integridad en nuestras vidas y darnos la oportunidad para comenzar de nuevo.

No permitamos, pues, que el mundo nos aprisione en su propio molde. Mostremos al mundo algo muchísimo mejor.

Empezar de nuevo

Pablo dice que tenemos que ser «transformados» (Romanos 12,2). En otras palabras, tenemos que ser como la crisálida que se transforma en una hermosa mariposa. Muchos tienen miedo al cambio en sus vidas: dos orugas que estaban sobre una hoja vieron pasar a una mariposa. Una se volvió a la otra y le dijo: «¡A mí no me meten ni loca en una de ésas!». Tal es nuestro miedo a dejar lo que conocemos.

Dios no nos pide que dejemos nada que sea bueno, pero sí nos pide que nos deshagamos de la basura con la que cargamos. Hasta que no nos libramos de la basura, no podemos disfrutar de las cosas maravillosas que Dios ha reservado para nosotros. Había una mujer que vivía en la calle y que solía deambular por nuestra parroquia. Pedía limosna y reaccionaba violentamente contra los que se la negaban. Estuvo en la calle muchos años cargando siempre con un montón de bolsas de plástico. Cuando murió, yo presidí su funeral. Como no esperaba que nadie viniera, me sorprendió ver a varias personas bien vestidas que asistieron al servicio. Más tarde, descubrí que esa mujer había heredado una gran fortuna. Había adquirido un piso de lujo y muchos cuadros valiosos, pero prefería vivir en la calle con sus bolsas de plástico llenas de basura. No podía resignarse a dejar su estilo de vida y nunca disfrutó de su herencia.

Como cristianos, hemos heredado mucho más —todas las riquezas de Cristo—. Para disfrutar de estos tesoros, tenemos que dejar la basura que hay en nuestras vidas. Pablo nos exhorta a aborrecer el mal (Romanos 12,9). Eso es lo que debemos dejar atrás.

En los siguientes versículos (Romanos 12,9-21), vislumbramos algunos de los tesoros de los que podemos disfrutar:

> El amor debe ser sincero. Aborrezcan el mal; aférrense al bien. Ámense los unos a los otros con amor fraternal, respetándose y honrándose mutuamente. Nunca dejen de ser diligentes; antes bien, sirvan al Señor con el fervor que da el Espíritu. Alégrense en la esperanza, muestren paciencia en el sufrimiento, perseveren en la oración. Ayuden a los hermanos necesitados. Practiquen la hospitalidad.
>
> Bendigan a quienes los persigan; bendigan y no maldigan. Alégrense con los que están alegres; lloren con los que lloran. Vivan en armonía los unos con los otros. No sean arrogantes, sino háganse solidarios con los humildes. No se crean los únicos que saben.
>
> No paguen a nadie mal por mal. Procuren hacer lo bueno delante de todos. Si es posible, y en cuanto dependa de ustedes, vivan en paz con todos. No tomen venganza, hermanos míos, sino dejen el castigo en las manos de Dios, porque está escrito: «Mía es la venganza; yo pagaré», dice el Señor. Antes bien, «si tu enemigo tiene hambre, dale de comer; si tiene sed, dale de beber. Actuando así, harás que se avergüence de su conducta.» No te dejes vencer por el mal; al contrario, vence el mal con el bien.

Tener un amor sincero

En griego, «sincero» significa 'sin hipocresía' o, literalmente, 'sin actuación' o 'sin máscara'. Por lo general, las relaciones en el mundo son muy superficiales. Todos construimos fachadas para protegernos. Cuando vemos que los gobiernos lo hacen, lo llamamos «ocultamiento de la verdad». Cuando lo hacemos nosotros, lo llamamos «imagen»; lo que estamos haciendo es proyectar algo. Ciertamente, yo también hice eso antes de ser cristiano (y, hasta cierto punto, continué haciéndolo después de serlo —aunque no debería haber sido así—). De hecho, me decía: «En realidad no me gusta cómo soy por dentro, así que voy a fingir que soy alguien diferente».

Si los demás hacen lo mismo, entonces tenemos dos «fachadas» o dos «máscaras» que interactúan. Las personas reales nunca llegan a relacionarse. Eso es todo lo contrario al «amor sincero». El amor sincero significa quitarnos la máscara y atrevernos a revelar quiénes somos. Cuando sabemos que Dios nos ama tal y como somos, experimentamos tal libertad que podemos quitarnos la máscara. Eso implica una profundidad y una autenticidad completamente nuevas en nuestras relaciones personales.

Mostrar entusiasmo por Dios

A veces la gente mira con recelo el entusiasmo con el que viven algunos cristianos, pero no hay nada de malo en él. Lo que hay es una alegría y una emoción, un «fervor que da el Espíritu» (v. 11) que manan de nuestra relación con Dios. Esta experiencia inicial de Dios debe permanecer y no desvanecerse.

Algunas personas tienen una experiencia inicial de Cristo maravillosa. Otras no sienten nada, y otras experimentan grandes dificultades. No obstante, lo importante, en todos los casos, es saber lo que estas personas han progresado en su relación con Dios de aquí a diez años. Ocurre como en un matrimonio: lo más importante es la relación a largo plazo; es menos importante si la luna de miel fue de ensueño o no. Para algunos lo fue, pero para otros, no. Conozco a una pareja que sufrió tales quemaduras solares ¡que ni siquiera pudieron abrazarse durante las dos semanas que duró su luna de miel! No hace mucho, conocí a alguien que me contó que sus abuelos se habían ido de luna de miel en un pequeño barco. En la primera noche, el barco naufragó y tuvieron que saltar al agua, salir del río y tomar un autobús de regreso a casa. No obstante, sesenta y tres años después seguían felizmente casados; eso es lo que importa. Pablo dice: «Nunca dejen de ser diligentes; antes bien, sirvan al Señor con el fervor que da el Espíritu». Cuanto más tiempo hayamos sido cristianos, más entusiasmados tendremos que estar.

Cultivar relaciones armoniosas

Pablo insta a los cristianos a vivir en armonía entre sí y a ser generosos y hospitalarios (v. 13), a perdonar (v. 14), a ser solidarios (v. 15) y a vivir en paz con todos (v. 18). Ésta es una imagen gloriosa de la familia cristiana a la que Dios nos llama, invitándonos a vivir en un ambiente de amor, de alegría, de paciencia, de fidelidad, de generosidad, de hospitalidad, de bendiciones, de gozo, de armonía, de humildad y de paz, en la que el bien no se deja vencer por el mal, sino que, por el contrario, el bien vence al mal. Éstos son algunos de los tesoros que se nos han reservado para cuando dejemos la basura con la que cargamos.

¿Cómo debemos hacerlo?

«Ofreciendo nuestro cuerpo»

Esto requiere un movimiento de la voluntad. Pablo nos exhorta, teniendo en cuenta todo lo que Dios ha hecho por nosotros, a ofrecer nuestro cuerpo «como sacrificio vivo, santo y agradable a Dios» (Romanos 12,1). Dios quiere que ofrezcamos todo nuestro ser y toda nuestra vida.

En primer lugar, ofrecemos nuestro tiempo. El tiempo es nuestra posesión más valiosa y tenemos que entregársela a Dios completamente. Eso no quiere decir que vayamos a pasarnos todo el tiempo en oración o leyendo la Biblia, sino que dejemos que las prioridades de Dios se establezcan en nuestra vida. Es fácil tener las prioridades equivocadas. Un anuncio en un periódico decía: «Agricultor busca chica con tractor con vistas a establecer una relación y, posiblemente, proponer matrimonio. Por favor, enviar foto (del tractor)».

Una de las cosas que ocurre cuando se lo entregamos todo a Dios es que la gente se hace mucho más importante para nosotros que las posesiones. Nuestras prioridades deben ser nuestras relaciones, y nuestra prioridad absoluta, nuestra relación con Dios. Empezar el día leyendo la Biblia y orando siempre influye en el resto del día. Necesitamos reservar tiempo para estar a solas con él. También necesitamos reservar tiempo para estar con otros cristianos —los domingos y, quizá, en alguna reunión a mitad de semana en la que podamos alentarnos mutuamente—.

En segundo lugar, necesitamos confiar nuestras aspiraciones a Dios, diciéndole: «Señor, te confío mis aspiraciones y las pongo en tus manos». Nos pide que busquemos primero su reino y su justicia como nuestra más preciada ilusión y, después, promete satisfacer todas nuestras necesidades (Mateo 6,33). Eso no quiere decir necesariamente que nuestras aspiraciones pasadas desaparezcan; pueden pasar a ser secundarias en relación al plan que Cristo tiene para nosotros. No hay nada de malo en querer tener éxito en nuestro trabajo, siempre que nuestra motivación en todo lo que hagamos sea buscar su reino y su justicia y siempre que utilicemos para mayor gloria de Dios los recursos con los que contamos.

En tercer lugar, necesitamos ofrecerle nuestras posesiones y nuestro dinero. En el Nuevo Testamento no hay nada que prohíba tener propiedades privadas, ganar dinero, ahorrar o, incluso, disfrutar de las cosas buenas de la vida. Lo que sí está prohibido es una acumulación egoísta de posesiones, una obsesión enfermiza por las cosas materiales y poner nuestra confianza en las riquezas. Lo que parece prometernos seguridad nos provoca, en cambio, una inseguridad permanente y nos aleja de Dios (Mateo 6,19-24). Dar con generosidad es la respuesta adecuada a la generosidad de Dios y a las necesidades de los que nos rodean. Es también la mejor manera de romper con el control que el materialismo puede ejercer sobre nuestras vidas.

A continuación, necesitamos entregarle nuestros oídos —¿prestamos atención a habladurías y chismorreos o sintonizamos nuestros oídos para escuchar lo que Dios nos está diciendo por medio de la Biblia, de la oración, de libros, charlas y de otros medios de los que se sirve?—. También le ofrecemos nuestros ojos y lo que miramos a través de ellos. De nuevo, hay cosas que vemos que pueden perjudicarnos debido a los celos que puedan provocar, a la lujuria que puedan encender o a algún otro pecado que puedan desencadenar. Sin embargo, otras cosas que vemos pueden acercarnos más a Dios. En vez de criticar a la gente con la que nos encontramos, deberíamos verla con los ojos de Dios y preguntarnos: «¿Cómo puedo ser una bendición para esta persona?».

Además, tenemos que ofrecerle nuestra boca. El apóstol Santiago nos recuerda lo poderosa que es la lengua (Santiago 3,1-12). ¿Cuántos pueden echar la vista atrás y recordar algo que se les dijo en la escuela o en casa y que influyó negativamente en toda su vida? ¿Usamos nuestra lengua para engañar, maldecir, chismorrear, alardear o para alabar a los demás?

También le ofrecemos nuestras manos. ¿Usamos nuestras manos con violencia y para acumular cosas para nosotros mismos? ¿O las usamos para dar y servir?

Por último, le ofrecemos nuestra sexualidad. ¿La usamos para nuestra propia gratificación o la reservamos para el bien y el placer de nuestro cónyuge?

No podemos ofrecer algunas partes de nuestro cuerpo y reservarnos otras. Pablo dice: «Ofrezcan su cuerpo», es decir, todos y cada uno de nuestros miembros. La paradoja extraordinaria es que cuando le damos todo a Dios, encontramos la libertad. Vivir para nosotros mismos es esclavitud; pero «servirle es la libertad plena» (como se afirma en *El Libro de Oración Común*).[3]

«...como sacrificio vivo»

Hacer todo eso tiene un precio; puede implicar algunos sacrificios. Como el comentarista bíblico William Barclay señala: «Jesús no vino a hacer la vida fácil, sino a hacer a los hombres grandes».[4] Tenemos que estar preparados para ir por el camino de Dios y no por el nuestro. Debemos estar dispuestos a dejar todo lo que sabemos que es malo en nuestras vidas y a poner las cosas en orden donde sea necesario. Tenemos que estar dispuestos a ondear la bandera de Dios en un mundo que puede ser hostil a la fe cristiana.

En muchas partes del mundo, ser cristiano implica la persecución física. En el siglo veinte han muerto más cristianos por su fe que en cualquier otro siglo de la historia. Otros son detenidos y torturados. Los que habitamos en el mundo libre, tenemos el privilegio de vivir en una sociedad en la que los cristianos no son perseguidos. Las críticas y burlas de las que podamos ser objeto no son nada en comparación con el sufrimiento de la iglesia primitiva y de la iglesia perseguida en la actualidad.

Sin embargo, nuestra fe puede exigirnos ciertos sacrificios. Tengo un amigo, por ejemplo, que fue desheredado por sus padres cuando se hizo cristiano. Sé de una pareja que tuvo que vender su casa porque sintieron que, como cristianos, debían dar a conocer a la Hacienda

Pública que, a lo largo de los años, no habían sido totalmente honestos en su declaración de la renta.

Tengo un gran amigo que, antes de hacerse cristiano, solía acostarse con su novia. Cuando empezó a interesarse en la fe cristiana, se dio cuenta de que eso tendría que cambiar si aceptaba a Cristo en su vida, por lo que, durante muchos meses, se debatió en una lucha interior. Al final, tanto él como su novia se hicieron cristianos y decidieron que, desde aquel momento, dejarían de acostarse juntos hasta que se casaran. Por varias razones, no se pudieron casar hasta dos años y medio después. Tuvieron que hacer un sacrificio, aunque ellos no lo ven de ese modo: Dios los ha bendecido enormemente con un matrimonio feliz y cuatro hijos maravillosos. Pero en aquel momento tuvieron que pagar un precio.

¿Por qué debemos hacerlo?

Lo que Dios ha planeado para nuestro futuro

Dios nos ama y quiere lo mejor para nuestra vida. Quiere que le confiemos nuestras vidas para que podamos «comprobar cuál es la voluntad de Dios, buena, agradable y perfecta» (Romanos 12,2).

A veces creo que el trabajo fundamental del diablo es transmitir a la gente una imagen falsa de Dios. En hebreo, la palabra Satanás significa 'difamador'. Él difama a Dios, diciéndonos que no es alguien en quien podamos confiar. Nos sugiere que Dios es un aguafiestas que quiere arruinar nuestras vidas. A menudo nos creemos esas mentiras. Pensamos que si confiamos nuestras vidas a nuestro Padre celestial, éste arruinará nuestro goce de vivir. ¿Podríamos imaginarnos a un padre así? Supongamos que uno de mis hijos se me acercara y me dijera: «Papá, quiero ofrecerte este día para hacer lo que tú quieras». Naturalmente, yo no diría: «Perfecto, es algo que he estado esperando desde hace tiempo... ¡Vas a pasarte todo el día encerrado en el armario!».

Es absurdo considerar que Dios nos pueda tratar peor que un padre humano. Nos ama más que cualquier padre humano y sólo quiere lo mejor para nuestras vidas. Su voluntad para nosotros es *buena*. Quiere lo mejor de lo mejor (como todo padre bueno). Su voluntad es *agradable* —le agradará a él y nos agradará a nosotros a largo plazo—. Es *perfecta* —jamás seremos capaces de mejorarla—.

Sin embargo, y por desgracia, lo cierto es que la gente cree a menudo que la *pueden* mejorar. Piensan: «Dios está un poco pasado de moda. No está al tanto del mundo moderno ni de las cosas que nos gustan. Creo que voy a dirigir mi propia vida y a mantener a Dios al margen». Pero nunca podremos hacer las cosas mejor que Dios y muchas veces acabamos por complicarlas más.

A uno de mis hijos le mandaron un trabajo que consistía en hacer un cartel publicitario para un mercado romano de esclavos. Era un proyecto para la escuela y se pasó casi todo el fin de semana haciéndolo. Después de haber hecho el dibujo y de haber escrito el mensaje a modo de inscripción, quiso que pareciera algo de dos mil años de antigüedad. La manera de envejecerlo, según le dijeron, era acercar una llama al papel para que éste se oscureciera. Como ésa era una actividad bastante delicada para un niño de nueve años, mi mujer, Pippa, le ofreció su ayuda —varias veces—, pero no hubo manera de que la aceptara. Insistió en que quería hacerlo solo. El resultado fue que el cartel quedó reducido a cenizas, y que él acabó llorando de frustración y con el orgullo herido.

Algunas personas no quieren ayuda en absoluto, no se fían de Dios, y acaban llorando con bastante frecuencia. Pero Dios siempre nos da otra oportunidad. Mi hijo hizo de nuevo el cartel y, en esta ocasión, confió en Pippa para hacer la delicada operación de envejecimiento. Si confiamos a Dios nuestras vidas, entonces nos mostrará su voluntad —que es buena, agradable y perfecta—.

Lo que Dios ha hecho por nosotros

Los pequeños sacrificios que Dios nos pide hacer no son nada comparados con el sacrificio que Dios hizo por nosotros. C. T. Studd fue capitán de la selección nacional inglesa de críquet en el siglo diecinueve y dejó la riqueza, el bienestar (¡y el críquet!) para servir a Dios en el interior de China. En una ocasión, afirmó: «Si Jesucristo es Dios y murió por mí, no hay nada que yo pueda hacer por él que sea demasiado difícil».[5] El autor de la carta a los Hebreos nos alienta con las siguientes palabras: «Corramos con perseverancia la carrera que tenemos por delante. Fijemos la mirada en Jesús, el iniciador y perfeccionador de nuestra fe, quien por el gozo que le esperaba, soportó la cruz, menospreciando la vergüenza que ella significaba, y ahora está sentado a la derecha del trono de Dios» (Hebreos 12,1-2).

Al fijar la mirada en Jesús, el hijo de Dios, quien «soportó la cruz», vemos lo mucho que Dios nos ama. Es absurdo no fiarse de él. Si Dios nos ama tanto, podemos estar seguros de que no nos privará de lo que es bueno. Pablo escribió: «El que no escatimó ni a su propio Hijo, sino que lo entregó por todos nosotros, ¿cómo no habrá de darnos generosamente, junto con él, todas las cosas?» (Romanos 8,32). Nuestra motivación para vivir la vida cristiana es el amor del Padre. Nuestro modelo en la vida es el ejemplo del Hijo. El medio por el que podemos vivir esta vida es el poder del Espíritu Santo.

Qué grande es Dios y qué gran privilegio es estar en relación con él, ser amados por él y servirle toda nuestra vida. Es la mejor manera de vivir, la más gratificante, la más satisfactoria y la más significativa. Ciertamente, es aquí donde encontramos las respuestas a las grandes preguntas de la vida.

Notas

1. James T. Boulton (ed.), *The Selected Letters of D. H. Lawrence* (Cambridge University Press, 2000), p. 396.
2. Søren Kierkegaard, *Papers and Journals*, ed Alastair Hannay (Penguin Classics, 1996), p.295.
3. N. del T.: *El Libro de Oración Común* es el libro que contiene la administración de los sacramentos y otros ritos y ceremonias de la iglesia Anglicana.
4. William Barclay, *The Parables of Jesus* (Westminster John Knox Press, 1999), p. 221.
5. Norman P. Grubb, *C. T. Studd, Cricketer and Pioneer* (CLC, 1985), p. 141. Hay traducción española: *C. T. Studd, deportista y misionero* (Centros de Literatura Cristiana, 2004).

RECURSOS ALPHA

Este libro es un recurso de Alpha. Alpha es una introducción práctica a la fe cristiana creada y desarrollada por la iglesia Holy Trinity Brompton en Londres, Inglaterra. Miles de iglesias y personas de todo el mundo ya han hecho, y están haciendo, Alpha.

Hay muchos recursos disponibles para impartir Alpha. Los recursos traducidos al español son los siguientes:

Guía Alpha. Es un manual diseñado para ser utilizado por todos los participantes de Alpha. La *Guía Alpha* contiene el esquema de cada tema de Alpha y un espacio para la toma de notas. De esta manera, los invitados pueden seguir fácilmente el tema de cada sesión.

Manual para anfitriones y ayudantes. Este libro es una herramienta indispensable para anfitriones y ayudantes de grupos pequeños de Alpha. Se ha ideado para usarse conjuntamente con el DVD de entrenamiento para grupos pequeños. Contiene comentarios para cada sesión de entrenamiento del anfitrión, así como preguntas orientativas para dirigir cada sesión de Alpha.

Alpha (estuche DVD). Versión completa o *Versión exprés*. Ambas versiones contienen las 15 sesiones de Alpha. La versión resumida, *Alpha Exprés*, ha sido abreviada a unos 20 minutos, casi la mitad de una sesión ordinaria de Alpha. Recomendamos que se usen las sesiones completas de Alpha siempre que sea posible. No obstante, *Alpha Exprés* es una herramienta muy útil cuando Alpha se realiza en el lugar de trabajo durante la hora de almorzar.

Alpha: entrenamiento para grupos pequeños DVD. Es una herramienta de entrenamiento para los anfitriones y ayudantes de los grupos pequeños en Alpha. Dos de las sesiones, «Dirigiendo grupos pequeños» (84 min) y «Cuidado pastoral» (65 min) están diseñadas para ser vistas antes de comenzar. La tercera sesión, «Orando unos por los otros» (67 min), debe verse antes del fin de semana Alpha. También incluye un video corto, titulado «Así no se dirige un grupo pequeño».

Cómo dirigir Alpha: El manual del coordinador y *Cómo impartir Alpha: Los primeros pasos.* Después de asistir a una sesión de entrenamiento Alpha, esperamos que te sientas animado e inspirado para empezar Alpha en tu iglesia, en tu casa o en cualquier otro grupo al que pertenezcas. Pero ¿cuáles son los pasos siguientes? *Los primeros pasos* es un recurso que te ayudará a planificar y empezar Alpha dándote consejos para avanzar gradualmente. *El manual del coordinador* ofrece recursos reproducibles para facilitar la formación y el entrenamiento de tu equipo Alpha.

Alpha también ha creado otros materiales de apoyo para contextos muy específicos como las prisiones, el ejército, la escuela, la universidad y el lugar de trabajo. Además de los recursos ya mencionados, Alpha ofrece cursos de seguimiento, conferencias de formación y otros materiales suplementarios.

LIBROS PUBLICADOS POR ALPHA

DE NICKY GUMBEL

Títulos disponibles en español:

¿Por qué Jesús? Este folleto de evangelización escrito por Nicky Gumbel corresponde al segundo y tercer tema de Alpha: «¿Quién es Jesús?» y «¿Por qué murió Jesús?». Se usa idealmente como obsequio para los invitados al inicio de Alpha y su lectura es recomendada a todos los participantes. En palabras de Michael Green, es «la presentación de Jesús más clara, desafiante y mejor ilustrada que conozco».

¿Por qué la Navidad? Es la edición navideña de *¿Por qué Jesús?* y es ideal para regalar a todo aquel que viene a la iglesia durante el tiempo navideño. Es, además, el recurso perfecto para promover Alpha en Navidad.

Temas candentes. Este libro contiene las respuestas que Nicky Gumbel da a las siete preguntas más frecuentes que hacen los participantes en Alpha. *Temas candentes* es para quienes buscan explicaciones a algunas de las preguntas más difíciles y complejas del cristianismo, tales como el sufrimiento, las otras religiones, el sexo antes del matrimonio, etc. Este libro también es para quienes están interesados en hablar a sus conocidos, familiares y amigos sobre Jesucristo. Contiene muchas respuestas útiles, tanto para quienes quieren usarlo como lectura personal, como para quienes lo necesitan como material de referencia para el diálogo en los grupos pequeños.

La fe que vence al mundo. «En junio de 2005, fue un gran privilegio recibir la visita del P. Raniero Cantalamessa, quien inauguró nuestra Conferencia Internacional de Alpha. Su discurso en esa ocasión, "La fe que vence al mundo", ha sido una inspiración para todos los que participamos en Alpha y le estamos enormemente agradecidos por permitirnos publicarla en este folleto» (Nicky Gumbel).

Centros de información y venta de recursos:

La oficina de Alpha International
Alpha International
Holy Trinity Brompton
Brompton Road
Londres SW7 1JA
Reino Unido
e-mail: info@alpha.org
alpha.org

En las Américas
Alpha América Latina y el Caribe
e-mail: latinoamerica@alpha.org
e-mail: recursos@alpha.org
alpha.org/latinoamerica

Alpha Argentina
e-mail: info@alphaargentina.org
alpha.org/argentina

Alpha Colombia
e-mail: latinoamerica@alpha.org
alpha.org/latinoamerica

Alpha Costa Rica
e-mail: wendy@alphacr.org
e-mail: otto@alphacr.org
alpha.org/costarica

Alpha México
e-mail: oficinaalphamexico@gmail.com
e-mail: carlos.glz@fundacionalpha.org.mx
alpha.org/latinoamerica

Alpha EE.UU.
e-mail: latinos@alphausa.org
alphausa.org/latinos

En Canadá
Alpha Canadá
e-mail: office@alphacanada.org
alphacanada.org

En España y Europa
Alpha España
e-mail: info@cursoalpha.es
alpha.org/espana

www.ingramcontent.com/pod-product-compliance
Lightning Source LLC
LaVergne TN
LVHW010746270826
846327LV00013B/73
9781938328800